职业院校潍柴博世校企合作项目教材

商用车电气系统构造与维修

王林超　王玉刚　主　编
王晓哲　刘岸平　吴芷红　副主编

人民交通出版社股份有限公司
China Communications Press Co.,Ltd.

内 容 提 要

本教材借助潍柴博世的订单式培养项目，采用任务驱动教学法，较系统地阐述了商用车电气设备的功用、结构、原理、检修等方面的知识。

教材以陕汽德龙 F2000/F3000、福田欧曼 GTL 等商用车为例，在传统电气设备的基础上，重点论述车载网络、总线控制仪表、CBCU、多媒体与定位系统等先进技术。

本书分为 8 个学习模块，包括商用车基本电气系统的检修、商用车照明与信号系统的检修、商用车空调/加热系统的检修、汽车车载网络系统、商用车 CAN 控制组合仪表的检修、商用车车身中央控制单元(CBCU)的检修、商用车多媒体与定位系统的检修、商用车总电路的检修等。通过本书的学习，可以为从事商用车电气设备的检修工作打下坚实基础。

本书可作为职业院校汽车运用与维修专业(商用车方向)的教材，也可作为汽车、机电从业人员岗位培训教材和汽车专业技术人员参考用书。

图书在版编目(CIP)数据

商用车电气系统构造与维修/王林超,王玉刚主编. —北京:人民交通出版社股份有限公司,2018.6
ISBN 978-7-114-14709-8

Ⅰ.①商… Ⅱ.①王…②王… Ⅲ.①汽车—电气设备—构造②汽车—电气设备—车辆修理 Ⅳ.①U472.41

中国版本图书馆 CIP 数据核字(2018)第 099096 号

书　　名:	商用车电气系统构造与维修
著　作　者:	王林超　王玉刚
责任编辑:	张一梅
责任校对:	孙国靖
责任印制:	张　凯
出版发行:	人民交通出版社股份有限公司
地　　址:	(100011)北京市朝阳区安定门外外馆斜街 3 号
网　　址:	http://www.ccpress.com.cn
销售电话:	(010)59757973
总　经　销:	人民交通出版社股份有限公司发行部
经　　销:	各地新华书店
印　　刷:	大厂回族自治县正兴印务(有限)公司
开　　本:	787×1092　1/16
印　　张:	17.75
字　　数:	402 千
版　　次:	2018 年 6 月　第 1 版
印　　次:	2018 年 6 月　第 1 次印刷
书　　号:	ISBN 978-7-114-14709-8
定　　价:	45.00 元

(有印刷、装订质量问题的图书由本公司负责调换)

职业院校潍柴博世校企合作项目教材编审委员会

主　　任：李绍华

副 主 任：李秀峰　栾玉俊　陈　键

委　　员：(按姓名拼音顺序)

　　　　　鞠吉洪　李　波　李鹏程　李正鎏　刘岸平
　　　　　刘海峰　刘洪勇　刘江伟　王　成　王桂凤
　　　　　王晓哲　王玉刚　王振龙　吴芷红　叶小朋
　　　　　张　旭　张利军　张润林　周　弘　周新勇

丛书主审：李景芝

组织单位：济南英创天元教育科技有限公司

支持单位：潍柴动力股份有限公司

　　　　　博世汽车服务技术(苏州)有限公司

　　　　　北京福田戴姆勒汽车有限公司

　　　　　山东交通学院

　　　　　扬州大学

前言
PREFACE

据统计,截至2017年年底,全国机动车保有量达3.1亿辆;2017年,全国汽车保有量达2.17亿辆,与2016年相比,全年增加2304万辆,增长11.85%。从车辆类型看,载客汽车保有量达1.85亿辆;载货汽车保有量达2341万辆,商用车保有量的增加幅度较大。

随着商用车市场的发展、保有量的不断增加和技术革命的到来,后市场从业人员的素质、技术、管理等均需与行业的发展相匹配,商用车后市场人才匮乏的问题日益凸显。

作为商用车使用大国,我国拥有众多优秀的自主品牌,为适应我国柴油机排放要求提高的新形势,满足商用车行业对技术人才的迫切需求,济南英创天元教育科技有限公司组织来自全国各职业技术院校的专业教师,紧密结合目前商用车运用与维修专业教学需求,编写了职业院校潍柴博世校企合作项目教材。

在本系列教材启动之初,中国汽车维修行业协会在潍柴动力股份有限公司、博世汽车技术服务(中国)有限公司以及济南英创天元教育科技有限公司的支持下组织召开了商用车暨柴油动力人才培养交流会,邀请行业内专家以及各职业院校对该专业的人才培养模式和教材编写大纲进行了商讨。教材初稿完成后,每种教材由一名企业专家或业内知名教授进行主审,编写团队根据主审意见修改后定稿,实现了对书稿编写全过程的严格把关。

2016年11月,为落实与教育部所签订的协议,潍柴集团与博世公司在校企合作、人才培养方面达成共识,结成战略合作伙伴。依托双方在柴油动力领域行业地位和领先技术,着力打造最强校企合作班校企合作项目(英文缩写"WBCE")和最先进的实训中心,推进合作院校商用车专业建设,为我国商用车暨柴油动力后市场培养高端维修人才。

《商用车电气系统构造与维修》是汽车类专业的专业基础课。本书较系统地阐述了商用车电气设备的功用、结构、原理、检修等方面的知识,采用任务驱动教学法,以陕汽德龙F2000/F3000、福田欧曼GTL等商用车为例,在传统电气设备的基础上,重点论述车载网络、总线控制仪表、CBCU、多媒体与定位系统等先进技术,为学生今后从事汽车行业后市场工作打下了坚实基础。

本课程的建议学时为：

模块内容	建议学时
学习模块1　商用车基本电气系统的检修	64
学习模块2　商用车照明与信号系统的检修	16
学习模块3　商用车空调/加热系统的检修	16
学习模块4　汽车车载网络系统	16
学习模块5　商用车CAN控制组合仪表的检修	8
学习模块6　商用车车身中央控制单元（CBCU）的检修	8
学习模块7　商用车多媒体与定位系统的检修	8
学习模块8　商用车总电路的检修	24
学时合计	160

本书由王林超、王玉刚担任主编，王晓哲、刘岸平、吴芷红担任副主编。参与本书编写的还有刘海峰、刘军锋、段德军、汤少岩、马士伟、刘振革。

本书在编写过程中得到了陕汽重卡济南特约维修站、福田汽车济南特约维修站及许多相关企业单位、专家和工程技术人员的大力支持和帮助。除了所列参考文献外，本书还参考了许多国内出版、发表的报刊、网站等相关内容，在此对原作者、编译者表示由衷感谢。由于编者水平有限，本书疏漏与不妥之处，恳请专家和读者指正。

编　者
2018年5月

目录
CONTENTS

学习模块 1　商用车基本电气系统的检修 ⋯⋯⋯⋯⋯⋯⋯⋯⋯⋯⋯⋯⋯⋯⋯⋯⋯⋯ 1
　学习任务 1.1　商用车蓄电池的检修 ⋯⋯⋯⋯⋯⋯⋯⋯⋯⋯⋯⋯⋯⋯⋯⋯⋯⋯⋯⋯ 1
　学习任务 1.2　商用车充电系统的检修 ⋯⋯⋯⋯⋯⋯⋯⋯⋯⋯⋯⋯⋯⋯⋯⋯⋯⋯⋯ 17
　学习任务 1.3　商用车起动系统的检修 ⋯⋯⋯⋯⋯⋯⋯⋯⋯⋯⋯⋯⋯⋯⋯⋯⋯⋯⋯ 32
　学习任务 1.4　商用车辅助电器装置的检修 ⋯⋯⋯⋯⋯⋯⋯⋯⋯⋯⋯⋯⋯⋯⋯⋯⋯ 55
　学习任务 1.5　商用车电动车窗装置的检修 ⋯⋯⋯⋯⋯⋯⋯⋯⋯⋯⋯⋯⋯⋯⋯⋯⋯ 72
　学习任务 1.6　商用车电动后视镜的检修 ⋯⋯⋯⋯⋯⋯⋯⋯⋯⋯⋯⋯⋯⋯⋯⋯⋯⋯ 85

学习模块 2　商用车照明与信号系统的检修 ⋯⋯⋯⋯⋯⋯⋯⋯⋯⋯⋯⋯⋯⋯⋯⋯ 96
　学习任务 2.1　商用车照明系统的检修 ⋯⋯⋯⋯⋯⋯⋯⋯⋯⋯⋯⋯⋯⋯⋯⋯⋯⋯⋯ 96
　学习任务 2.2　商用车信号系统的检修 ⋯⋯⋯⋯⋯⋯⋯⋯⋯⋯⋯⋯⋯⋯⋯⋯⋯⋯⋯ 109

学习模块 3　商用车空调/加热系统的检修 ⋯⋯⋯⋯⋯⋯⋯⋯⋯⋯⋯⋯⋯⋯⋯⋯⋯ 125
　学习任务 3.1　商用车暖风及加热系统的检修 ⋯⋯⋯⋯⋯⋯⋯⋯⋯⋯⋯⋯⋯⋯⋯⋯ 125
　学习任务 3.2　商用车空调制冷系统的检修 ⋯⋯⋯⋯⋯⋯⋯⋯⋯⋯⋯⋯⋯⋯⋯⋯⋯ 138

学习模块 4　汽车车载网络系统 ⋯⋯⋯⋯⋯⋯⋯⋯⋯⋯⋯⋯⋯⋯⋯⋯⋯⋯⋯⋯⋯ 158
　学习任务 4.1　汽车车载网络基础知识 ⋯⋯⋯⋯⋯⋯⋯⋯⋯⋯⋯⋯⋯⋯⋯⋯⋯⋯⋯ 158
　学习任务 4.2　客车车载网络系统的检修 ⋯⋯⋯⋯⋯⋯⋯⋯⋯⋯⋯⋯⋯⋯⋯⋯⋯⋯ 176

学习模块 5　商用车 CAN 控制组合仪表的检修 ⋯⋯⋯⋯⋯⋯⋯⋯⋯⋯⋯⋯⋯⋯⋯ 191
　学习任务 5.1　商用车 CAN 控制组合仪表的检修 ⋯⋯⋯⋯⋯⋯⋯⋯⋯⋯⋯⋯⋯⋯⋯ 191

学习模块 6　商用车车身中央控制单元(CBCU)的检修 ⋯⋯⋯⋯⋯⋯⋯⋯⋯⋯⋯ 205
　学习任务 6.1　商用车车身中央控制单元(CBCU)的检修 ⋯⋯⋯⋯⋯⋯⋯⋯⋯⋯⋯ 205

学习模块 7　商用车多媒体与定位系统的检修 ⋯⋯⋯⋯⋯⋯⋯⋯⋯⋯⋯⋯⋯⋯⋯ 221
　学习任务 7.1　商用车多媒体与定位系统的检修 ⋯⋯⋯⋯⋯⋯⋯⋯⋯⋯⋯⋯⋯⋯⋯ 221

学习模块 8　商用车总电路的检修 ⋯⋯⋯⋯⋯⋯⋯⋯⋯⋯⋯⋯⋯⋯⋯⋯⋯⋯⋯⋯ 245
　学习任务 8.1　商用车电气线路基础元件分析 ⋯⋯⋯⋯⋯⋯⋯⋯⋯⋯⋯⋯⋯⋯⋯⋯ 245
　学习任务 8.2　典型商用车电路分析 ⋯⋯⋯⋯⋯⋯⋯⋯⋯⋯⋯⋯⋯⋯⋯⋯⋯⋯⋯⋯ 257
　学习任务 8.3　商用车电气系统的故障排除 ⋯⋯⋯⋯⋯⋯⋯⋯⋯⋯⋯⋯⋯⋯⋯⋯⋯ 271

参考文献 ⋯⋯⋯⋯⋯⋯⋯⋯⋯⋯⋯⋯⋯⋯⋯⋯⋯⋯⋯⋯⋯⋯⋯⋯⋯⋯⋯⋯⋯⋯⋯ 275

学习模块 1　商用车基本电气系统的检修

模块概述

《汽车和挂车类型的术语和定义》(GB/T 3730.1—2001)将汽车分为两大类:乘用车和商用车辆。商用车在设计和技术特征上用于运送人员和货物的汽车,并且可以牵引挂车。商用车包含了所有的载货汽车和 9 座以上的客车。商用车分为客车、货车、半挂牵引车,共三类。

商用车电气设备包括基本电气系统如蓄电池、充电系统、起动系统、电动车窗、电动后视镜等,也包括照明系统、信号系统、空调系统、加热系统、车载网络系统、CAN 控制组合仪表、CBCU 控制器、多媒体、定位系统等智能控制装置。本模块主要学习基本电气系统。

【建议学时】

64 学时。

学习任务 1.1　商用车蓄电池的检修

 任务目标

1. 了解蓄电池的工作原理及作用。
2. 掌握蓄电池的维护。
3. 学会蓄电池的检测方法。

 任务导入

一辆陕汽德龙 F3000 型平头柴油载货汽车起动时,只听见起动机电磁开关"咯噔"一声,起动机不运转,无法起动。怀疑是蓄电池的故障,应对蓄电池进行检查。

 任务准备

1. 蓄电池的作用

蓄电池是可逆的低压直流电源,它既能将化学能转化为电能,也能将电能转换为化学能。

蓄电池分碱性蓄电池和酸性蓄电池两类,主要目的是起动发动机。汽车一般采用铅蓄电池。汽车装有蓄电池与发电机两个电源,全车用电设备均与直流电源并联连接(图 1-1-1)。

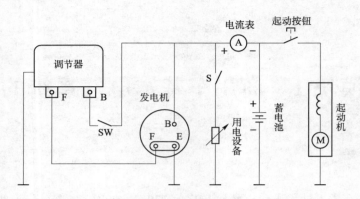

图 1-1-1　汽车并联电路

蓄电池具体作用：

（1）发动机起动时，向起动机和点火系统供电。

（2）发动机低速运转时，向用电设备和发电机磁场绕组供电。

（3）发动机中、高速运转时，将发电机剩余电能转化为化学能储存起来。

（4）发电机过载时，协助发电机向用电设备供电。

（5）蓄电池相当于一个大电容，能吸收电路中出现的瞬时过电压，保护电子元件，保持汽车电气系统电压稳定。

2. 蓄电池的分类

蓄电池的种类很多，视其电解液的酸碱性，蓄电池分为碱性蓄电池和酸性蓄电池两大类。碱性蓄电池的电解液为化学纯净的氢氧化钠或氢氧化钾溶液。碱性蓄电池具有容量大、使用寿命长、维护简单等优点，但因价格昂贵，未能推广。酸性蓄电池的电解液为化学纯净的硫酸溶液。其电极主要成分是铅，电解液是稀硫酸溶液。酸性蓄电池因价格便宜、内阻小等特点而被广泛应用。

本模块主要介绍汽车用铅酸蓄电池（简称铅蓄电池或蓄电池）。

3. 蓄电池的结构

蓄电池一般由 3 个或 6 个单格电池串联而成，每个单格电池的额定电压为 2V。蓄电池主要由极板、隔板、电解液和外壳等组成。

1）极板

极板是蓄电池的核心部分。蓄电池充、放电的化学反应主要是依靠极板上的活性物质与电解液进行的。极板由栅架和活性物质组成。

栅架一般由铅锑合金铸成，具有良好的导电性、耐蚀性和一定的机械强度。为了降低蓄电池的内阻，改善蓄电池的起动性能，有些铅蓄电池采取了放射形栅架。

正极板上的活性物质是二氧化铅（PbO_2），呈深棕色，一般为 3~14 片；负极板上的活性物质是海绵状的纯铅，呈青灰色，一般为 4~15 片。将活性物质调成糊状填充在栅栏的空隙里并进行干燥即形成极板。

将正、负极板各一片浸入电解液中，可获得 2V 左右的电动势。为了增大蓄电池的容量，常将正、负极板分别并联，组成正、负极板组。在每个单格电池中，负极板的片数要比正极板多一片,这样每片正极板都处于两片负极板之间,可使正极板两侧放电均匀,避免因放电不均匀造成极板弯曲。

2) 隔板

隔板插放在正负极板之间,防止正、负极板互相接触造成短路。隔板应耐酸并具有多孔性,以利于电解液的渗透。常用的隔板材料有木质、微孔橡胶和微孔塑料等。其中,木质隔板耐酸性较差;微孔橡胶性能最好,但成本较高;微孔塑料隔板孔径小、孔率高、成本低,因此被广泛采用。

3) 电解液

电解液在蓄电池的化学反应中起到离子间导电的作用,并参与蓄电池的化学反应,电解液由密度为 1.84g/cm^3 的化学纯硫酸(H_2SO_4)与蒸馏水按一定比例配制而成,其密度一般为 $1.24 \sim 1.30 \text{g/cm}^3$。

电解液的密度对蓄电池的工作有重大影响,密度大可减少结冰的危险并提高蓄电池的容量,但密度过大则黏度增加,反而会降低蓄电池的容量,缩短使用寿命。电解液密度应随地区气候条件而定。另外,电解液的纯度也是影响蓄电池性能和使用寿命的重要因素之一。因此,当蓄电池的液面降低时,必须加注合格的蒸馏水至规定高度。

4) 壳体

壳体用于盛放电解液和极板组,应耐酸、耐热、耐震。壳体多采用硬橡胶或聚丙烯塑料制成,为整体式结构,底部有凸起的肋条以搁置极板组。壳内由间壁分成3个或6个互不相通的单格,各单格之间用铅质链条串联起来。壳体上部使用相同材料的电池盖密封,电池盖上设有对应于每个单格电池的加液孔,用于添加电解液和蒸馏水以及测量电解液密度、温度和液面高度。加液孔盖上的通风孔可使蓄电池化学反应产生的气体顺利排出。

5) 联条、极桩与加液孔盖

(1) 联条。其作用是将单格电池串联起来,以提高蓄电池的端电压。起动型铅酸蓄电池的联条用铅锑合金制成。有外露式(联条外露在蓄电池盖的上面,已淘汰)、跨接式(联条埋在盖下,连接部分跨在单格电池中间的间格上)和穿壁式(在蓄电池间格壁上打孔,使极板组柄直接穿过中间格壁而将单格电池相互连接起来)三种。因跨越式和穿壁式具有连接距离短、节省材料、电阻小、起动性好等优点而被广泛应用。

(2) 极桩。蓄电池首尾两极板组的横板上焊有接线柱。这是蓄电池充放电的必经之路。它分为正极桩和负极桩,前者用"+"符号表示,后者用"−"符号表示。

(3) 加液孔盖。封闭加液口,以防灰尘进入和电解液在使用中溅出。其侧面有通气孔,使单格液面与大气相通,随时排出电池内部的氢气和氧气,以免发生事故。

4. 蓄电池的规格型号

1) 国产蓄电池的型号

蓄电池型号按《铅酸蓄电池名称、型号编制与命名方法》(JB/T 2599—2012)规定,排列含义如下:

第Ⅰ部分：表示串联的单格电池数，用阿拉伯数字表示，其额定电压是该数字的2倍。

第Ⅱ部分：表示蓄电池的类型和特征，用汉语拼音字母表示。第一个字母Q表示起动用蓄电池；其他字母为蓄电池特征代号，如A表示干荷电式，W表示免维护式等。

第Ⅲ部分：表示蓄电池的额定容量和特殊性能，以阿拉伯数字表示20h放电率的额定容量，单位为A·h(安培·时)，在型号中单位略去。特殊性能用汉语拼音字母表示，如高起动率用G表示；塑料槽用S表示；用D表示低温起动性好；省略表示普通型蓄电池。

例如：

(1)6-QA-105G：表示由6个单格蓄电池组成，额定电压为12V，额定容量为105A·h的起动型干荷电高起动率蓄电池。

(2)6-QAW-100：表示由6个单格蓄电池组成，额定电压为12V，额定容量为100A·h的起动型干荷电免维护蓄电池。

2) 进口蓄电池的规格

进口蓄电池的容量规格是由蓄电池国际协会(BCI)和汽车工程协会(SAE)联合制定的。国际电池协会用储备容量和冷起动功率两个指标来评价蓄电池。更换新电池时，新换蓄电池的额定值一定不能小于原蓄电池额定值，以确保起动所需要的电能。

(1) 储备容量。蓄电池的储备容量(RC)指标用时间来表示，单位为分钟。它是指汽车在充电系统不工作的情况下，夜间靠蓄电池点火和提供最低限度的电路负载所能运行的时间。

(2) 冷起动性。冷起动电流(CCA)指标是在-17.89℃(0℉)和-28.9℃(20℉)条件下，可以获得的某特定意义下的最小电流。该指标将蓄电池的起动能力与发动机的排量、压缩比、温度、起动时间、发电机和电气系统的技术状态以及起动和点火的最低使用电压这些变量联系起来。它是指充足电的蓄电池在30s内，其端电压下降到7.2V(额定电压12V)时，蓄电池所能供给的最小电流。

例如美国产58430(12V430A80min)型蓄电池：58表示蓄电池尺寸组号，430表示冷起动电流(CCA)为430A，80min表示蓄电池储备容量为80min。

3) 蓄电池的选用

选用蓄电池时，应按先选"型"后选"号"的顺序进行。首先要选起动型，再选电压和容量，电压必须和电气系统额定电压一致，容量必须满足汽车起动的要求。每车尽量选用一块蓄电池。若电压不符合要求，两块蓄电池可串联，每块蓄电池的电压为总电压的1/2；若容量不符合要求，可选两块蓄电池并联，每块蓄电池的容量为总容量的1/2。

5. 蓄电池的工作原理

1) 电动势的建立

当正极板(PbO_2)、负极板(Pb)各一片浸入电解液时，在负极板处，一方面金属铅(Pb)有溶于电解液的倾向，由于有少量的铅进入电解液变成了二价铅离子(Pb^{2+})，在极板上留下了两个电子(2e)，使铅极板带了负电荷；另一方面，由于正、负电荷的相互吸引，Pb^{2+}又有回到极板表面的倾向。当两者达到平衡时，溶解停止，此时负极板相对电解液为负电位，约为-0.1V。

与此同时，正极板处，有少量的PbO_2溶入电解液，与水生成氢氧化铅$Pb(OH)_4$，再分

离成四价铅离子 Pb^{4+} 和氢氧根离子 $(OH)^-$。即：
$$PbO_2 + 2H_2O \rightarrow Pb(OH)_4$$
$$Pb(OH)_4 \rightarrow Pb^{4+} + 4(OH)^-$$

由于 Pb^{4+} 铅沉附于极板的倾向大于溶解的倾向,因而沉附于极板上,使极板呈正电位。达到平衡时,相对于电液约为 +2V。

因此,在外电路未接通时,蓄电池的正负极板间的电位差为:2.0 - (-0.1) = 2.1V。

2)蓄电池的放电过程

蓄电池正、负极板浸入电解液后,在正、负极板间产生 2.1V 电压。此时,若接通负载,在电动势的作用下,电流从蓄电池正极经外接电路流向蓄电池负极,这一过程称为放电。

这是蓄电池的化学能转变为电能的过程,如图 1-1-2 所示。

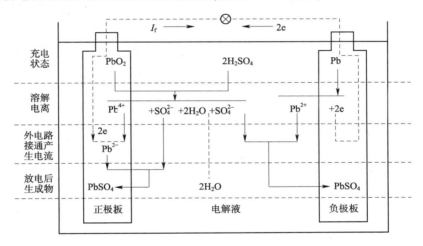

图 1-1-2 蓄电池的放电过程

放电时,正极板上的 PbO_2 和负极板上的 Pb 都与电解液中的 H_2SO_4 反应,生成 $PbSO_4$ 后沉附于正、负极板表面。与此同时,电解液中的 H_2SO_4 不断减少,水不断增多,电解液密度随之下降。理论上放电过程可进行到极板上活性物质消耗尽为止,但因生成的 $PbSO_4$ 沉附于极板表面,阻碍了电解液继续渗透,使得极板内部的活性物质因得不到电解液而不能参加反应,使放电能力大大下降。使被称为放完电的蓄电池活性物质利用率只有 20%~30%,因此采用薄极板,增加极板的多孔性,可提高极板活性物质的利用率,增加蓄电池的容量。

3)蓄电池的充电过程

充电时,蓄电池的正负极板组分别与直流电源的正负极相连,当充电电源的端电压高于蓄电池的电动势时,在电场力的作用下,电流从蓄电池的正极流入经负极流出,这一过程称为蓄电池充电。它是外接电源的电能转变为蓄电池化学能的过程。

充电过程中,正、负极板上的 $PbSO_4$ 逐渐还原为 PbO_2 和 Pb,电解液中水的比例逐渐减少,H_2SO_4 比例增多,电解液密度逐渐升高到最大值。充电终了时,正、负极板上的 $PbSO_4$

已基本完全还原成了 PbO_2 和 Pb,此时的充电实为电解水,使正极板附近产生 O_2,从电液中逸出,负极板附近产生的 H_2,从电液中逸出。随着电解水的进行,液面降低。这是非免维护蓄电池定期补充蒸馏水的原因之一。

综上所述,蓄电池充、放电时,总的化学反应过程可用下式表示,即:

$$PbO_2 + Pb + 2H_2SO_4 \underset{充电}{\overset{放电}{\rightleftharpoons}} 2PbSO_4 + 2H_2O$$

6. 蓄电池的工作特性

蓄电池的工作特性主要包括静止电动势 E_j、内电阻 R_0、放电特性和充电特性。

1) 静止电动势

蓄电池在静止状态下(充电或放电后静止 2~3h),正负极板间的电位差称为静止电动势,用 E_j 表示。其大小可用直流电压表或万用表(DC 挡)直接测出,也可根据电解液密度,用经验公式求出。蓄电池的静止电动势 E_j 与极板的片数、大小无关,仅与电解液的密度有关。

因为铅蓄电池工作时电解液密度在 $1.12 \sim 1.30 g/cm^3$ 变化,所以每个单格电池的静止电动势也相应在 $1.97 \sim 2.15V$ 变化。

2) 内电阻 R_0

铅蓄电池的内电阻主要由电解液电阻、极板电阻、隔板电阻和联条电阻组成。起动型蓄电池的内阻一般都很小,仅百分之几欧姆(单格电池内阻约为 0.011Ω)。大电流放电时,内阻压降很小,以满足起动机的需要。

3) 蓄电池的放电特性

蓄电池的放电特性是指在规定的放电条件下,进行恒流放电过程中,蓄电池的端电压 U_f 电动势 E 和电解液的相对密度 ρ_{25} 随放电时间的变化规律。完全充足电的蓄电池以 20h 放电率恒流放电的特性曲线如图 1-1-3 所示。

随放电程度的增加,电解液相对密度不断下降,电压降至 1.75V(放电急剧下降的临界电压),由于 $PbSO_4$ 增多,蓄电池内阻增大,导致蓄电池端压迅速下降。此时应立即停止放电,否则易损坏蓄电池。

蓄电池放电终了的标志为:

(1) 单格电池电压降到放电终止电压(以 20h 放电率时,为 1.75V)。

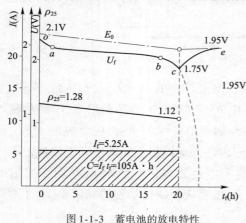

图 1-1-3 蓄电池的放电特性

(2) 电解液密度下降到最小值,约 $1.12g/cm^3$。

放电终止电压与放电电流大小有关。放电电流越大,允许的放电时间就越短,放电终止电压越低。

4) 蓄电池的充电特性

充电特性是指在恒流充电过程中,蓄电池端电压 U_c 和电解液密度随充电时间变化的规律。图 1-1-4 所示为一只 6-QA-105 型蓄电池以 10.5A 的充电电流进行充电时的特性曲线。

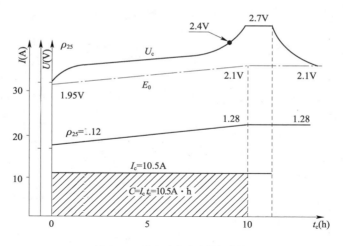

图 1-1-4 蓄电池的充电特性曲线

由于采用恒流充电,单位时间内所生成的硫酸数量相等,因此,电解液密度随时间呈直线上升。

由图 1-1-4 可以看出,在充电开始阶段,蓄电池的端电压迅速上升,当单格蓄电池端电压达到 2.4V 时,电解液中开始冒气泡,正、负极板上的 H_2SO_4 基本上还原成 PbO_2 和海绵状铅 Pb,再继续充电,电解液中的水将开始分解产生 H_2 和 O_2,以气泡的形式释放出来,电解液呈"沸腾"状态。

蓄电池充电终了的标志为:

(1)蓄电池内部产生大量气泡,电解液呈"沸腾"状态。

(2)端电压和电解液的密度上升到最大值,且 2~3h 内不再增加。

7. 蓄电池的容量

蓄电池容量是标志对外放电能力、衡量蓄电池性能优劣以及选用蓄电池的最重要指标。

蓄电池容量是指在规定的放电条件下,完全充足电的蓄电池所能输出的电量,用 C 表示,单位为安培·小时(A·h)。容量等于放电电流与持续放电时间的乘积。

蓄电池容量分 20h 放电率额定容量(简称额定容量)、额定储备容量及低温起动能力等。

1)额定容量

额定容量是检验蓄电池质量的重要指标之一。GB/T 5008.1—2005 规定,蓄电池在完全充电结束后 1~5h 内,当电解液温度达到 (25 ± 5) ℃时,以 I_{20} 电流放电到蓄电池端电压达 (10.5 ± 0.05)V 时终止,蓄电池所输出电量称为额定容量,用 C_{20} 表示,单位为安培·小时(A·h)。

例如,6-QA-100 型蓄电池,在电解液初始温度为 25℃时,以 5A 的放电电流放电 20h,单格电压降到 1.75V(端电压 $U=1.75V\times6=10.5V$),其 20h 率额定容量为:

$$C_{20}=5A\times20h=100A\cdot h$$

20h 率额定容量小于 100A·h 的蓄电池称为 A 类蓄电池。

20h率额定容量大于或等于100A·h的蓄电池称为B类蓄电池。

2）额定储备容量

额定储备容量是国际上通用的另一种表示蓄电池容量的方法。国标规定,蓄电池在完全充电结束后1~5h内,当电解液温度达到$(25±2)$℃时,以25A电流放电到蓄电池端电压达$(10.5±0.05)$V时终止,蓄电池持续放电的时间,单位为分钟(min)。

3）低温起动能力

电解液初始温度在-18℃时,以5min放电率（3倍额定容量的电流）持续放电至单格电池电压降至1V时所输出的电量。其放电持续时间应在2.5min以上。

8. 影响容量的因素

蓄电池容量与很多因素有关,主要有结构因素和使用因素。

1）结构因素对蓄电池容量的影响

极板厚度越小,电解液渗透越容易,活性物质利用率越高,蓄电池放电性能就越好。极板上活性物质的实际表面积越大,同时参加化学反应的活性物质就越多,蓄电池放电性能就越好。提高活性物质表面积的方法有两种：一是增加极板片数；二是提高活性物质的多孔率。

增大极板的面积、提高活性物的多孔率等,都可以提高蓄电池的容量。

2）使用因素对蓄电池容量的影响

（1）放电电流。

放电电流越大,蓄电池容量越小。这是因为放电电流越大时,极板空隙内消耗的H_2SO_4越多,$PbSO_4$堵塞极板孔隙现象越明显,阻碍了电解液向极板内层渗透,致使极板空隙内电解液密度急剧下降,于是端电压也迅速下降,从而缩短了放电时间,使蓄电池容量下降。

（2）电解液温度。

电解液温度降低时,蓄电池容量减小。这是因为电解液温度降低,其黏度增大,电解液渗入极板内部困难；同时电解液温度降低时,电阻也增大,使蓄电池内阻增加,端电压下降。由于电解液温度对蓄电池容量影响较大,因此,冬季寒冷地区使用蓄电池时,应加强对蓄电池的保温。

（3）电解液密度。

适当增加电解液的密度,可以减小蓄电池内阻,提高电解液的渗透速度,使蓄电池容量增加。但密度超过某一数值时,由于电解液黏度增加而渗透速度下降,蓄电池内阻增大,并加速极板硫化,使蓄电池容量下降。电解液密度过低时,将使电解液中参加反应的硫酸根离子不足,从而影响蓄电池的电动势和容量。

9. 蓄电池的充电及其设备

1）充电方法

通常蓄电池的充电方法有定流充电、定压充电及脉冲快速充电三种,不同的充电方法,应根据具体情况正确选择。

（1）定流充电。

在充电过程中,充电电流保持恒定,称为定流充电。由于充电过程中蓄电池电动势逐渐升高,因此,定流充电过程中要不断调整充电电压。当单体蓄电池的端电压上升到 2.4V 时,电解液开始有气泡冒出,这时应将充电电流减半,直到蓄电池完全充足电为止。

采用定流充电时,被充电的多个蓄电池可串联在一起。充电时,每个单体需要 2.6V,故串联电池的单体总数不应超过 $n = U_c/2.6$(U_c 为充电机的充电电压)。此外,所串联的蓄电池最好容量相同,否则充电电流的大小必须按照容量最小的蓄电池来选定。

定流充电具有较强的适应性,可以任意选择和调整充电电流,因此,可以对不同情况的蓄电池进行充电,如蓄电池的补充充电、去硫化充电等均可采用这种方法。其不足是充电时间长,并且需要经常调整充电电压。

(2)定压充电。

充电过程中,电源电压始终保持不变的充电方法称为定压充电。根据 $I_c = (U_E)/R_0$ 可知,定压充电开始时,充电电流很大,随着蓄电池电动势的增加,充电电流逐渐减小,至充电终止时,充电电流 I_c 将自动降低到零。另外,定压充电时,开始电流很大,充电后 4~5h 即可达到蓄电池容量的 90%~95%,大大缩短了充电时间。

采用定压充电时,要调整好充电电压。一般每单格电池约需 2.5V,即对 6V 的蓄电池充电,充电电压应为 7.5V;对 12V 的蓄电池充电,充电电压应为 15V;另外,充电初期的最大电流不应超过 0.3C_{20}A,否则应降低充电电压,待电动势升高后再调制规定值。在汽车上,发电机给蓄电池的充电就是定压充电,调节器的电压要符合规定,过高过低对蓄电池都不利。

(3)脉冲快速充电。

所谓脉冲快速充电,就是先用较大的电流[相当于(0.8~1)C_{20}]进行定流充电,使蓄电池在较短的时间内充到额定容量的 50%~60%。即当蓄电池单格电压升到 2.4V 电解液开始冒气泡时,在控制电路的作用下开始进行脉冲充电,其程序是:先停止充电 25ms 左右,接着再反向脉冲快速充电,反向充电的脉宽一般为 150~1000s,脉幅为(1.5~3)C_{20} 的充电电流,接着再停止充电 25ms。然后再用正向脉冲进行充电,周而复始,直到充足电为止,其充电电流波形如图 1-1-5 所示。

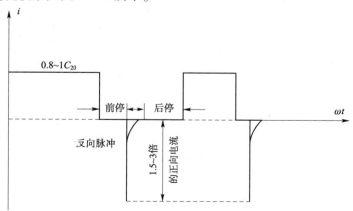

图 1-1-5 脉冲快速充电电流波形

2)充电设备

常用的充电设备由交流电源和整流器组成。

(1) 硅整流充电机。

目前使用较多的有 GCA 系列硅整流充电机。这种将交流电转变为直流电的充电设备,主要用于各种蓄电池的定流、定压充电。它具有操作简单、体积小、维护方便、整流效率高、寿命长等优点。

(2) 快速充电机。

快速充电机采用自动控制电路对蓄电池进行正反向脉冲充电,极大地提高了充电效率。蓄电池在进行快速脉冲充电前,应首先检查电解液的密度,通过电解液的密度值,推算出蓄电池的剩余容量,以确定充电时间,见表1-1-1。

快速充电时间与电解液密度的关系　　　　　　　表1-1-1

电解液密度(g/cm³)	剩余容量(%)	补充充电时间(min)
全充电密度:1.260	100	0
高于1.225	75以上	用小电流充电
1.200~1.225		15
1.175~1.200	50	30
1.150~1.175		45
低于1.150	25以下	60

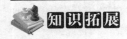知识拓展

免维护蓄电池

所谓免维护蓄电池,是指在规定的使用条件下,使用期间不需要进行维护的蓄电池。对于车用铅蓄电池来讲,也就是使用期间不需经常添加蒸馏水的蓄电池。

免维护蓄电池具有自行放电量小、失水量小、起动性能好、使用寿命和储存寿命长、使用方便等特点在汽车上得到广泛应用。

1. 免维护蓄电池结构

免维护蓄电池的正极板栅架一般采用铅钙合金或低锑合金制造。而负极板栅架均用铅钙合金制造。为减小极板短路和活性物质脱落,其隔板大多采用超细玻璃纤维棉制作,或将其正极板装在袋式隔板内。极板组多采用紧装结构,防止氧气、氢气垂直上溢,减小水分损失和活性物质脱落。为了缩短连接条的长度,减小内阻,提高蓄电池起动性能,各单格极板组之间采用穿壁式接法,采用了除极桩外露的全封闭式外壳。在壳体上部通气孔设有安全装置收集水蒸气和硫酸蒸气的集气室,待其冷却后变成液体重新流回电解液内。通气孔中装有催化剂钯,可使氢气与氧气合成为水蒸气,冷却后再返回电解液内。

免维护蓄电池在其内部设有温度补偿式密度计。密度计的指示器可用不同颜色指示蓄电池的存电情况和电解液液面高低。电解液密度正常时,指示器显示绿色,表示蓄电池电充足;指示器显示深绿色,表示电解液密度低于标准值,应进行补充充电;指示器显示黄色,表示电解液液面过低,需添加蒸馏水。

为有效防止外来火花造成危害,在其内部还装有火花捕捉器。

2. 免维护蓄电池的工作原理

免维护蓄电池的工作原理与普通铅蓄电池相同。放电时,正极板上的二氧化铅和负

极板上的海绵状铅与电解液内的硫酸反应生成硫酸铅和水,硫酸铅则沉淀在正负极板上,而水则留在电解液内;充电时,正负极板上的硫酸铅又分别还原成二氧化铅和海绵状铅。

免维护蓄电池,由于其负极板上的硫酸铅含量比正极板上多,因此,充足电时正极板的硫酸铅全部转变成了二氧化铅,而负极板用来产生氧气,被用于使多余的硫酸铅转变成海绵状铅。同时,在正极板上所产生的氧气也不会外逸,而是迅速与负极板上的活性物质(海绵状铅)发生反应生成二氧化铅,再与电解液中的硫酸反应变成硫酸铅和水。因此从理论上讲,免维护蓄电池即使被过充电,其电解液中的水也不会散失。

 任务训练

1. 蓄电池的维护

(1)保持蓄电池外表面的清洁干燥,及时清除极桩和电缆卡子上的氧化物,并确定蓄电池极桩上的电缆连接牢固。

清洗蓄电池时,最好从车上拆下蓄电池,用苏打水溶液冲洗整个壳体[图1-1-6a)],然后用清水冲洗蓄电池并用纸巾擦干。对蓄电池托架,可先用腻子刀刮净较厚的腐蚀物,然后用苏打水溶液清洗托架[图1-1-6b)],之后用水冲洗并干燥。托架干燥后,漆上防腐漆。

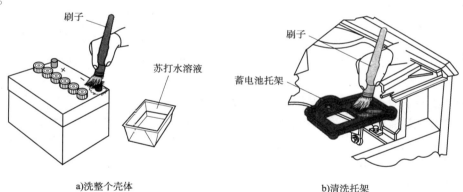

图 1-1-6 蓄电池的清洁

对极桩和电缆卡子,可先用苏打水溶液清洗,再用专用清洁工具进行清洁,如图1-1-7所示。清洗后,在电缆卡子上涂上凡士林或润滑油防止腐蚀。

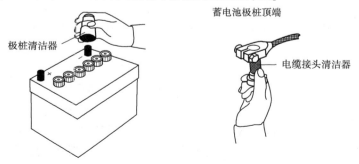

图 1-1-7 极桩和电缆卡子的清洁

注意:清洗蓄电池之前,要拧紧加液孔盖,防止苏打水进入蓄电池内部。

(2)保持加液孔盖上通气孔的畅通,定期疏通。

(3)定期检查并调整电解液液面高度。液面过低时,应补加蒸馏水。

(4)汽车每行驶1000km或夏季行驶5~6天,冬季行驶10~15天,应用密度计或高率放电计检查一次蓄电池的放电程度,当冬季放电超过25%,夏季放电超过50%时,应及时将蓄电池从车上拆下进行补充充电。

(5)根据季节和地区的变化及时调整电解液的密度。冬季可加入适量的密度为1.40g/cm^3的电解液,以调高电解液的密度(一般比夏季高0.02~0.04g/cm^3为宜)。

(6)冬季向蓄电池内补加蒸馏水时,必须在蓄电池充电前进行,以免水和电解液混合不均而引起结冰。

(7)冬季蓄电池应经常保持在充足电的状态,以防电解液密度降低而结冰,引起外壳破裂、极板弯曲和活性物质脱落等故障。

2.蓄电池的检测与维修

1)蓄电池的拆装

(1)蓄电池的拆卸。

①将点火开关置于"断开(OFF)"位置。

②拆下蓄电池固定夹板的固定螺栓,取下固定夹板。

③拧松蓄电池正、负极柱上的电缆接头固紧螺栓,取下电缆。

④从汽车上取下蓄电池。取下蓄电池时应小心轻放,尽量用蓄电池提把提取。

⑤检查蓄电池壳体上有无裂纹和电解液渗漏痕迹;发现裂纹和渗漏应更换蓄电池。

(2)蓄电池的安装步骤。

①检查蓄电池型号、规格是否适合该型汽车使用。

②检查电解液的相对密度和液面高度是否符合技术要求;否则应予调整。

③按照蓄电池正、负极柱和正、负电缆端子的相对位置,将蓄电池安放到固定架上。

④用细砂纸或专用清洁器清洁蓄电池的接线柱及连接接线柱夹头;在螺栓、螺母的螺纹上涂凡士林或润滑脂,以防氧化生锈。

⑤在正、负接线柱及其电缆端子上涂抹一层润滑脂,以防极柱和电缆端子氧化腐蚀。

⑥安装固定夹板,拧紧夹板固定螺栓。

注意事项:①在发动机运转情况下,严禁拆卸蓄电池。

②拆卸蓄电池时应使用专用工具,尽量不要用手直接触摸有酸液的部位。

2)蓄电池漏电检查

蓄电池漏电一般可分为两种,一种是蓄电池自身漏电(称为内漏),即电荷不经过外电路,在蓄电池内部经过电解液泄放,造成漏电。充足电的蓄电池放置几天后,再次使用时发现电已耗尽,这是蓄电池自身的原因造成的,属蓄电池自身漏电。另一种蓄电池漏电是由于车载电器或线路的原因造成蓄电池放电(称为外漏),常见的情况是收车时蓄电池电量正常,放置几天再用车时发现蓄电池电量不足,汽车无法起动。原因有三类:

第一类是停车时电器开关(灯光开关、除霜加热开关等)未关等导致的蓄电池亏电,此类为使用不慎导致漏电。

第二类是蓄电池极板短路或氧化脱落导致自放电而亏电。

第三类是由于汽车电器、线束、传感器、控制器、执行器等电子元器件（加装电气设备等）和电路搭铁造成漏电，此类漏电比较普遍，也是相对不容易检测的，尤其是对于一些老车型或原车线束遭到改装的车辆，此类漏电故障更容易发生。

3) 检测与维修步骤

(1) 首先检测蓄电池是否亏电。

(2) 把车辆熄火，关闭所有用电设备。

(3) 拔出钥匙，使发动机罩锁开关、门锁开关及门开关、行李舱锁开关处于锁车状态。

(4) 断开蓄电池搭铁负极线，在搭铁负极和蓄电池负极桩头之间连接直流电流表如图1-1-8所示，最大量程调至2A以上（若没有电流表也可以用5W的试灯代替做模拟检测）。

图1-1-8 万用表连接方式

如果电流表电流在10~20mA，试灯开始发亮，之后逐渐变暗，灯丝暗红或者熄灭，都可推断漏电为上述第一类情况，由于车主使用不慎而造成，实际正常使用不会漏电。反之则视为有车身漏电故障存在。传统的漏电检测方法是把万用表或试灯串联在蓄电池的负极上，需拆除蓄电池的引线。这样不但费时费力，还容易将客户的资料丢失（如时钟和电子导航数据等，容易引起客户的不满），现在可使用带感应功能的钳型万用表测量。

(5) 在确认车身有漏电的情况下，保持电流表或试灯连接，可采用一边逐个拔掉熔断丝，一边观察电流表或试灯明暗的变化。如果去掉某个熔断丝后，漏电现象消失，即表明此熔断丝控制回路有搭铁短路故障。再仔细对照电路图分段检测就会找出故障点。

3. 检查蓄电池电解液密度

电解液密度的大小，是判断蓄电池容量的重要标志。测量蓄电池电解液密度时，蓄电池应处于稳定状态。蓄电池充、放电或加注蒸馏水后，应静置半小时后再测量。

用综合测试仪对电解液密度进行测试，其方法是：

(1) 用取液管汲取电解液。

(2) 滴在测试仪测试镜片上（注意：水平放置测试仪）。

(3) 将测试仪迎着阳光，目视观察窗，即可读取密度值。

(4) 测量环境温度。

(5)将读取密度值换算成+25℃时的相对密度值。

(6)参照标准,分析被测蓄电池密度是否合适。

若各电解液密度间相差不超过0.02g/cm³,可对蓄电池进行充电,以恢复其性能;若一个或两个相邻单格中的电解液密度明显下降,说明蓄电池有短路故障,应修复或更换。

此仪器还可对发动机冷却液进行冰点检测,方法同上。

4. 检测蓄电池电解液液面高度

(1)用玻璃管测量法,如图1-1-9所示。工具:内径为3~5mm的玻璃管。液面高度标准值为10~15mm。

(2)观察液面高度指示线法(图1-1-10)。正常液面高度介于两线之间,液面过低时,应加入蒸馏水补充,以恢复正确的液面高度。除非确知电解液溅出,否则不许添加硫酸溶液。

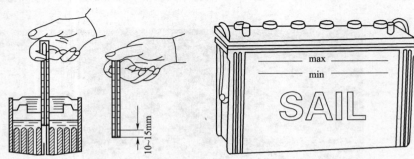

图1-1-9 玻璃管测量法　　　　图1-1-10 液面高度指示线法

5. 模拟起动放电检测

对于技术状态良好的蓄电池,当以起动电流或规定的放电电流连续放电15s时,端电压应不低于规定值。

采用高率放电计,将两放电针压在蓄电池正负极桩上,保持5s,若电压稳定,根据表1-1-2判断放电程度;若电压迅速下降,说明蓄电池已损坏。

蓄电池电压与放电程度对照表　　　　表1-1-2

蓄电池开路电压(V)	≥12.6	12.4	12.2	12.0	≤11.7
高率放电计检测蓄电池电压(V)	11.6~10.6	9.6~10.6		≤9.6	
高率放电计(100A)检测单格电压(V)	1.7~1.8	1.6~1.7	1.5~1.6	1.4~1.5	1.3~1.4

测12V电池,蓄电池充满电,密度在1.24g/cm³,接入时间为10~15s。

电压能保持在10.5~11.6V,存电量为充足,蓄电池无故障。

电压能保持在9.6~10.5V,存电量为不足,蓄电池无故障。

电压降到9.6V以下,存电量严重不足或蓄电池有故障。

按照以上学习的【任务准备】和【任务训练】对【任务导入】的故障进行分析,判定为蓄电池故障。

首先检查蓄电池。该车的蓄电池组是由2只型号为6-Q-165的蓄电池串联而成。

用密度计检查蓄电池的电解液,发现其中1只蓄电池各单格电解液密度都在1.24左右,而另1只蓄电池却不然,其1、2、5、6四组单格电解液密度均在1.23左右,第3组电解液密度为1.00,第4组的为1.10。

用高率放电试验器检查这2只蓄电池每个单体电池电压。检查结果是1只蓄电池各单体电池电压均在1.7~1.8V,而另1只蓄电池的第1、5、6四组单体电池电压均在1.7V以上,第3组单体电池电压在5s内由1.5V降到1.0V且不稳定,第4组单体电池电压在1.5V左右。因此判定故障在此2组单体电池内。

从外观看第3组单体电池,其极板、隔板完好无损,极板并未弯曲,活性物质脱落不多。在吸出此组电解液时,发现吸了很长时间后,还有剩余。而打开第4组塞盖时,却看不见电解液了。进一步检查,发现在第3、4两组单体电池间的小横格有裂纹。由于第3、4两组单体电池间横格有裂纹,导致电解液连通,使第3、4两组单体电池短路,蓄电池处于自身放电状态,因此使这两组单体电池电解液密度下降。

原因找到后,换1只好的同型号蓄电池,充电,装回原车,汽车可正常起动了。

任务评价

蓄电池的检测与维修评价见表1-1-3。

蓄电池的检测与维修评价表　　　　　　　　　表1-1-3

序号	内容及要求	评分	评 分 标 准	自评	组评	师评	得分
1	准备	10	(1)汽车进入工位前,准备好相关器材(5分); (2)拉紧驻车制动器操纵杆,把变速杆置于空挡或P挡位置(5分)				
2	清洁	5	按要求清理工位				
3	就车检查蓄电池外观状况	5	检测点清晰,能够说明原因				
4	拆卸蓄电池	30	连线拆卸顺序正确,蓄电池拆卸工艺正确,零件工具不落地				
5	蓄电池技术状况检测	30	检测方法正确,检测结果准确				
6	蓄电池装复	10	安装工艺正确,接线顺序正确,紧固力矩准确				
7	安全文明生产	10	(1)结束后清洁(5分); (2)工量具归位(5分)				
指导教师总体评价: 　　　　　　　　　　　　　　　　　　　　　指导教师＿＿＿＿＿＿ 　　　　　　　　　　　　　　　　　　　　　＿＿＿＿年＿＿月＿＿日							

练 一 练

一、单项选择题

1. 在汽油车充电系统中的标称电压为(　　)V。
   A. 12　　　　　B. 14　　　　　C. 24　　　　　D. 42
2. 蓄电池每个单格的极板组成总是(　　)。
   A. 负极板比正极板多一片　　　　B. 正极板比负极板多一片
   C. 正、负极板同样多　　　　　　D. 以上都对
3. 在检查蓄电池电解液液面时,其液面高度应在(　　)为合适。
   A. 1～5mm　　B. 10～15cm　　C. 10～15mm　　D. 15～20mm
4. 较为准确地判定蓄电池放电程度的方法是(　　)。
   A. 充电　　　　　　　　　　　B. 高率放电计测定
   C. 使用起动机　　　　　　　　D. 放电
5. 蓄电池电解液的相对密度一般为(　　)。
   A. 1.2～1.14　　B. 1.20～1.24　　C. 1.24～1.28　　D. 1.26～1.30
6. (　　)蓄电池具有储存时间长(二年),加足电解液后,无须充电,静放20～30min即可装车使用的特点。
   A. 普通蓄电池　　B. 免维护蓄电池　　C. 干荷蓄电池　　D. 湿荷蓄电池
7. 铅酸蓄电池不使用时,放电严重,电压下降过快的现象是电池(　　)。
   A. 电解液消耗过快故障　　　　B. 容量下降故障
   C. 自放电严重故障　　　　　　D. 极板硫化故障
8. 干荷蓄电池在使用前,里面(　　)。
   A. 装满电解液　　　　　　　　B. 有一半电解液
   C. 没有电解液　　　　　　　　D. 电解液离极板10～15mm
9. 蓄电池充电时,消耗了(　　)增加了(　　),电解液密度(　　),放电过程则相反。
   A. 水、硫酸、下降　　　　　　B. 硫酸、水、下降
   C. 水、硫酸、上升　　　　　　D. 硫酸、水、上升
10. 蓄电池放电后,其负极板附有的物质是(　　)。
    A. 铅　　　　　B. 二氧化铅　　C. 硫酸铅　　　D. 一氧化铅

二、多项选择题

1. 铅酸蓄电池主要由(　　)、加液孔盖以及极桩等组成。
   A. 外壳　　　　B. 极板　　　　C. 电解液　　　D. 联条
2. 蓄电池充电的方法有(　　)。
   A. 定流充电　　B. 定压冲电　　C. 脉冲快充　　D. 快速充电
3. 铅酸蓄电池在放电过程中产生的物质是(　　)。
   A. 铅　　　　　B. 二氧化铅　　C. 硫酸铅　　　D. 水

4. 下列关于铅酸蓄电池说法正确的是(　　)。
　A. 蓄电池电解液是由纯硫酸与蒸馏水按一定比例配制而成
　B. 酸蓄电池正极板上的活性物质是纯铅,呈青红色;负极板上的活性物质是海绵状的二氧化铅,呈棕红色
　C. 蓄电池内部产生大量气泡,电解液呈"沸腾"状态,表示蓄电池充电完成
　D. 蓄电池负极板数量比正极板多一片
5. 蓄电池放电终了的标志是(　　)。
　A. 单格电池电压降到放电终止电压(以20h放电率时,为1.75V)
　B. 电解液相对密度下降到最小值,约1.12g/cm³
　C. 放电终止电压与放电电流大小无关
　D. 蓄电池内部产生大量气泡,电解液呈"沸腾"状态

三、判断题
1. 铅酸电池工作中的化学反应过程是可逆的。　　　　　　　　　(　　)
2. 电解液因正常使用导致不足时,应补充硫酸溶液。　　　　　　(　　)
3. 配置电解液时应将硫酸徐徐导入蒸馏水中。　　　　　　　　　(　　)
4. 安装蓄电池隔板时,隔板上带有沟槽的一面必须向着负极板。　(　　)
5. 免维护蓄电池无须定期检查液面高度。　　　　　　　　　　　(　　)

四、分析题
1. 蓄电池的功用有哪些?
2. 如何分辨蓄电池的正负极?
3. 蓄电池的维护有哪些内容?
4. 蓄电池电解液的密度如何测量?
5. 免维护蓄电池的特点是什么?

学习任务1.2　商用车充电系统的检修

1. 了解充电系统的组成与作用。
2. 掌握发电机、调节器的结构及工作原理。
3. 掌握发电机的正确拆装工艺。
4. 理解充电系统的控制电路及工作原理。
5. 掌握充电系统的检测与故障诊断基本方法。

　　一辆 XMQ6759Y 厦门金龙客车,发动机熄火后无法再次起动,电压表显示电压低于24V,充电指示灯亮,怀疑是充电系统有故障。
　　故障检测:接车后,首先试车,确认故障现象属实。测量发电机 B 端电压,只有22V,

对蓄电池充电后,发动机顺利起动;接通点火开关,仪表上充电指示灯不亮,起动后仪表上显示电压为24V,测量发电机B柱电压为24V;D+柱无电压;用1根导线将发电机B柱和D+柱进行暂时短接,发电机B柱电压不变,认为发电机有故障。拆下发电机进行解体检查,发现电刷已经磨光了。更换电刷,检查定子线圈、转子线圈电阻正常,整流器正常,装复后先简单试验,对发电机D+柱通以24V电源,用手转动发电机带盘,发电机B柱上电压为4.2V,将发电机装复后试车,用1根导线将B柱对D+柱进行暂时短接后,仪表电压升到27V,发电机发电正常了,充电指示灯熄灭,故障排除。

汽车蓄电池不具备长时间给电气系统供电的能力,所以汽车电源除蓄电池外还有发电机,发电机由发动机通过皮带轮带动运转,将机械能转变成电能,在发动机正常工作时,向除起动机以外的所有用电设备供电,并向蓄电池充电,以补充蓄电池起动所消耗的电能。

蓄电池、发电机及其调节器、发电与充电显示装置(电流表、电压表或充电指示灯)以及控制电路等组成汽车的充电系统(即电源系统)。发电机和蓄电池呈并联关系,按需向用电设备提供电能,以保证汽车用电设备的正常工作。

1. 发电机

1)发电机功用

发电机是汽车的主要电源,其在整车上的位置如图1-2-1所示。其功用是在发动机正常运转时,向所有用电设备(起动机除外)供电,同时给蓄电池充电,如图1-2-2所示。

图1-2-1 发电机在发动机上的位置图

2)发电机的分类

汽车用发电机可分为直流发电机和交流发电机,由于交流发电机在许多方面优于直流发电机,直流发电机已被淘汰。目前所有汽车均采用硅整流的交流发电机,其具有体积小、比功率大、结构简单、维修方便、使用寿命长、转速适应范围大、对无线电干扰小、配用的调节器结构简单等优点,因此,在现代商用车上的得到普遍使用。本任务介绍的发电机即为硅整流交流发电机。

按照不同的分类方法分为以下几类:

(1)按总体结构分五类。

①普通交流发电机(使用时需要配装电压调节器的发电机)例 JF132(EQ1090 用)。

②整体式交流发电机(发电机和调节器制成一个整体的发电机)。

③带泵交流发电机(和汽车制动系统用真空助力泵安装在一起的发电机)。

④无刷交流发电机(不需要电刷的发电机)。

⑤永磁交流发电机(磁极为永磁铁制成的发电机)。

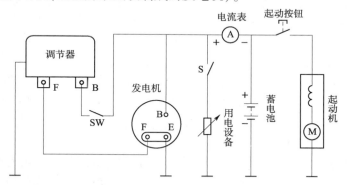

图 1-2-2　蓄电池充电原理电路

(2)按整流器构造分类。

①六管交流发电机:即整流器由六只整流二极管组成三相桥式齐波整流电路的交流发电机。如 CA1091 型载货汽车用 JF1518 交流发电机。

②八管交流发电机:即整流器总成由八只整流二极管组成的交流发电机。

③九管交流发电机:在六只整流二极管的基础上又增加了三只磁场二极管,具有九只整流二极管的发电机。

④十一管交流发电机:在六只二极管的基础上既有中性点二极管又有磁场二极管的具有十一只整流二极管组成的交流发电机。

(3)磁场线圈搭铁形式分类。

①外搭铁型交流发电机:即发电机磁场线圈的一端与发电机壳体连接的交流发电机。如春风 EQ1090 型载货汽车用 JF132N 型交流发电机。

②内搭铁型交流发电机:即磁场线圈的一端经调节器后搭铁的交流发电机。

3)国产汽车发电机的型号

根据《汽车电气设备产品型号编制方法》(QC/T 73—1993)的规定,汽车交流发电机的型号如下:

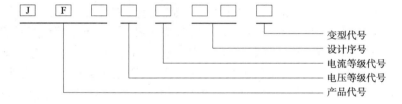

第 1 部分为产品代号。交流发电机的产品代号有 JF、JFZ、JFB、JFW 四种,分别表示

交流发电机、整体式交流发电机、带泵交流发电机和无刷交流发电机。

第 2 部分为电压等级代号。用 1 位阿拉伯数字表示,1——12V;2——24V;6——6V。

第 3 部分为电流等级代号。用 1 位阿拉伯数字表示,其含义见表 1-2-1。

电 流 等 级　　　　　　　　　　　　　　　　　表 1-2-1

电流等级代号	1	2	3	4	5	6	7	8	9
电流(A)	≤19	20~29	30~39	40~49	50~59	60~69	70~79	80~89	≥90

第 4 部分为设计序号。按产品设计的先后顺序,用阿拉伯数字表示。

第 5 部分为变形代号。交流发电机以调整臂的位置作为变形代号。从驱动端看,Y——右边;Z——左边;无——中间。

例如:JF152 表示交流发电机,其电压等级为 12V,电流等级为 50~59A,第二次设计。JFZ2517A 表示整体式交流发电机,其电压等级为 24V,电流等级为 50~59A,第 17 次设计,A 为变形符号。

4) 交流发电机的结构

汽车用硅整流交流发电机由三相同步发电机和硅二极管整流器两大部分组成。其工作过程为:交流发电机定子绕组中感应出交变电动势,经硅二极管整流器整流,输出直流电。

普通交流发电机一般由转子、定子、整流器、前后端盖、风扇、皮带轮等组成。图 1-2-3 所示为 JF132 型 6 管交流发电机解体图。

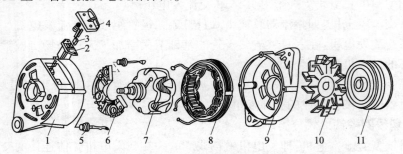

图 1-2-3　交流发电机解体图

1-后端盖;2-电刷架;3-电刷;4-电刷弹簧压盖;5-硅二极管;6-散热板;7-转子;8-定子总成;9-前端盖;10-风扇;11-皮带轮

(1) 转子:转子的功用是产生旋转磁场。转子由爪极、磁轭、磁场绕组、集电环、转子轴组成。

转子轴采用优质碳钢车削而成,中间有压花,一端有半圆键槽和米制螺纹。导磁用磁轭用软磁材料制成(低碳钢),压装在轴中部。励磁绕组用高强度漆包线绕制一定匝数而成,套装在两个磁轭上,线圈两头分别穿过一块磁极小孔,与彼此绝缘的两个集电环焊接在一起。两个集电环分别于发电机的两个电刷接触。当两个电刷与直流电源接通时,励磁线圈中便有电流通过,并产生轴向磁通,使一块爪极磁化为 N 极,另一块爪极磁化为 S 极。交流发电机的磁极一般由六对组成,爪极相互交错压装在励磁绕组的外面,形成相互交错的磁极。

将转子爪极设计成鸟嘴型的目的是使磁场呈正弦分布,电枢线圈产生感应电动势近似于正弦波形,转子每转一周,定子的每相电路上就能产生周波个数等于磁极对数的交流电动势。

(2)定子:定子又称电枢,定子的功用是产生交流电动势,由定子铁芯和定子绕组两部分组成。定子铁芯由内圆带槽的环状硅钢片叠成,各硅钢片之间相互绝缘,硅钢片厚度为0.5～1.0mm。定子绕组为三相对称绕组,安装在定子铁芯槽内。三相定子绕组的接法多采用星形接法。三相绕组各引出一个端子,中性点引出一个端子。

(3)整流器:整流器的功用是将三相绕组产生的交流电变为直流电向外输出,一般由6只硅二极管组成,二极管的特点是工作电流大、反向电压高。整流器由正、负整流板组成。

(4)端盖及电刷组件:端盖一般分两部分(前端盖和后端盖),起支撑转子、定子、整流器和电刷组件的作用。端盖一般用铝合金铸造,一是可有效地防止漏磁,二是铝合金散热性能好。后端盖上装有电刷组件。电刷组件由电刷、电刷架和电刷弹簧组成。电刷的作用是将电源通过集电环引入励磁绕组。两个电刷分别装在电刷架的孔内,借助弹簧压力与集电环保持接触。电刷一般与调节器装为一体。电刷和集电环的接触应良好,否则会因为磁场电流过小,导致发电机发电不足。

5)交流发电机的工作原理

(1)发电原理。发电机定子的三相绕组按一定规律分布在发电机的定子槽中,内部有一个转子,转子上安装着爪极和励磁绕组。

如图1-2-4所示,当外电路通过电刷使励磁绕组通电时,便产生磁场,使爪极被磁化为N极和S极。当转子旋转时,磁通交替地在定子绕组中变化,根据电磁感应原理可知,定子的三相绕组中便产生交变的感应电动势。这就是交流发电机的发电原理。

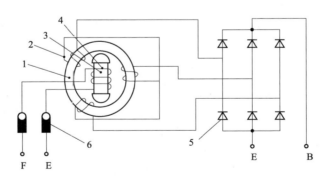

图1-2-4　交流发电机发电原理示意图
1-定子铁芯;2-定子绕组;3-转子;4-励磁绕组;5-整流二极管;6-电刷

(2)整流原理。交流发电机定子的三相绕组中,感应产生的是交流电,是通过6只二极管组成的三相桥式整流电路整流为直流电的,整流电路如图1-2-5a)所示。

二极管具有单向导通性,当给二极管加上正向电压时二极管导通,当给二极管加上反向电压时二极管截止。将定子的三相绕组和6只整流二极管按图1-2-5b)的电路连接,发电机的输出端B、E上就输出一个脉动直流电压,如图1-2-5c)所示,这就是发电机的整流原理。

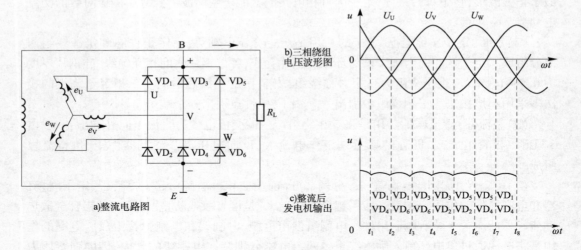

图 1-2-5　交流发电机整流原理

三相桥式整流电路中二极管的依次循环导通,当 3 只正二极管负极端连接在一起时,正极端电位最高者导通;当 3 只负二极管正极端连接在一起时,负极端电位最低者导通。使得负载 R_L 两端得到一个比较平稳的脉动直流电压。

(3)交流发电机的励磁方式。除永磁式交流发电机不需要励磁以外,其他形式的交流发电机都需要励磁,因为它们的磁场都是电磁场,必须给励磁绕组通电才会有磁场产生而发电,否则发电机将不能发电。

将电流引入励磁绕组使之产生磁场称为励磁。交流发电机励磁方式有自励和他励两种。

①他励:在发电机转速较低时(发动机未达到怠速转速),自身不能发电,需要蓄电池供给发电机励磁绕组电流,使励磁绕组产生磁场来发电。这种由蓄电池供给磁场电流发电的方式称为他励发电。

②自励:随着转速的提高(一般在发动机达到怠速时),发电机定子绕组的电动势逐渐升高并能使整流器二极管导通,当发电机的输出电压 U_B 大于蓄电池电压时,发电机就能对外供电了。当发电机能对外供电时,就可以把自身发的电供给励磁绕组,这种自身供给磁场电流发电的方式称为自励发电。

交流发电机励磁过程是先他励后自励。当发动机达到正常怠速转速时,发电机的输出电压一般高出蓄电池电压 1~2V 以便对蓄电池充电,此时,由发电机自励发电。

不同汽车的励磁电路各不相同,但有一个共同特点是,励磁电路都必须由点火开关控制。交流发电机的励磁电路如图 1-2-6 所示。

2. 电压调节器

由于交流发电机的转子是由发动机通过传动带驱动旋转的,且发动机和交流发电机的速比为 1.7~3,因此,交流发电机转子的转速变化范围非常大,这样将引起发电机的输出电压发生较大变化,无法满足汽车用电设备的工作要求。为了满足用电设备恒定电压的要求,交流发电机必须配用电压调节器。

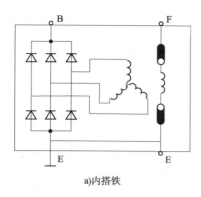 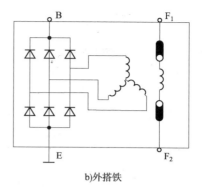

a) 内搭铁　　　　　　　　b) 外搭铁

图 1-2-6　励磁控制形式

发电机电压调节器的作用是在发电机转速和负荷变化时,自动调节发电机输出电压的平均值不超过规定值,防止输出电压过高烧坏用电设备和蓄电池过充电。

交流发电机调节器的工作原理是:当交流发电机的转速升高时,调节器通过减小发电机的励磁电流来减小磁通,使发电机的输出电压保持不变。

电压调节器有集成电路调节器、微机控制电压调节器等形式,安装在发电机后端。

3. 发电机后端接线端子符号含义

目前很多商用车采用佩特来系列发电机,发电机后端接线端子符号含义如下。

B+:正极输出端,为蓄电池充电,为车上的用电设备提供电流。

D+:励磁端,接充电指示灯、起动机保护继电器、空调保护继电器,输出功率很小。

N:中性点输出端,输出 7V(14V 发电机)、14V(28V 发电机)交流电,可作为转速表信号,可接交流继电器。

W:相输出端,输出 7V(14V 发电机)、14V(28V 发电机),近似直流电。可接直流继电器,也可作为转速表信号。

L:充电指示灯端,无输出功能,不能接负载,无励磁功能。

E:搭铁端。

4. 发电机控制电路

以福田戴姆勒 H5 发电机线路图为例进行说明,如图 1-2-7 所示。

发电机 B+接柱则是发电机的输出端。发动机正常运转时,B+输出的电流通过 F/L6 熔断丝、电源总开关,为蓄电池充电,还通过其他主熔断丝为全车供电。D+接柱用于车辆起动时,为发电机励磁线圈提供电源。

发电机 D+还用于检测发电机工作。正常情况下,接通钥匙开关 D+接柱低电位;发动机着火后,发电机迅速发电,D+接柱由低电位变为高电位(蓄电池电压)。D+与中央控制单元 CBCU/D32 针脚相连,CBCU 监测到 CBCU/D32 针脚为高电压,就会判定发电机工作正常。如果发动机着火后,CBCU/D32 针脚仍为低电压,CBCU 就认定发电机不发电,通过 CAN 线向仪表发出信息,仪表便将充电指示灯点亮。

5. 充电系统故障判断和排除方法

充电系统常见的故障有:不充电、充电电压过低、充电电压过高、充电电压不稳定、发电机异响等,分析判断排除方法见表 1-2-2。

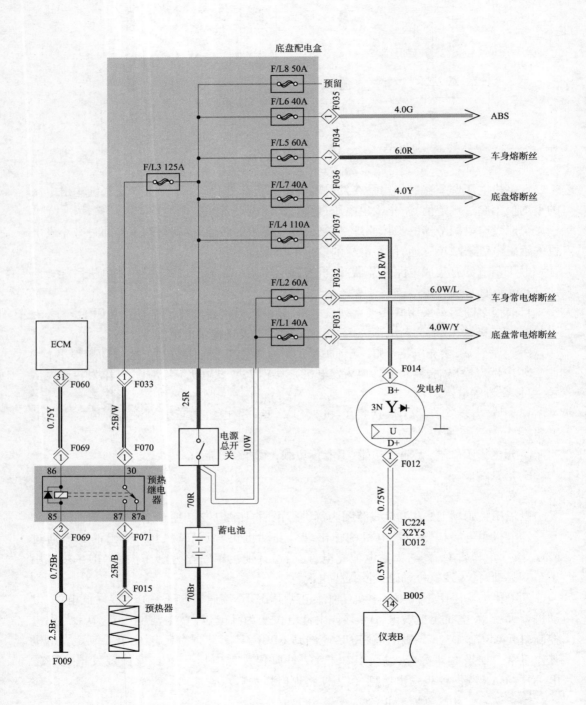

图 1-2-7 福田戴姆勒 H5 发电机线路图

发电机常见故障分析判断排除方法

表 1-2-2

故障	车辆现象	故障检查	故障处理
不充电	点火开关打开,充电指示灯不亮	(1)检查充电指示灯; (2)检查励磁线路是否断路	(1)检查指示灯端是否有电压,若无,则更换指示灯或检查线路; (2)如有,则发电机调节器或转子出现故障,修理或更换发电机
	怠速时充电指示灯不熄灭,高速时熄灭	(1)指示灯功率小或并联励磁电阻松脱; (2)发动机怠速过低	(1)建议使用 2~6W 灯泡或修复线路; (2)调整发动机怠速转速
	发动机工作时,充电指示灯不熄灭	检查发电机励磁端电压是否在 1~3V 之间	(1)如果发电机指示灯端电压非常低,说明励磁线指示灯功率过小或线路有虚接现象,调整指示灯功率或检测线路插接件和连接点; (2)如果发电机指示灯端电压为蓄电池电压,说明测量励磁线路出现问题,同时发电机调节器及励磁管可能被损坏,必须修理励磁线路后再接修好发电机
		检测发电机输出端 B+电压是否是 24V 左右的蓄电池电压 在车上测量B+电压	(1)如果 B+电压为 0V,则检查发电机到蓄电池的正、负极引线是否导通; (2)如果 B+电压明显低于蓄电池电压,则检查发电机到蓄电池间的正负极引线各接点是否有松动或蓄电池损坏
		推荐检测方法: 在发电机输出端 B+ 与励磁端 D+/L 间跨接 2W 指示灯,观察指示灯工作情况	(1)指示灯亮度正常,起动发动机后指示灯熄灭,发电机输出电压为 27~28.5V;车辆励磁线路出现问题需要检修; (2)指示灯亮度正常,起动发动机后指示灯不熄灭,发电机输出端电压为 27~28.5V,发电机电压调节器出现问题需要更换; (3)指示灯亮度正常,起动发动机后指示灯不熄灭,发电机输出端电压为蓄电池电压;发电机调节器、定子或内部连线可能出现问题,需要拆解修理或更换

续上表

故障	车辆现象	故障检查	故障处理
充电电压过低	蓄电池经常充电不足，充电电压过低，开负载时电压下降明显	首先了解发电机输出功率与车辆电器的匹配是否合理	测量发电机 B + 端电压，通常为 27.8 ~ 28.4V，如电压正常，说明电压表或电压表取样点出现问题，需要修理或更换
		(1)检查电压表是否损坏； (2)检查发电机转速	(1)发电机怠速空载转速建议大于 1600r/min； (2)发电机带空调等大功率负载工作时转速应大于 2000r/min，或电压应在 27V 左右
		检查发电机及相关轮系皮带质量和张紧情况 皮带已损坏，需要及时更换	(1)检查发电机及相关轮系皮带质量，对焦化、缺齿、断裂、变形、落槽底的皮带必须更换； (2)对发电机及相关轮系皮带进行复紧注意：如需更换皮带系统是双带传动，在更换时必须双带同时更换； (3)检查皮带的张紧力，一般以能用手在两轮中心距 1/2 处，施加 150N，将皮带按下 10 ~ 20mm 为宜(或带负载运转时无明显抖动)
		检查导线使用是否合理，测量发电机及蓄电池端电压	(1)如在大负荷工作条件下压差大于 1V(因导线细导致压降大)，更换导线； 35A 内导线截面积 $s \geq 6mm^2$；70A 内导线截面积 $s \geq 12mm^2$； 100A 内导线截面积 $s \geq 20mm^2$；150A 内导线截面积 $s \geq 25mm^2$； (2)如在大负荷工作条件下导线或插接器发热明显，需更换导线或插接器
		检查充电系统导线与螺栓连接部位是否松动、氧化、虚接并产生高热	(1)对表面氧化的引片和安装搭铁螺栓，壳体表面打磨后再重新安装； (2)对松动的螺母、接线片进行重新拧紧，插接件需要重新插紧 注意：重新安装或复紧后的部位需在发动机带大负荷运转 3 ~ 5min 后检查是否还有高热
		检查发电机的相端输出电压(应为 B + 输出电压的一半左右) 测量相端输出电压	如果相端(W/R/AC)输出电压与正常输出电压值有较大差值，发电机整流器或定子出现故障，考虑拆卸修理或更换

续上表

故障	车辆现象	故障检查	故障处理
充电电压过低	蓄电池经常充电不足,充电电压过低,开负载时电压下降明显	检查蓄电池充电是否正常	经10min充电后,充电电流应下降到10A左右,如充电长期达30~90A,蓄电池损坏,需要修理或更换
充电电压过高	电压表显示电压高	检查电压表是否损坏	测量发电机B+端电压,应为27.8~28.4V,如电压正常,说明电压表标定值误差较大需修理或更换
		检查充电系统导线和连接部位,检查各接线螺栓是否松动、虚接、产生高热,导线与发电机壳体是否短路	(1)接触不良、接线松动处需重新拧紧,插接件需要重新插紧; (2)如果短路,重新连接导线
		检查蓄电池工作状态是否正常	(1)观察蓄电池在充电过程中是否在短时间内充电电流值有较大变化(从50A降到10A以内);如果没有,则需要考虑尽快更换蓄电池; (2)观察蓄电池表面是否清洁、干燥,接线柱子及卡箍配合是否良好;如果损伤必须尽快更换
		检测发电机的相端输出电压(应为B+输出电压一半左右)	如果相端(W/R/AC)输出电压与正常输出值有较大差值,发电机带负载时电压下降较大,发电机整流器或定子出现问题,应拆卸修理或更换
		完成以上检查故障现象未排除	更换发电机调节器、转子或整机
充电电压不稳	发动机正常运转时,电压表指示充电,但指针左右摆动,看不清读数(或充电指示灯时亮时灭)	发电机或相关轮系皮带过松、跳动	张紧发电机及相关轮系皮带
		充电线路各连接处松动接触不良	检查禁锢充电线路的各连接处
		集电环积污,或电刷过度磨损,或电刷弹簧过软、折断	清除污渍,或更换电刷、电刷弹簧
		调节器损坏	更换调节器

续上表

故障	车辆现象	故障检查	故障处理
发电机异响	发电机运转中有不正常声音	发电机固定支架变形与外部其他机体过近	提供安装支架强度,调整安装状态
		发电机皮带松动、打滑	更换发电机皮带
		发电机皮带轮松旷	紧固皮带轮
		发电机轴承缺油或损坏	更换发电机轴承或更换发电机
		发电机内部出现低沉异响	定子线圈短路、更换
		发电机内部出现随转速变化的啸声	定子铁芯振动时产生的噪声,如果需要更换定子组件

任务实施

1. 发电机的就车检测与维修

(1) 充电指示灯检查:当打开点火开关不起动发动机时查看仪表充电指示灯是否点亮(图1-2-8)。如不亮,应检查相应电路或充电指示灯熔断丝是否熔断,指示灯灯泡是否损坏;如有,应更换。然后起动发动机,当发动机正常运转时充电指示灯应熄灭,否则应检查发电机。

(2) 励磁电路检查:在打开点火开关状态下,用一金属物体检查发电机转子轴有无磁性,如图1-2-9所示。若有磁性,说明发电机励磁电路良好;如没有磁性,应检查发电机励磁电路有无输入电压;如有电压,则检查电压调节器及励磁绕组有无损坏。

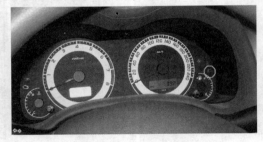

图1-2-8 充电指示灯检查　　　　图1-2-9 励磁电路检查

(3) 发电机运行状态检查:在发动机运转状态下用万用表检查发电机的输出电压,在2000r/min的情况下发电机的输出电压应大于27V。

2. 发电机解体后的检查及技术要求

1) 转子的检测与维修

(1) 转子绕组短路与断路的检查:用数字万用表的低电阻挡检测两集电环之间的电阻,应符合技术标准。若阻值为∞,则说明断路;若阻值过小,则说明短路。一般阻值为3.5～6Ω,若断路或短路一般都是整体更换,如图1-2-10所示。

(2) 转子绕组搭铁检查:检查转子绕组与铁芯(或转子轴)之间的绝缘情况。用万用表电阻挡检测两集电环与铁芯(或转子轴)之间的导通情况。若电阻为零且万用表发出响声,说明有搭铁故障,正常为∞,如图1-2-11所示。

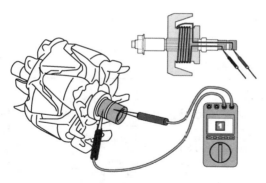
图1-2-10 转子的检测

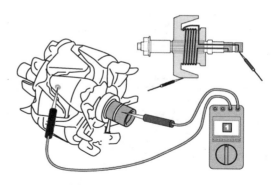
图1-2-11 转子绕组搭铁检查

(3)集电环的检查:集电环表面应平整光滑,无明显烧损,否则可用0号砂纸打磨。两集电环间隙处应无积聚物。集电环圆度误差不超过0.025mm,厚度不小于1.5mm。

(4)转子轴检查:用百分表检查轴弯曲度应不超过0.05mm(径向圆跳动不超过0.1mm),否则应予以校正。爪形磁极在转子轴上应固定牢靠、间距相等。

2)定子的检测与维修

(1)定子绕组短路与断路的检查:用数字万用表的低电阻挡检测定子绕组的三个接线端,两两接线,分别测量。正常时,阻值小于1Ω且相等。阻值为∞,说明断路;阻值为零,说明短路,若断路或短路一般都是整体更换。

(2)定子绕组搭铁检查:检查定子绕组与定子铁芯之间绝缘情况。用数字万用表电阻挡测定子绕组接线端与铁芯之间的电阻,若电阻过小(表内发出响声),说明有绝缘不良故障。正常应指示∞。

3)整流器的检测与维修(主要是整流二极管)

(1)正极管检测与维修:用数字万用表的电阻挡,黑表笔接整流器输出端子,红表笔分别接整流器各接线柱,万用表均应导通,否则说明该二极管断路,应更换整流器总成;调换两表笔进行测试,此时万用表均应不导通,否则说明二极管短路,也应更换整流器总成,如图1-2-12所示。

(2)负极管检测与维修:用数字万用表电阻挡,红笔接整流器负极管外壳,黑笔分别接整流器各接线柱,万用表均应导通,否则说明该二极管断路,应更换整流器总成;调换两表笔进行测试,此时万用表均应不导通,否则说明二极管短路,也应更换整流器总成。

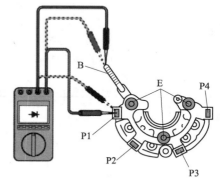
图1-2-12 检测正极管
B-发电机输出(+极);E-搭铁(-极);P1、P2、P3、P4-正极管

4)电刷组件的检查

电刷表面不得有油污,且应在电刷架中活动自如,电刷磨损不得超过原高度的1/2(标准长度为10.5mm);当电刷从电刷架中露出2mm时,电刷弹簧力一般为2~3N;电刷架应无烧损、破裂或变形。

任务评价

发电机的检测与维修评价见表1-2-3。

表1-2-3 发电机的检测与维修评价表

序号	内容及要求	评分	评分标准	自评	组评	师评	得分
1	准备	10	(1)汽车进入工位前,准备好相关器材(4分); (2)拉紧驻车制动器操纵杆,把变速杆置于空挡或P挡位置(3分); (3)套上三件套(3分)				
2	清洁	5	按要求清理工位				
3	检查交流发电机	10	检测点清晰,能够说明原因				
4	拆卸交流发电机总成	20	拆卸程序正确,零件摆放调理整洁,零件工具不落地				
5	交流发电机部件检测	20	检测方法正确,检测结果准确				
6	交流发电机装复	15	装复程序正确,轴承润滑脂加注量合适,紧固力矩准确				
7	交流发电机工作状况检查	10	检测点清晰,能够分析异常的原因				
8	安全文明生产	10	(1)结束后清洁(5分); (2)工量具归位(5分)				
指导教师总体评价:							

指导教师_____
____年___月___日

练一练

一、单项选择题

1. (　　)的功用是产生交流电。
   A. 转子　　　　B. 定子　　　　C. 整流器　　　　D. 换向器

2. 用万用表电阻挡测JFW261型发电机磁场和搭铁两接线柱间电阻为(　　)时,说明正常。
   A. 3～4Ω　　　B. 6～8Ω　　　C. 40～50Ω　　　D. 10～20Ω

3. 硅整流发电机调节器的调压原理是(　　)。
   A. 控制发电机的励磁电流来未定输出电压,使发电机端电压不随转速变化
   B. 改变转子转速来恒定发电机的输出电压

C. 改变发电机的结构参数来恒定发电机的输出电压

D. 以上都可以

4. 接通点火开关,电流表指针指示"0"位,表示点火(　　)。

　A. 电压电路短路　　B. 电压电路断路　　C. 高压电路短路　　D. 高压电路断路

5. 星形交流发电机中性点抽头以(　　)为接线柱标记,其电压值约为(　　)倍的发电机输出。

　A. L、1/2　　　　B. L、2　　　　C. N、1/2　　　　D. N、2

6. 发电机调节器是通过调整(　　)来调整发电机的电压的。

　A. 发电机的转速　　　　　　B. 发电机励磁电流

　C. 发电机输出电流　　　　　D. 电刷的压紧力

7. 硅整流发电机的电刷高度不得小于(　　)。

　A. 4mm　　　　B. 8mm　　　　C. 10mm　　　　D. 12mm

8. 硅二极管单个测试时的正向电阻值应为(　　)。

　A. 6~8Ω　　　B. 8~10Ω　　　C. 10~12Ω　　　D. 12~14Ω

二、多项选择题

1. 普通交流发电机主要由(　　)、整流器、前后端盖、皮带轮、风扇等组成。

　A. 转子总成　　B. 定子总成　　C. 整流器　　D. 电刷

2. 发电机的功用是(　　)。

　A. 对除起动机以外的所有用电设备供电

　B. 并向蓄电池充电

　C. 可以产生动力

　D. 可以提高用电设备的电压

3. 交流发电机硅整流器有(　　)形式。

　A. 六管式　　B. 七管式　　C. 八管式　　D. 十一管式

4. 对发电机转子部件进行检查,正确的是(　　)。

　A. 励磁绕组的电阻值为2.6~6Ω　　B. 转子摆差小于0.10mm

　C. 集电环的厚度大于1.5mm　　　　D. 集电环圆度误差不超过0.025mm

5. 充电系统常见的故障有(　　)。

　A. 发电机不发电　　　　　B. 发电电压不稳

　C. 发电电压过高　　　　　D. 发电机异响

三、判断题

1. 由于汽车上目前广泛采用的是硅整流交流发电机,因此汽车用电设备都使用交流电。(　　)

2. 交流发电机运转时,不能用试火花的方法检查发动机是否发电。(　　)

3. 交流发电机三相交流绕组能感应车身频率相同、幅值相等、相位互差180°的交流电动势。(　　)

4. 调节器与交流发电机的搭铁形式必须一致,否则会造成发动机不工作。(　　)

5. 外搭铁型调节器的"磁场"与"＋"两接柱被接反时,调节器极容易击穿而损坏。
(　　)

四、分析题

1. 简述交流发电机的主要部件并说出它们的作用。
2. 简述交流发电机的工作原理。
3. 交流发电机的中性点输出电压有何作用?
4. 交流发电机的特性有哪些?
5. 分析充电指示灯常亮的原因。

学习任务1.3　商用车起动系统的检修

任务目标

1. 了解起动系统的组成与功用。
2. 掌握起动机的结构与工作原理。
3. 能够正确拆装检测起动机零部件。
4. 能够检测、排除起动系统典型故障。

任务导入

张先生的陕汽德龙F3000车早晨起动时,接通起动开关后,起动机高速旋转而发动机曲轴无反应。打电话给维修店请求帮助,服务顾问派遣技师进行救援,通过问询和电路检查,初步判断是起动机内部机械故障造成的,需要拆卸起动机总成后回厂检修。

任务准备

发动机由静止状态过渡到能自行稳定运转状态的过程,称为发动机的起动。发动机的起动方式主要有人力起动、辅助汽油机起动和电力起动(又称起动机起动)三种。电力起动系统因操作简单、起动迅速可靠且重复起动能力强而被广泛应用。

1. 起动系统的功用

起动系统的功用是起动发动机。起动过程中,对起动系统有以下要求:

(1)起动机的齿轮与发动机的飞轮齿圈啮合要容易,尽量不发生冲击现象。

(2)发动机起动后,起动机的小齿轮应能自动打滑或脱离啮合,以免发动机起动后,飞轮带动起动机高速旋转造成事故。

(3)起动系统应结构简单、工作可靠、起动转速足够高。

2. 起动系统的组成

起动系统主要由蓄电池、点火开关、起动机、起动继电器和起动电路等组成。如图1-3-1所示,起动机在点火开关的控制下,将蓄电池的电能转变为机械能,带动发动机的飞轮使曲轴旋转,完成发动机的起动过程。

学习模块1　商用车基本电气系统的检修

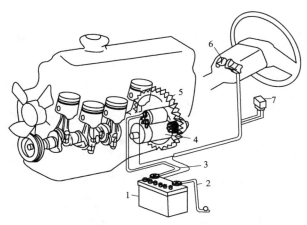

图 1-3-1　起动系统的组成

1-蓄电池;2-搭铁电缆;3-起动机电缆;4-起动机;5-飞轮;6-点火开关;7-起动继电器

3. 起动机的分类与型号

1) 起动机的分类

起动机按照不同的分类依据可分为:

(1) 按控制装置的操纵方式分为机械操纵起动机和电磁操纵起动机。

(2) 按直流电动机磁场产生的方式分为永磁起动机和励磁起动机。

(3) 按传动机构有无减速装置分为减速起动机和非减速起动机(普通起动机)。

(4) 按驱动齿轮的啮入方式分为惯性啮合式起动机、电枢移动式起动机、齿轮移动式起动机和强制啮合式起动机。

2) 起动机的型号

根据《汽车电器设备产品型号编制方法》(QC/T 73—1993)的规定,起动机的型号一般由五部分组成。

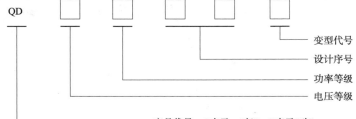

(1) 产品代号:起动机的产品代号有 QD、QDJ、QDY 三种,分别表示起动机、减速起动机和永磁起动机(包括永磁减速起动机)。

(2) 电压等级代号:用1位阿拉伯数字表示,1、2、6分别表示12V、24V 和6V。

(3) 功率等级代号:用1位阿拉伯数字表示,其含义见表1-3-1。

例如:QD254 表示额定电压24V、功率4~5kW、第4次设计的起动机。

起动机功率等级　　　　　　　　　　　　　　表 1-3-1

代号	1	2	3	4	5	6	7	8	9
功率(kW)	<1	1~2	2~3	3~4	4~5	5~6	6~7	7~8	>8

4. 起动机的基本组成

起动机总成分解示意图如图 1-3-2 所示，主要是由串励式直流电动机、传动机构和控制装置组成。

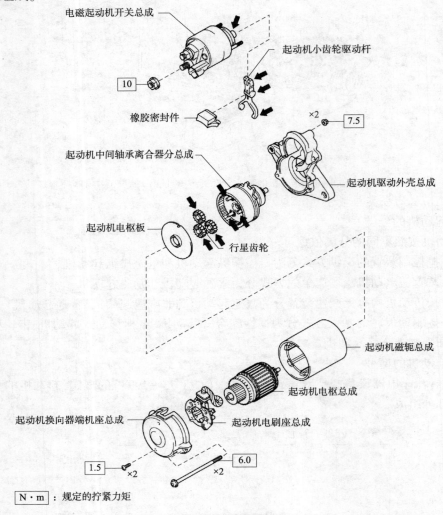

图 1-3-2　起动机总成分解示意图

1) 串励式直流电动机

串励式直流电动机主要由电枢、磁极、换向器、电刷和外壳等部件组成。

(1) 电枢：电枢是直流电动机的旋转部分，其作用是产生转矩，包括电枢轴、换向器、铁芯和电枢绕组。电枢铁芯由多片硅钢片叠成，内圆有键槽，通过平键与电枢轴连接，外圆圆周设有线槽，用来安装电枢绕组。为了获得足够的电磁转矩，通过电枢绕组的电流一般为 200~600A，因此，电枢绕组采用较粗的矩形裸铜线绕成。为防止裸铜线绕组间短路，在铜线与铜线间、铜线与铁芯间用绝缘性能较好的绝缘纸隔开。

电枢绕组的绕制方式有叠绕法和波绕法两种。叠绕法中绕组的两端线头分别接相邻的两个换向器铜片。此种绕法指在一对正负电刷之间的导线，电流方向一致。波绕法指绕组一端线头接的换向器铜片与另一端线头接的换向器铜片相隔90°或180°。采用此种绕法的电枢转到某一位置时,因为某些绕组两端线头接到同极性电刷上,会造成一些绕组没有电流。但由于波绕法的绕组电阻较低,所以应用广泛。

换向片和云母片叠压成换向器。云母片形状与换向片形状相同,用于换向片之间的绝缘。换向器与轴套、压环之间通过云母片绝缘,装于电枢轴的一端,电枢绕组每个线圈端头均焊接在换向器片上,通过换向器和电刷将蓄电池的电流引进来。

(2)磁极:磁极是电动机的定子部分,其作用是产生磁场,由铁芯和磁场绕组组成。铁芯用螺钉固定在壳体的内壁上,磁场绕组安装于铁芯的颈部,磁极一般是4个,为增大电磁转矩,大功率起动机采用6个磁极。

励磁绕组也采用较粗矩形裸铜线绕制而成(通过电流达200~600A),由于励磁绕组与电枢绕组串联,故称串励式直流电动机。

励磁绕组一端接在外壳的绝缘接线柱上,另一端与两个非搭铁电刷相连,当起动开关接通时,起动机的电路为:蓄电池正极→接线柱→励磁绕组→电刷→电枢绕组→搭铁电刷→搭铁→蓄电池负极。

(3)电刷架与电刷:电刷和装在电枢轴上的换向器用来连接磁场绕组和电枢绕组的电路,并使电枢轴上的电磁力矩保持固定方向。

电刷架一般为框式结构,如图1-3-3所示。其中正极刷架与端盖绝缘安装,负极刷架直接搭铁。电刷置于电刷架中,电刷由铜粉与石墨粉压制而成,呈棕红色。刷架上装有弹性较好的扭转弹簧,以压紧电刷与换向器良好接触。电刷的高度一般不应低于标准电刷的2/3,电刷与换向器的接触面积不应小于75%,并且要求电刷在电刷架内无卡滞现象,否则需要进行修磨或更换。

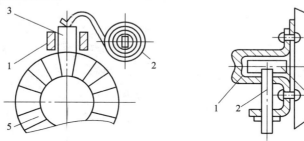

图1-3-3 电刷与电刷架的组合
1-框式电刷架;2-扭转弹簧;3-电刷;4-端盖;5-换向器

2)传动机构

起动机传动机构中的关键部件是单向离合器。其作用是在起动时将电枢产生的电磁转矩传递给发动机飞轮;而当发动机起动后,单向离合器立刻打滑,防止发动机飞轮带动电枢高速旋转,造成电枢绕组"飞散"的事故。常见的单向离合器有滚柱式、摩擦片式和弹簧式三种结构形式。

(1)滚柱式单向离合器。

滚柱式单向离合器是通过改变滚柱在楔形槽中的位置来实现分离和接合的,其结构如图1-3-4所示。

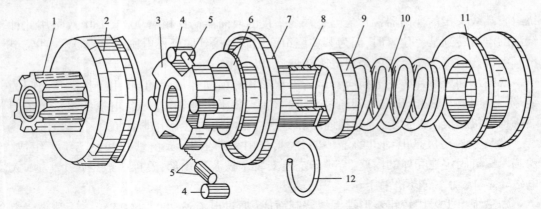

图 1-3-4 滚柱单向离合器结构

1-驱动齿轮；2-外壳；3-十字块；4-滚柱；5-弹簧与压帽；6-垫圈；7-护盖；8-传动套筒；9-弹簧座；10-弹簧；11-移动衬套；12-卡簧

单向离合器的外壳 2 与驱动齿轮 1 为一体，外壳 2 与十字块 3 之间形成四个楔形槽，每个槽中有一个滚柱 4，十字块 3 与传动套筒 8 为一体，通过花键与电枢轴连接。

其工作过程如下：当起动机开始工作时，拨叉拨动移动衬套 11，使驱动齿轮 1 与发动机飞轮齿圈啮合，电磁转矩由电枢轴传到传动套筒 8 与十字块 3，使十字块 3 同电枢轴一同旋转。此时，再加上飞轮齿圈给驱动齿轮 1 的反作用力，使滚柱在摩擦力矩的作用下，滚入楔形槽的窄端卡死，如图 1-3-5a) 所示，于是驱动齿轮 1 和传动套筒 8 成为一个整体，带动飞轮，起动发动机。当发动机起动后，发动机飞轮带动驱动齿轮 1 旋转，外壳 2 的转速高于十字块 3 的转速，因此滚柱滚向楔形槽的宽端而打滑，如图 1-3-5b) 所示。这样发动机的转矩就不能通过驱动齿轮 1 传递给电枢轴，防止了电枢轴因高速旋转而造成电枢绕组"飞散"的事故发生。

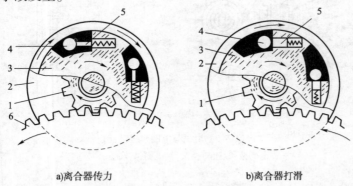

a) 离合器传力　　　　b) 离合器打滑

图 1-3-5　滚柱式单向离合器工作原理

1-驱动齿轮；2-外壳；3-十字块；4-滚柱；5-弹簧与压帽；6-飞轮

滚柱式单向离合器结构简单，在中、小功率的起动机上广泛应用。但在传递较大转矩时，滚柱易变形而卡死，因此，滚柱式单向离合器不易用于功率较大的柴油起动机上。

（2）摩擦片式单向离合器。

摩擦片式单向离合器是通过主、从动摩擦片的压紧和放松来实现分离与接合的，其结构如图 1-3-6 所示。

传动套筒 10 套在电枢轴的螺旋花键上,在传动套筒 10 的外表面上又有三条螺旋花键,套着内接合鼓(主动鼓)9,内接合鼓外径开有四个轴向槽,用来插放主动摩擦片 8 的内齿。由传动套筒 10、内接合鼓 9 和主动摩擦片 8 共同组成单向离合器的主动部分。从动摩擦片 6 的外齿插放在与驱动齿轮制成一体的外接合鼓 1 的四个槽内,组成单向离合器的从动部分。主、从动摩擦片相间组装,螺母 2 与摩擦片之间装有弹性圈 3、压环 4 和调整垫圈 5。

起动机工作时,起动机电枢轴带动传动套筒 10 转动,由于惯性的作用,内接合鼓 9 随着传动套筒 10 的旋转而左移,使主、从动摩擦片紧压在一起,利用摩擦片将电枢转矩传递给飞轮。

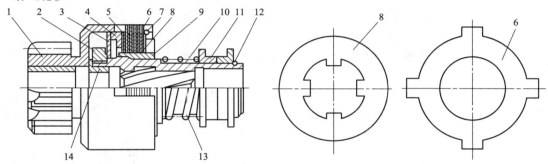

图 1-3-6 摩擦片式单向离合器结构

1-驱动齿轮与外接合鼓;2-螺母;3-弹簧圈;4-压环;5-调整垫圈;6-从动摩擦片;7、12-卡环;8-主动摩擦片;9-内接合鼓;10-传动套筒;11-移动套筒;13-缓冲弹簧;14-挡圈

发动机起动后,起动机的驱动齿轮被飞轮带着高速旋转,转速高于电枢轴的转速,于是内接合鼓又沿传动套筒上的螺旋线右移,使主、从动摩擦片相互脱离而打滑,避免了因电枢轴高速旋转而造成电枢绕组"飞散"的事故。

当发动机的起动阻力过大时,曲轴不能立刻转动,此时内接合鼓 9 在传动套筒 10 的作用下,继续向左移动,导致弹簧圈 3 在压环 4 的压力下弯曲,当内接合鼓 9 的左端面与弹性圈接触时,内接合鼓 9 便停止左移,于是主、从动摩擦片之间开始打滑,限制了起动机的最大输出转矩,防止了起动机过载。

(3)弹簧式单向离合器:弹簧式单向离合器是通过扭力弹簧的径向收缩和放松来实现分离和接合的,其结构如图 1-3-7 所示。

驱动齿轮与套筒是一体的,套在电枢前端的光滑部分,传动套筒套在电枢的花键上。二者通过月形键连接,在驱动齿轮套筒与传动套筒的外圆上抱有扭力弹簧,扭力弹簧的内径略小于两个套筒的外径。

当起动机工作时,电枢轴带动传动套筒旋转,由于弹簧与套筒之间存在摩擦力,使弹簧扭紧而抱紧两套筒传递转矩。当发动机起动后,由于飞轮齿圈对驱动齿轮的作用力改变了方向,使弹簧放松,于是驱动齿轮只能在电枢轴的光滑部分高速空转,防止了电枢超速运转带来的危险。

弹簧式单向离合器结构简单,成本低,使用寿命长,但由于扭力弹簧的轴向尺寸较长,一般只用在大功率起动机上。

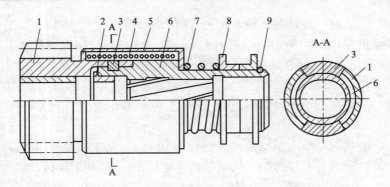

图1-3-7 弹簧式单向离合器

1-驱动齿轮与套筒;2-挡圈;3-月形键;4-扭力弹簧;5-护圈;6-传动套筒;7-缓冲弹簧;8-移动衬套;9-卡簧

缓冲弹簧的作用是当拨叉移动驱动齿轮与飞轮齿圈啮合受阻时,缓冲弹簧受压缩,当驱动齿轮缓慢转动到啮合位置时,缓冲弹簧推动驱动齿轮与飞轮齿圈啮合。

3)控制装置

起动机的控制装置即操纵机构,又称电磁开关,主要用来控制起动机驱动齿轮与发动机飞轮齿圈的啮合与分离,和控制起动机主电路的通、断。有些起动机的电磁开关还能在起动时将点火线圈的附加电阻短路,以提高起动时的点火电压。

电磁开关主要由吸拉线圈7、保持线圈8、活动铁芯9、接触盘6等组成,如图1-3-8所示。其中吸拉线圈7与电动机绕组串联,保持线圈8与电动机绕组并联。活动铁芯一端通过接触盘6控制主电路的导通与断开;另一端通过拨叉11控制驱动齿轮13的啮合与退出。在起动机电磁开关上有三个接线柱:主接线柱2、3,起动接线柱5。

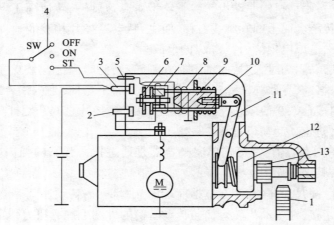

图1-3-8 电磁开关的结构与工作原理

1-飞轮;2、3-主接线柱;4-点火开关;5-起动接线柱;6-接触盘;7-吸拉线圈;8-保持线圈;9-活动铁芯;10-调整螺钉;11-拨叉;12-单向离合器;13-驱动齿轮

5.起动系统工作原理

1)起动机电磁转矩的原理

它是根据通电导体在磁场中受到电磁力作用这一原理工作的。其工作原理如图1-3-9所示。

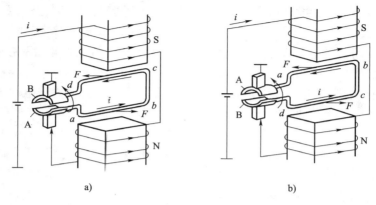

图 1-3-9 串励式直流电动机的工作原理

电动机工作时,电流通过电刷和换向片流入电枢绕组。换向片 A 与正电刷接触,换向片 B 与负电刷接触,绕组中的电流从 $a{\to}b{\to}c{\to}d$ 根据左手定则判断绕组匝边 ab、cd 均受到电磁力 F 的作用,由此产生逆时针方向的电磁转矩 M 使电枢转动;当电枢转动至换向片 A 与负电刷接触,换向片 B 与正电刷接触时,电流改由 $d{\to}c{\to}b{\to}a$,但电磁转矩的方向仍保持不变,使电枢按逆时针方向继续转动。

由此可见,直流电动机的换向器可将电源提供的直流电转换为电枢绕组所需要的交流电,以保证电枢绕组所产生的电磁力矩的方向保持不变,使其产生定向转动。但实际的直流电动机为了产生足够大且能保持转速稳定的电磁力矩,其电枢上绕有很多组线圈,换向器的铜片也随其相应增加。

2) 直流电动机转矩自动调节原理

电枢在电磁转矩 M 作用下转动,由于绕组在转动的同时切割磁力线而产生感应电动势,并根据右手定则判定其方向与电枢电流 I 的方向相反,故称为反电动势 E_f。由于反电动势的方向与电源电压的方向相反,因此电动机工作时,电枢回路的电压平衡。

在直流电动机刚接通电源的瞬间,电枢转速 n 为 0,电枢反电动势 $E_f=0$,此时,电枢绕组中的电流达到最大值,将相应产生最大电磁转矩,即 M_{max},若此时的电磁转矩大于电动机的阻力矩 M_z,电枢就开始加速转动。随着电枢转速的上升,E_f 增大,电枢电流 I_s 下降,电磁转矩 M 也就随之下降。当 M 下降至与 M_z 相平衡时($M=M_z$),电枢就以此转速运转。如果直流电动机在工作过程中负载发生变化,就会出现如下变化:

当工作负载增大时,$M<M_z{\to}n\downarrow{\to}E_f\downarrow{\to}I_s\uparrow{\to}M\uparrow{\to}M=M_z$,达到新的稳定。

当工作负载减小时,$M>M_z{\to}n\uparrow{\to}E_f\uparrow{\to}I_s\downarrow{\to}M\downarrow{\to}M=M_z$,达到新的稳定。

由此可见,当负载变化时,电动机能通过电枢转速、电枢电流和转矩的自动变化来满足负载的需要,使之在新的转速下稳定工作。因此,串励直流电动机具有自动调节转矩的功能。这是汽车发动机采用串励式电动机起动的原因之一。

3) 控制装置工作原理

(1) 起动时,将点火开关 SW 打到 ST 挡,电磁开关通电,其电路如下(参考图 1-3-8):

蓄电池正极→主接线柱 3→点火开关 ST 挡→起动接线柱 5(电流流入起动接线柱 5 后,分为两路:一路经保持线圈 8 直接搭铁;另一路经吸拉线圈 7→主接柱 2→励磁绕组→

电枢绕组→搭铁）。此时，吸拉线圈7与保持线圈8的电流流向相同，磁场方向相同，活动铁芯9在两个线圈磁场力的共同作用下克服复位弹簧的作用向左移动，通过拨叉11使驱动齿轮13与发动机飞轮1啮合后，接触盘6将主接线柱2与3内侧触头接通，于是起动机的主电路接通，其电路为：蓄电池正极→主接线柱3→接触盘6→主接线柱2→励磁绕组→绝缘电刷→电枢绕组→搭铁电刷→搭铁→蓄电池负极。这时直流电动机产生电磁转矩，通过单向离合器带动曲轴旋转，起动发动机。

（2）发动机起动后，单向离合器打滑。

（3）松开点火开关SW，点火开关从ST挡回到ON挡，这时从点火开关到起动接线柱5之间已没有电流，吸拉线圈7与保持线圈8的电路变为：蓄电池正极→主接线柱3→接触盘6→主接线柱2→吸拉线圈7→保持线圈8→搭铁。

此时，由于吸拉线圈7与保持线圈8的电流流向相反，磁场方向相反，电磁力抵消，活动铁芯9在复位弹簧的作用下，迅速右移，使主电路断开，驱动齿轮13与飞轮1脱离啮合，起动机停止工作。

在接触盘6接通主电路之前，由于电流经吸拉线圈7到励磁绕组与电枢绕组，所以电枢产生了一个较小的电磁转矩，使驱动齿轮13在缓慢旋转状态下与飞轮1平稳啮合。主电路接通后，吸拉线圈7被短路，活动铁芯9的位置由保持线圈产生的磁吸力来保持。

6. 起动机的工作特性

1）直流电动机的形式

依据磁场绕组和电枢绕组连接方式的不同，起动用直流电动机可分为并励、串励和复励三种形式。汽车起动机多采用串励式，大功率起动机多采用复励式。

（1）串励式电动机。串励直流电动机的电流流向是：蓄电池正极→磁场绕组→绝缘电刷→换向器→电枢绕组→搭铁电刷→搭铁（蓄电池负极）。这种方式允许流过磁场绕组的电流全部流过电枢绕组。

串励电动机开始起动时能发出最大转矩。其输出转矩随着电动机转速的升高而下降。转矩下降是由于反电动势作用的结果。

（2）并励电动机。并励电动机的磁场绕组与电枢绕组并联连接。并励电动机的输出转矩不随转速的升高而下降，因为电枢产生的反电动势不会削弱磁场绕组的磁场强度。由于并励电动机不能产生高转矩，故不适合作为起动机。但刮水器电动机、电动升降门窗电动机、电动调整座椅电动机等采用的都是并励电动机。

（3）复励电动机。复励电动机的一部分磁场绕组与电枢绕组串联连接，而另一部分磁场绕组与蓄电池和电枢绕组并联连接。这种配置使复励电动机能发挥好的起动转矩并保持恒定的运转转速。分路的磁场绕组用来限制起动机的转速。

2）影响起动机功率的使用因素

（1）接触电阻。主要指蓄电池的极柱与起动机的电缆线、起动机的电缆线与搭铁、接触盘与主接线柱内侧的触头、起动机电刷与换向器片等的接触不良，导致起动机的主电路电阻增大，起动电流下降，使起动机的功率下降。另外，不要随意更改起动机电缆的截面尺寸和长度，最好使用与原车型配套的合格电缆，否则电缆过细、过长会引起电阻增大，起动机输出功率下降。

(2)蓄电池的容量。蓄电池的容量越小,内阻越大,使起动电流下降,起动机输出功率下降,故应使蓄电池经常保持充足电的状态。

(3)温度。温度降低会使蓄电池的内阻增加,容量下降,导致输出电流减小,功率下降。

7.常见发动机起动机接线柱的连接方式

1)潍柴国三发动机的起动机

潍柴国三发动机的起动机均靠壳体搭铁,其主电源接线柱只有一个,就是 30 接线柱。其起动控制方式有两种,一种是起动信号单端控制,将起动信号线(黑红黄)接到起动机 50 端对起动机进行控制,如图 1-3-10 所示。

另一种是起动信号为双端控制,起动机内置的起动继电器两个控制端子通过插接器起动控制电路连接,如图 1-3-11 所示,这种方式主要用于 WP 国三车型。

图 1-3-10 通过 50 接线柱控制起动的起动机　　图 1-3-11 通过插接器控制起动的起动机

2)康明斯起动机接线柱

康明斯起动机如图 1-3-12 所示,上端为电磁开关,下方为起动电机,在电磁开关有 30 接线柱接总电源,旁边有一小接线柱为 50 接线柱,接起动信号,为减小起动电流,一般都在起动机旁又增加一个起动继电器,起动控制线就接在起动继电器的控制端 50 上,接线为黑红黄。

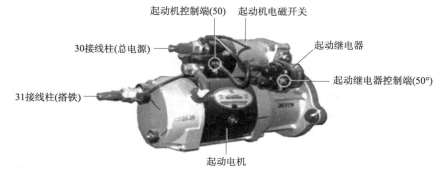

图 1-3-12 康明斯起动机外形图

在起动电机后端盖处有搭铁接线柱 31,直接接到蓄电池负极,另外此端还引出两根线,一根细线接车架左纵梁搭铁点,另一根接发动机飞轮壳搭铁点,保证车辆其他线路的搭铁。

注意：康明斯起动机电源接线柱(30)和搭铁接线柱(31)外观相似，功能相反，接错将会导致线路短路等故障。电源接线柱(30)在起动机上方电磁开关(俗称吸力包)上部，搭铁接线柱(31)在起动机后端盖处。

8. 商用车起动控制电路

以欧曼GTL牵引车潍柴国四车型起动电路为例，电路图如图1-3-13所示。

起动控制：潍柴共轨柴油机起动过程受ECU控制。当钥匙开关置于START挡时，钥匙开关IG2针脚得电，K22继电器线圈通电，触点吸合，继电器K22提供的电源经F29熔断丝为ECU/K88针脚提供24V电源，ECU随即被唤醒；ECU/K35针脚得24V电源，确认为起动请求信号。如果变速器处于空挡，则空挡开关闭合，ECU/K19针脚得到24V电源(保持高电位)，ECU就确认当前为空挡。以上条件都满足后，ECU就会发出起动指令：为ECU/K71针脚上电，为ECU/K29针脚搭铁，起动继电器线圈有电流流过，继电器触点吸合，起动机得电运转，完成起动过程。如果变速器有挡，则空挡开关断开，ECU/K19针脚失去24V电源(保持低电位)，ECU认定有挡，即使确认有起动请求，也会拒绝起动发动机。

起动控制也可通过操作车下控制开关来完成。ECU/K67针脚用于接收车下起动(即副起动)请求信号。副起动按钮放松时，ECU/K67针脚保持高电位(由ECU提供)。按下副起动按钮，副起动开关接通，ECU/K67针脚与数字搭铁端(ECU/K87针脚)相通，电位由高变低，ECU认定为起动请求信号。接下来进行验挡，如果变速器处于空挡，就会控制起动机运转，完成起动过程。

当ECU确认发动机处于正常运转状态时，无论是钥匙开关置于起动挡(ECU/K35针脚得24V电源)，还是按下副起动开关(ECU/K19针脚电位由高变低)，起动请求都会被忽略。这就保证了误操作时，起动机不会工作。

熄火开关用于车下熄火控制。熄火按钮放松时，ECU/K31针脚保持高电位(由ECU提供)。按下熄火按钮，熄火开关接通，ECU/K31电位由高变低，ECU认定为熄火请求。如果此时车速为0，则发动机熄火；如果此时车速不为0，则不执行熄火。防止运行中因线路故障(如K31至熄火开关线路搭铁)而导致发动机意外熄火、发生危险。

车下起动、熄火控制：当钥匙开关转到ON挡，换挡手柄在空挡位置时，先按下副起动开关，在3s之内按住发动机熄火开关，发动机起动；在发动机正常运行时，同时按下副起动开关和发动机熄火开关，发动机熄火。

起动后，发动机转速明显高于起动转速，此时ECU为继电器K5和继电器K8线圈断电，两继电器触点随即断开，在这种情况下，无论来自钥匙开关的起动信号，还是来自副起动开关的起动信号都无法输送到起动机，在发动机运转情况下，防止因误操作而损坏起动机。

由于潍柴国五车型增加了SCR系统，电源电路中增加了两路电源供给：F/L2负责为尿素管加热熔断丝(LR-F1/20 A)供电；K21继电器负责为NO_x传感器模块供电。车载电话电源不再由F/L4提供，改由IG3(F27/15 A)提供。空挡时闭合为起动继电器线圈供电，起动继电器吸合，起动机运转，完成起动过程。

学习模块1 商用车基本电气系统的检修

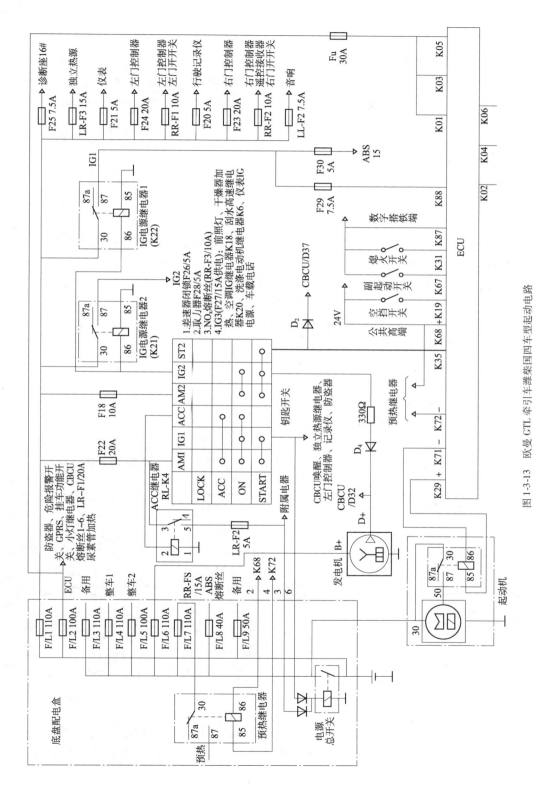

图1-3-13 欧曼GTL牵引车潍柴国四车型起动电路

任务实施

1. 技师询问张先生的车辆信息

检查油液情况正常,起动发动机。无法起动,听不见起动机齿轮被拨动的声音,按动喇叭,声音响亮,蓄电池电量正常,初步判定为起动机故障,将汽车通过硬连接的方式拖至维修店进行下一步检查。

2. 起动电路检测

1)检查起动机总成

备注:在 3~5s 内执行以下各项测试。

(1)进行牵引测试。

①从端子 C 上断开励磁线圈引线。

②将蓄电池连接到电磁起动机开关上,然后检查并确认小齿轮向外移动。如果离合器小齿轮不动,则更换电磁起动机开关总成。

(2)进行保持测试。从端子 C 上断开电缆后,检查并确认小齿轮不向内回位。如果离合器小齿轮向内回位,则更换电磁起动机开关总成。

(3)检查离合器小齿轮的回位。检查并确认小齿轮向内移动。如果离合器小齿轮不向内回位,则更换电磁起动机开关总成。

(4)进行无负荷运转测试。

①将励磁线圈引线连接到端子 C 上(力矩:10N·m)。

②用台钳夹住起动机。

③将蓄电池和安培表连接到起动机上。

④检查并确认起动机运行平稳,且离合器小齿轮向前换挡。

根据表 1-3-2 中的数值测量电流。如果结果不符合规定,则更换起动机总成。

无负荷运转测试标准值表　　　　　表 1-3-2

部件 Ⅱ	条件	规定条件
蓄电池正极端子—端子30—端子50	23V	低于90A

可以通过测量起动电路压降的方法确定故障的部位。规律是:在起动时,每根起动电缆线的压降不大于 0.2V,每个连接点的压降不大于 0.1V,电磁开关内接触盘的压降不大于 0.3V,起动机的工作电压不小于 18V,蓄电池的端电压不小于 19.2V,蓄电池负极桩到发动机缸体之间的电压不大于 0.4V。

检测时,若已确定蓄电池状态完好、各接点压降正常,而蓄电池的端电压小于 19.2V 时,可初步确定起动无力的故障在起动机;然后再测量电磁开关两个主接线柱的压降,若大于 0.3V,说明故障部位在电磁开关;若起动机电压大于 18V,说明故障部位在起动机内部。

2)检查起动机

将起动机上接电缆线的主接线柱与起动接线柱短接,若起动机不能工作,说明起动机的电磁开关等有故障,需拆下起动机检测与维修。若起动机工作正常,进行下一步检查。

3)检查起动继电器及起动继电器到起动机的线路

将起动继电器上的"电池"和"点火"两接线柱短接：

(1)若起动机正常工作,说明起动继电器及起动继电器到起动机的线路正常,故障在点火开关或点火开关到起动继电器的线路上,进行下一步检查。

(2)若起动机不工作,再将起动继电器上的"电池"和"起动"两接线柱短接,起动机正常工作,故障在起动继电器;起动机不工作,故障在起动继电器到起动机的线路上。

3.拆卸起动机总成

(1)拆下发动机下盖。从蓄电池负极端子上断开电缆。注意：从蓄电池负极(-)端子断开电缆后至少等待90s,以停用SRS系统。如图1-3-14所示拆卸发动机下盖LH,拆卸发动机下盖RH。拆卸飞轮外壳侧盖：向外拉定位爪以将其脱开,然后拆下飞轮外壳侧盖。

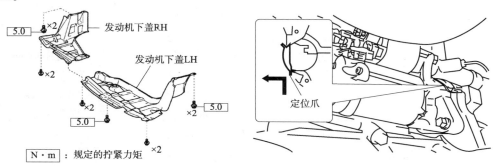

图1-3-14　发动机下盖拆卸示意图

(2)拆下起动机电缆和电磁开关的连线,拆下飞轮外壳侧盖,然后拆下起动机总成；拆下端子帽；拆下螺母并断开端子30；断开连接器；拆下2个螺栓和起动机总成。

4.起动机零部件检测

1)起动机拆卸

(1)拆卸电磁起动机开关总成：如图1-3-15所示拆下螺母,并从电磁起动机开关总成上断开引线。固定住电磁起动机开关总成的同时,从起动机驱动外壳总成上拆下2个螺母。抬起电磁起动机开关总成前部的同时,拉出电磁起动机开关总成,并从驱动杆和电磁起动机开关总成上松开柱塞钩。

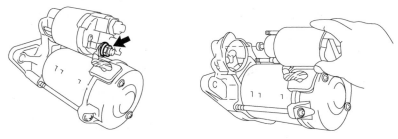

图1-3-15　拆卸电磁起动机开关总成示意图

(2)拆卸起动机换向器端机座总成：用梅花套筒扳手拆下2个螺栓。将起动机换向器端机座总成和起动机磁轭一同拉出。从起动机换向器端机座总成上拆下2个螺钉。将起动机磁轭总成从起动机换向器端机座总成上拉出(压紧引线的同时拆下起动机换向器端机座)。

(3)拆卸起动机电枢总成:用螺丝刀固定住弹簧后部,然后从电刷座上断开电刷;断开 4 个电刷,然后拆下电刷座;从起动机磁轭总成上拆下起动机电枢总成。

(4)拆卸起动机电枢板:如图 1-3-16 所示,从起动机驱动外壳总成或起动机磁轭总成上拆下电枢板。

图 1-3-16　拆卸起动机电枢板示意图

(5)拆卸行星齿轮:如图 1-3-17 所示,从起动机中间轴承离合器分总成上拆下 3 个行星齿轮。

(6)拆卸起动机中间轴承离合器分总成:如图 1-3-18 所示,从起动机驱动外壳总成上拆下带起动机小齿轮驱动杆的起动机中间轴承离合器分总成;拆下起动机中间轴承离合器分总成、橡胶密封件和起动机小齿轮驱动杆。

2)起动机直流电动机零部件检测

(1)转子检查。

①如图 1-3-19 所示,检查换向器是否存在断路故障。

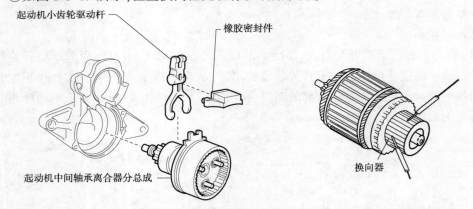

图 1-3-17　拆卸行星齿轮示意图

图 1-3-18　拆卸起动机中间轴承离合器分总成示意图　　图 1-3-19　换向器开路检查示意图

根据表 1-3-3 中的数值测量电阻。如果结果不符合规定,则更换起动机电枢总成。

换向器电阻标准　　　　　　　　表 1-3-3

部　件	条　件	规定条件
换向器片之间	始终	$<1\Omega$

②如图 1-3-20 所示,检查换向器是否存在搭铁短路故障。如果结果不符合规定,则

更换起动机电枢总成。

③检查外观。如果表面有污垢或烧坏,则用砂纸(400 号)或在车床上修复表面。

④如图 1-3-21 所示,检查换向器的圆跳动。将换向器置于 V 形块上。用百分表测量圆跳动。

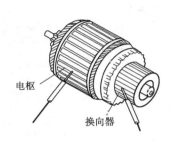 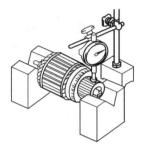

图 1-3-20　换向器短路检查示意图　　图 1-3-21　换向器的圆跳动检查示意图

最大允许值:0.05mm。如果跳动量大于最大值,则更换电枢总成。

⑤如图 1-3-22 所示,用游标卡尺测量换向器直径。

标准直径:29.0mm;最小直径:28.0mm。如果直径小于最小值,则更换电枢总成。

⑥如图 1-3-23 所示,检查并确认凹槽部分清洁且没有异物,棱边是否平滑。

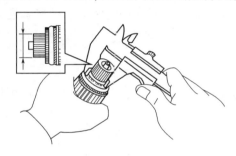 

图 1-3-22　流子(换向器)直径测量示意图　　1-3-23　换向器凹槽检查示意图

标准凹槽深度:0.7mm;最小凹槽深度:0.2mm。如果凹槽深度小于最小值,则用钢锯片加深深度。

(2)电刷座总成。

①如图 1-3-24 所示,拆下弹簧定位爪,并拆下 4 个电刷。

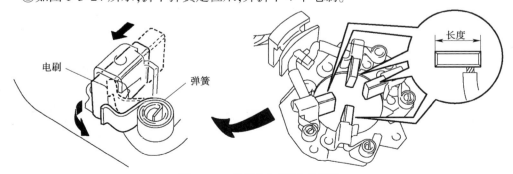

图 1-3-24　弹簧定位爪拆卸示意图

②用游标卡尺测量电刷长度。

标准长度:14.4 mm;最小长度:9.0 mm。如长度小于最小值,则更换电刷座总成。

③检查电刷座。根据表1-3-4中的数值测量电压。如果结果不符合规定,则更换起动机电刷座总成。

电刷之间的导通与绝缘标准　　　　　　　　　　表1-3-4

连 接	条 件	规 定 条 件
A—B	始终	≥10kΩ
A—C	始终	≥10kΩ
A—D	始终	<1Ω
B—C	始终	<1Ω
B—D	始终	≥10kΩ
C—D	始终	≥10kΩ

(3)中间轴承离合器分总成。

①检查行星齿轮、内部齿轮和起动机离合器上的轮齿是否磨损和损坏。如果已损坏,应更换齿轮或离合器总成。同时检查行星齿轮是否磨损或损坏。

②如图1-3-25所示,检查起动机离合器。

朝顺时针方向转动离合器小齿轮,检查并确认其可以自由转动。试着朝逆时针方向转动离合器小齿轮,检查并确认其锁止。必要时,更换起动机中间轴承离合器分总成。

3)电磁开关的检测

检查电磁起动机开关总成。

(1)检查柱塞。推入柱塞,然后检查并确认其能快速回到原位。必要时,更换电磁起动机开关总成。

(2)如图1-3-26所示,检查吸拉线圈是否存在开路。根据表1-3-5和表1-3-6中的数值测量电阻。

如果结果不符合规定,则更换电磁起动机开关总成。

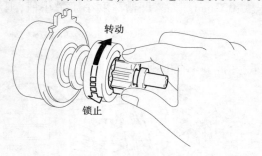 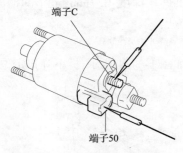

图1-3-25　起动机离合器锁止情况检查示意图　　　图1-3-26　吸拉线圈检查示意图

吸拉线圈电阻值　　　　　　　　　　表1-3-5

部件连接	条 件	规定条件
端子50—端子C	始终	<1Ω

(3)检查保持线圈是否存在开路。根据表1-3-6中的数值测量电阻。如果结果不符

合规定,则更换电磁起动机开关总成。

保持线圈电阻值　　　　　　　　　　表1-3-6

部 件 连 接	条　件	规 定 条 件
端子50—开关壳体	始终	<1Ω

5.起动机的装复

1)安装起动机中间轴承离合器分总成

(1)如图1-3-27所示,在起动机小齿轮驱动杆的起动机转轴部分施涂润滑脂。

(2)将起动机小齿轮驱动杆和橡胶密封件安装到起动机中间轴承离合器分总成内。

(3)将带起动机小齿轮驱动杆的起动机中间轴承离合器安装到起动机驱动外壳总成内。

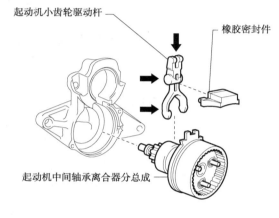

图1-3-27　施涂润滑脂位置示意图

2)安装行星齿轮

(1)在行星齿轮和行星齿轮轴销上施涂润滑脂。

(2)安装3个行星齿轮。

3)安装起动机电枢总成

将起动机电枢总成安装到起动机磁轭总成上。

注意:安装起动机电枢总成后,起动机磁轭总成上的电磁可能会吸引起动机电枢总成,造成磁铁破裂。

4)安装起动机电刷座总成

(1)安装起动机电刷座总成。

(2)如图1-3-28所示,用螺丝刀固定住电刷弹簧后部,并将4个电刷安装到电刷座内。

(3)将孔环插在正极(+)和负极(-)之间。

5)安装起动机换向器端机座总成

(1)如图1-3-29所示,将电刷座夹箍安装到起动机换向器端机座总成内。

(2)用2个螺钉安装换向器端机座总成(力矩:1.5N·m)。

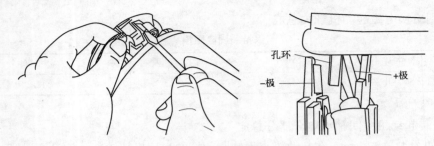

图1-3-28 起动机电刷座总成安装示意图

6)安装起动机电枢板

(1)将起动机电枢板安装到起动机磁轭总成上。

(2)安装起动机电枢板,如图1-3-30所示,使键槽位于两键之间。

7)安装起动机换向器端机座总成

(1)将起动机磁轭的键与位于起动机驱动外壳总成上的键槽对齐。

(2)用梅花套筒扳手T25,用2个螺栓安装驱动外壳(力矩:6.0N·m)。

8)安装电磁起动机开关总成

(1)在柱塞钩上施涂润滑脂。

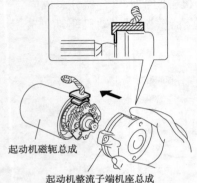

图1-3-29 起动机换向器端机座总成安装示意图

(2)从上面将电磁起动机开关总成的柱塞悬挂到驱动杆。

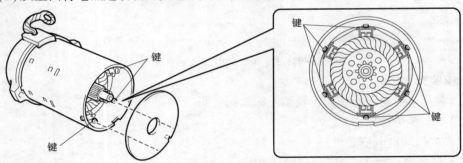

图1-3-30 起动机电枢板安装示意图

(3)用2个螺母安装电磁起动机开关总成(力矩:7.5N·m)。

(4)将引线连接到电磁起动机开关上,并用螺母将其拧紧(力矩:10N·m)。

9)安装起动机总成

(1)用2个螺栓安装起动机总成(力矩:37N·m)。

(2)连接连接器。

(3)用螺母连接端子30(力矩:9.8N·m)。

(4)关闭端子帽。

10)安装飞轮外壳侧盖

将凸起部分插入汽缸体端部,同时沿着汽缸体推动它,将定位爪装入汽缸体(确保定位爪发出"咔嗒"声,表示其紧密接合。如果没有紧密接合或变形,则更换为新的定位爪)。

11)安装发动机下盖 RH

安装发动机下盖 LH;将电缆连接到蓄电池负极端子上(力矩:5.4N·m)。

6.装复起动机继电器后车上检查

检查起动机继电器总成。

根据表 1-3-7 中的数值测量电阻。如果结果不符合规定,则更换起动机继电器总成。

继电器总成电阻标准　　　　　　　　　表 1-3-7

部件连接	条　　件	电　　阻
3—5	在端子 1 和 2 上施加蓄电池电压时	<1Ω
	不施加蓄电池电压时	≥10kΩ

7.起动机故障排除

从车上拆下起动机,分解检查发现单向离合器损坏,无法进行维修,更换起动机,按要求装车后,起动一切正常。

 知识拓展

1.减速式起动机

减速式起动机是在普通起动机的基础上增加了一组减速器,也就是在电枢轴和驱动齿轮之间装有一级减速齿轮(一般速比为 3~5),其特点是在同样输出功率情况下,体积和质量比普通起动机均减小了 30%~50%,并便于安装,提高了起动转矩,有利于低温起动。起动机减速机构常见的结构形式有外啮合式、内啮合式和行星齿轮式三种,分别介绍如下。

1)外啮合式减速起动机

图 1-3-31 所示为采用外啮合式减速起动机结构与传动示意图。该起动机在电枢轴与驱动齿轮之间加了中间惰轮,且电磁开关铁芯与驱动齿轮同轴,电磁开关直接推动驱动齿轮与飞轮啮合,省去了拨叉,起动机的减速传动效率高,成本适中,广泛应用于小功率的起动机上。

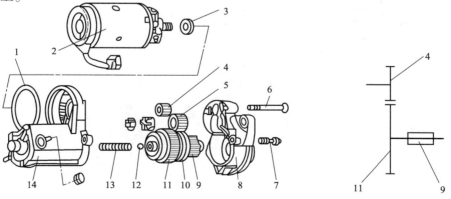

图 1-3-31　外啮合式减速起动机结构与传动示意图

1-橡胶圈;2-电动机;3-毡垫圈;4-主动齿轮;5-惰轮;6-穿钉;7-螺栓;8-外壳;9-驱动齿轮;10-单向离合器;11-从动齿轮;12-钢球;13-复位弹簧;14-电磁开关

2)内啮合式减速起动机

图1-3-32所示为内啮合式减速起动机结构与传动示意图,这种起动机减速传动效率高,成本也高。

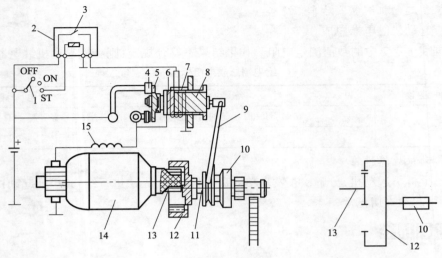

图1-3-32 合式减速起动机结构与传动示意图

1-点火开关;2-起动继电器;3-起动继电器触点;4-主接线柱;5-接触盘;6-吸拉线圈;7-保持线圈;8-活动铁芯;9-拨叉;10-单向离合器;11-螺旋花键轴;12-内啮合减速齿轮;13-主动齿轮;14-电枢;15-励磁绕组

2. 永磁式起动机

永磁式起动机以永磁材料为磁极,没有励磁线圈,直流电动机的接线柱通过电刷直接与电枢绕组相连。该起动机具有质量轻、结构简单等优点。由于永磁式电动机的机械特性较差,所以必须配有减速机构,即永磁式起动机一般都是减速式起动机。

图1-3-33所示为五缸奥迪车用的永磁减速起动机的分解图。该起动机采用行星齿轮减速机构、滚柱式单向离合器,其他原理同前所述。

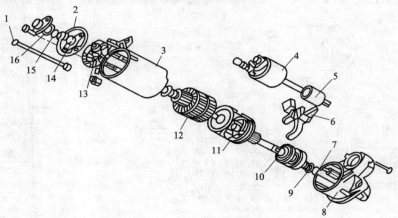

图1-3-33 永磁减速起动机分解图

1-穿钉;2-调整垫片;3-机壳;4-电磁开关;5-活动铁芯;6-拨叉;7-卡环;8-驱动端盖;9-推力垫圈;10-滚柱式单向离合器;11-行星齿轮式减速机构;12-电枢;13-电刷架;14-端盖;15-锁片;16-密封圈

3. 起动机使用与维护注意事项

1) 起动机的使用注意事项

(1) 起动前应将变速器置于空挡,踩下离合器踏板;自动变速器的汽车应将变速杆置于 P 位或 N 位。

(2) 每次接通起动机的时间不得超过 5s,两次起动之间应间隔 15s 以上。

(3) 起动成功后,应立即松开点火开关,切断 ST 挡,使起动机停止工作。

(4) 若连续三次起动不成功,应停止起动,对发动机进行简单检查后再进行起动;否则蓄电池容量下降,致使起动更困难。

2) 起动机的维护注意事项

(1) 经常检查起动电路各导线连接是否牢固,绝缘是否良好。

(2) 起动机机体和各部件保持干燥。汽车每行驶 3000km 后检查并清洁换向器。

(3) 汽车每行驶 5000~6000km 后,应查看电刷的磨损程度及电刷弹簧压力。

(4) 经常检查传动机构、控制装置的活动部件,并按规定进行润滑。

(5) 在车上进行检测与维修起动机之前,一定要将变速器杆置于空挡,并拉紧驻车制动器操纵杆。

(6) 在拆卸起动机之前,应先拆下蓄电池的搭铁电缆线。

(7) 有的起动机在起动机与凸缘盘之间使用了多块薄垫片,装配时应按原样装回。

任务评价

汽车起动系统检测与维修评价见表 1-3-8。

汽车起动系统检测与维修评价表　　　　表 1-3-8

序号	内容及要求	评分	评分标准	自评	组评	师评	得分
1	准备	10	(1) 汽车进入工位前,准备好相关的器材(4分); (2) 拉紧驻车制动器操纵杆,把变速杆置于空挡或 P 挡位置(3分); (3) 套上三件套(3分)				
2	清洁	10	按要求清理工位				
3	检查起动继电器	5	检测点清晰,能够说明原因				
4	检查电磁开关	10	检测点清晰,能够说明吸拉线圈与保持线圈的不同				
5	拆卸起动机总成	20	拆卸程序正确,零件摆放调理整洁,零件工具不落地				
6	起动机部件检测	15	检测方法正确,检测结果准确				
7	起动机装复	10	拆卸程序正确,润滑脂加注量合适,紧固力矩准确				
8	起动情况检查	10	起动规范				

续上表

序号	内容及要求	评分	评分标准	自评	组评	师评	得分
9	安全文明生产	10	(1)结束后清洁(5分); (2)工量具归位(5分)				
指导教师总体评价:							

指导教师_____
_____年___月___日

练 一 练

一、单项选择题

1. 直流串励式起动机中的"串励"是指(　　)。
   A. 吸拉线圈与保持线圈串联连接　　B. 励磁绕组和电枢绕组串联连接
   C. 吸拉线圈和电枢绕组串联连接　　D. 以上答案都正确

2. 起动机安装起动继电器的目的不是为了(　　)。
   A. 保护点火开关　　　　　　　　　B. 减少起动线路压降
   C. 便于布线　　　　　　　　　　　D. 以上答案都正确

3. 起动机的励磁绕组安装在(　　)上。
   A. 转子　　　　B. 定子　　　　C. 电枢　　　　D. 以上答案都正确

4. 引起起动机空转的原因之一是(　　)。
   A. 蓄电池无电　B. 工作电流　　C. 单向离合器打滑　D. 电刷过短

5. 电磁开关将起动机主电路接通后,活动铁芯靠(　　)产生的电磁力保持在吸合位置上。
   A. 吸拉线圈　　B. 保持线圈　　C. A和B共同作用　D. 都不正确

6. 起动机中直流串励电动机的功用是(　　)。
   A. 将电能转变为机械能　　　　　B. 将机械能转变为电能
   C. 将电能转变为化学能　　　　　D. 都不正确

7. 起动机运转无力的原因是(　　)。
   A. 蓄电池没电　　　　　　　　　B. 蓄电池亏电
   C. 蓄电池过充电　　　　　　　　D. 蓄电池充足电

8. 下列不属于起动机控制装置作用的是(　　)。
   A. 使活动铁芯移动,带动拨叉,使驱动齿轮和飞轮啮合或脱离
   B. 使活动铁芯移动,带动接触盘,使起动机的两个主接线柱接触或分开
   C. 产生电磁力,使起动机旋转
   D. 都不正确

9. 当起动机的两个主接线柱短接时,起动机能运转,说明(　　)正常。
   A. 电磁开关　　B. 直流电动机　　C. 起动继电器　　D. 都不正确

10. 若起动机转动却并未与飞轮啮合,可能是(　　)。
　　A. 起动机驱动装置失效　　　　B. 控制线路电阻过高
　　C. 起动继电器发生故障　　　　D. 以上各项

二、多项选择题

1. 起动机一般由(　　)等组成。
　　A. 直流电动机　　B. 传动机构　　C. 操纵装置　　D. 继电器
2. 常见的起动机单向离合器的结构有(　　)形式。
　　A. 滚柱式　　B. 摩擦式　　C. 弹簧式　　D. 普通单向离合器
3. 直流电动机按励磁方式可分为(　　)。
　　A. 串励式　　B. 并励式　　C. 串并励式　　D. 复励式
4. 按驱动齿轮的啮入方式不同,起动机分为(　　)。
　　A. 惯性啮合式起动机　　　　B. 电枢移动式起动机
　　C. 齿轮移动式起动机　　　　D. 强制啮合式起动机
5. 串励式直流电动机主要由(　　)和外壳等部件组成。
　　A. 电枢　　B. 磁极　　C. 换向器　　D. 电刷

三、判断题

1. 起动继电器的作用是以小电流控制大电流,保护点火开关,减少起动机电磁开关线路压降。(　　)
2. 在起动机的电磁式控制装置工作中,吸拉线圈和保持线圈产生的电磁吸力方向和大小不变。(　　)
3. 直流电动机中换向器的作用就是把交流电变为直流电。(　　)
4. 发动机在起动时,每次不能超过5s,连续起动中间的间隔大于15s。(　　)
5. 起动机投入工作时,离合器应先啮入飞轮齿环,后接通起动开关。(　　)

四、案例题

1. 起动机的组成和各部分的作用是什么?
2. 起动机采用直流串励电动机的主要原因是什么?
3. 简述电磁操纵强制啮合式起动机的工作过程。
4. 电磁操纵强制啮合式起动机电磁开关中的吸拉线圈和保持线圈,在起动前后其电流有无改变?为什么?
5. 简述起动机不转的诊断步骤。

学习任务1.4　商用车辅助电器装置的检修

任务目标

1. 掌握电动装置的作用与基本原理。
2. 了解电动装置的组成与结构。
3. 理解风窗刮水、清洁设备的组成与工作原理。

4. 掌握控制电路,进行检测与维修。

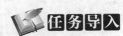

下雪的冬天早晨,王先生一辆欧曼 H5 商用车准备热车行驶,车窗前积雪较多,打开刮水器之前打算用喷洗液喷一下,然后用刮水器快速清洁车窗上的积雪,喷洗液喷出,但刮水器没有动。之前汽车刮水器系统可以正常使用,但今天刮水开关在各个挡位都不工作,维修技师判断为刮水电动机被烧坏,需要拆检。

任务准备

驾驶人在行车时,遇有雨天、雪天、雾天或扬沙天气时,会造成视线不良,给驾驶人的安全行车带来隐患。为了保证在上述不良天气时驾驶人仍具有良好的视线,汽车都安装了刮水器、风窗清洗装置和除霜装置。

1. 电动式刮水器

为了提高汽车在雨天和雪天行驶时驾驶人的能见度,专门设置了风窗玻璃刮水器。刮水器有真空式、气动式和电动式三种。目前真空式和气动式已被淘汰,电动式刮水器则应用较广。

1) 电动式刮水器构造和工作原理

电动式刮水器由电动机和一套传动机构组成,如图1-4-1所示。刮水器电动机 3 旋转时,通过蜗杆蜗轮减速,使与蜗轮上的曲柄 4 相连的拉杆 5 做往复运动,通过和拉杆相连的左、右刮水器臂 8 做往复摆动运动,带动刮水器橡胶片 7 刷去风窗玻璃上的雨水、雪或灰尘。

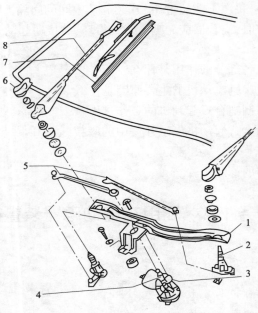

图 1-4-1 电动式刮水器基本构成

1-刮水器支架;2-刮水器轴颈;3-刮水器电动机;4-曲柄;5-拉杆;6-防护盖;7-刮水器橡胶片;8-刮水器臂

(1) 刮水器电动机的结构。刮水器电动机现多用永磁式电动机(图1-4-2),它的磁极为铁氧体永久磁铁。铁氧体具有陶瓷的脆性、硬性和不耐冲击的特点,但它不易退磁并且价廉,所以在汽车上得到广泛使用。

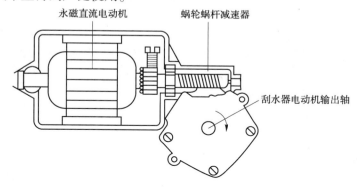

图1-4-2 刮水器电动机总成安装位置及简图

(2) 变速原理。刮水器的变速原理是利用直流电动机的变速原理实现的,双速刮水器电动机通常采用改变两电刷间串联的导体数的方法,对其进行调速,如图1-4-3所示。

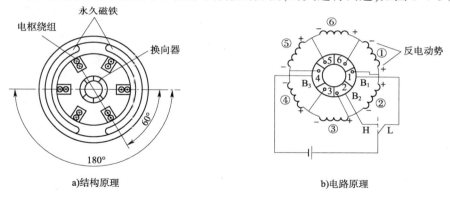

a) 结构原理　　　　　　　　　b) 电路原理

图1-4-3 双速刮水器电动机的工作原理

电刷 B_3 为高低速公用电刷。电刷 B_1 用于低速,电刷 B_2 用于高速,B_2 与 B_1 相差60°。电枢采用对称叠绕式。永磁式三刷电动机是利用3个电刷来改变正、负电刷之间串联的线圈数实现变速的。当直流电动机工作时,在电枢内同时产生反电动势 e,其方向与电枢电流的方向相反。如要使电枢旋转,外加电压必须克服反电动势 e 的作用,即 $U>e$,当电枢转速上升时,反电动势也相应上升,只有当外加电压 U 几乎等于反电动势 e 时,电枢的转速才趋于稳定。

三刷式电动机旋转时,电枢绕组所产生的反电动势如图1-4-3b)所示。当开关拨向L时,电源电压已加在电刷 B_1 和 B_2 之间。在电刷 B_1、B_3 之间有两条并联支路,一条是由线圈①、⑥、⑤串联起来的支路,另一条是线圈②、③、④串联起来的支路,即在电刷 B_1、B_3 间有两条支路,各3个线圈。这3个线圈产生的全部反电动势与电源电压平衡后,电动机便稳定旋转。由于有3个线圈串联的反电动势 e 与电源电压 U 平衡,故转速较低。

当开关拨向H时,电源电压加在电刷 B_2 和 B_3 之间,如图1-4-3b)所示。电枢绕组一条由4个线圈②、①、⑥、⑤串联,另一条由2个线圈③、④串联。其中线圈②的反电动势与线圈①、⑥、⑤的反电动势方向相反,互相抵消后,变为只有2个线圈的反电动势与电源电压平衡,因而只有转速升高使反电动势增大,才能得到新的平衡,故此时转速较高。可见,2个电刷间的导体数减少,就会使电动机的转速升高,这就是永磁三刷电动机变速的原理。

2) 刮水器电动机的自动复位装置

当刮水器停止工作时,为了避免刮水片停在风窗玻璃中间,影响驾驶人的视线,要求刮水器橡胶片能够自动复位,不管在什么时候切断电源,刮水器橡胶片都能自动停止在风窗玻璃的下部。图1-4-4所示为刮水器橡胶片自动复位装置的示意图。

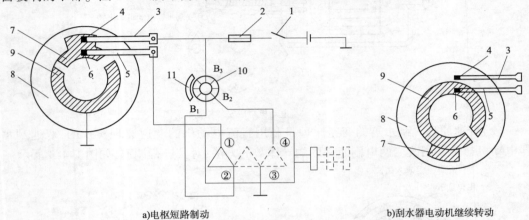

a) 电枢短路制动　　　　　　　　　　b) 刮水器电动机继续转动

图1-4-4　自动复位装置

1-电源开关;2-熔断器;3、5-触点臂;4、6-触点;7、9-铜环;8-蜗轮;10-电枢;11-永久磁铁

在减速蜗轮8(由尼龙制成)上嵌有铜环,其中较大的一片铜环9与电动机外壳相连接而搭铁,触点臂3、5用磷铜片制成(有弹性),其一端分别铆有触点与蜗轮端面或铜片接触。

当电源开关1接通,把刮水器开关拉到"Ⅰ"挡(低速挡)时,电流从蓄电池正极→电源开关1→熔断器2→电刷B_3→电枢绕组→电刷B_1→接线柱②→接触片→接线柱③→搭铁→蓄电池负极,形成回路,电动机以低速运转。当刮水器开关拉到"Ⅱ"挡时,电流从蓄电池正极→电源开关1→熔断器2→电刷B_3→电枢绕组→电刷B_2→接线柱④→接触片→接线柱③→搭铁→蓄电池负极,形成回路,电动机以高速运转。

当刮水器开关推到"0"挡(停止)时,如果刮水器橡胶片没有停到规定位置时,由于触点与铜环9接触,则电流继续流入电枢,其电路为蓄电池正极→开关1→熔断器2→电刷B_2→电枢绕组→电刷B_1→接线柱②→接触片→接线柱①→触点臂5→铜环9→搭铁→蓄电池负极,形成的回路如图1-4-4b)所示,电动机以低速运转直至蜗轮旋转到图1-4-4a)所示的特定位置,电路中断。由于电枢的惯性,电动机不可能立即停止转动,电动机以发电机方式运行,因为此时电枢绕组通过触点臂3、5,与铜环7接通而短路,电枢绕组产生很大的反电动势,产生制动力矩,电动机迅速停止转动,使橡胶片复位到风窗玻璃的下部。

3) 电动刮水器控制电路

以福田戴姆勒H5车型为例进行说明。

本车刮水器共有三个挡位,如图1-4-5所示,可以实现速度的高低调换,方便驾驶人根据实际需要进行相应操作。

图 1-4-5　刮水器操纵手柄

(1) 控制电路图如图 1-4-6 所示。

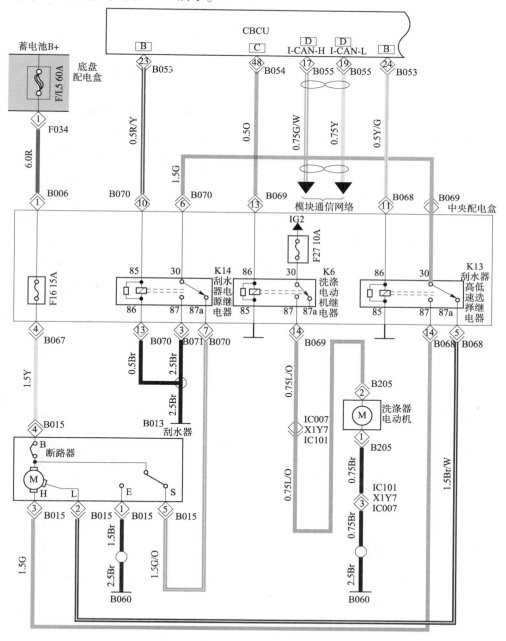

图 1-4-6　控制电路

(2) 低速挡。

当仪表接收到低速挡位信号后通过 CAN 网络传送给 CBCU。

如图 1-4-7 所示。CBCU 的 23 号脚输出 12V 高电位,并控制刮水电源继电器 K14 线圈得电,触点吸合从而使刮水器电动机低速挡工作。

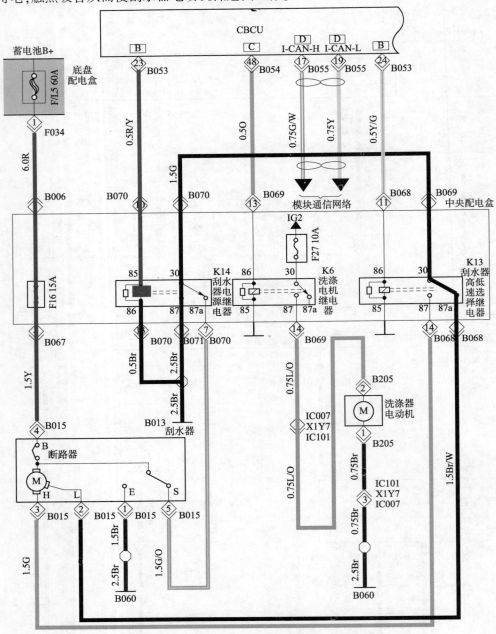

图 1-4-7 低速挡电路图

低速挡电路为:蓄电池→中央配电盒→F16 15A 熔断丝→刮水器断路器→电动机→L→K13 刮水器高低速选择继电器触点→K14 继电器触点→搭铁。

(3)高速挡。

当仪表接收到高速挡位信号后通过 CAN 网络传送给 CBCU。

如图 1-4-8 所示。CBCU 的 23 号脚输出 24V 高电位,控制刮水高低速选择继电器 K13 线圈和刮水电源继电器 K14 线圈通电,触点吸合从而使刮水器电动机高速挡工作。

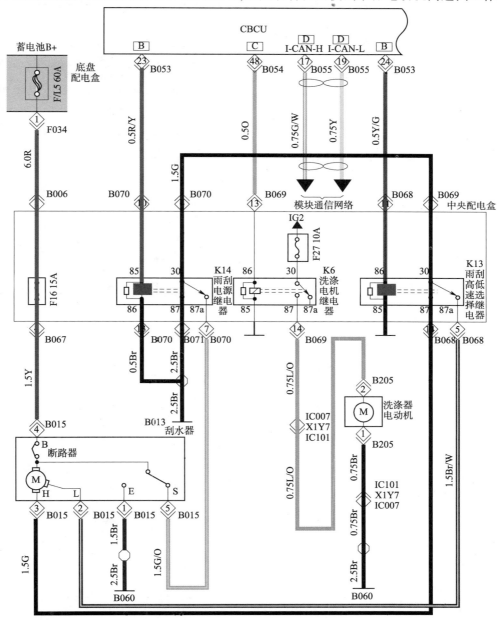

图 1-4-8 高速挡电路图

高速挡电路为:蓄电池→中央配电盒→F16 15A 熔断丝→刮水器断路器→电动机→H →K13 刮水器高低速选择继电器触点→K14 继电器触点→搭铁。

组合仪表接收可变电阻信息,通过 CAN 总线传输给 CBCU,从而调节间歇时间。

2. 刮水器常见故障现象及原因

刮水器常见故障现象及原因见表1-4-1。

表1-4-1 刮水器常见故障现象及原因

故障现象	可能原因	措　　施
刮水器在任何挡位都不工作	(1)熔断丝(损坏)	更换熔断丝
	(2)组合开关(损坏)	更换刮水开关
	(3)刮水电动机(损坏)	更换刮水器电动机
	(4)线束(短路或对地短路)	更换线束
电动机转动但刮水臂不转动	(1)刮臂(松动)	更换刮水臂
	(2)蜗轮(松动)	更换刮水器电动机
	(3)连杆机构(松脱)	更换连杆机构
刮水器转动迟缓	(1)蓄电池(电压过低)	更换蓄电池
	(2)线束(接触不良)	修理线束
	(3)电动机轴承和减速器齿轮(润滑不良)	更换刮水器电动机
	(4)刮水器电动机(损坏)	更换刮水器电动机总成
	(5)中央控制器(损坏)	更换中央控制器
刮水效果不好	(1)玻璃(有油渍、车蜡)	清洁玻璃
	(2)刮水臂刮水片(错误型号)	更换刮水臂总成
	(3)刮水臂刮水片(橡胶损坏)	更换刮水臂总成
	(4)刮水臂(损坏)	更换刮水臂总成
	(5)刮水臂(弹簧弹力下降)	更换刮水臂总成
有异响	(1)蜗轮蜗杆(无润滑)	更换刮水器电动机总成
	(2)连杆机构(扭曲变形)	更换连杆机构
	(3)连杆接头(磨损)	更换连杆机构
刮水器在间歇挡不工作	(1)组合开关(损坏)	更换刮水开关
	(2)线束(断路或对地短路)	修理或更换线束
	(3)中央控制器(损坏)	更换中央控制器
刮水器在低速挡不工作	(1)组合开关(损坏)	更换刮水开关
	(2)线束(断路或对地短路)	修理或更换线束
	(3)中央控制器(损坏)	更换中央控制器
	(4)刮水器电动机(损坏)	更换刮水器电动机总成
刮水器在高速挡不工作	(1)组合开关(损坏)	更换刮水开关
	(2)线束(断路或对地短路)	修理或更换线束
	(3)中央控制器(损坏)	更换中央控制器
	(4)刮水器电动机(损坏)	更换刮水器电动机总成

续上表

故障现象	可能原因	措施
当关上开关时,刮水器不能回到原位	(1)线束(断路或对地短路)	修理或更换线束
	(2)凸轮开关连接点(接触不良)	更换刮水器电动机总成

3. 风窗玻璃洗涤装置

为了消除附在风窗玻璃上的灰尘污物,现代汽车上增设了风窗玻璃洗涤器,并与刮水器配合工作,可以使汽车风窗玻璃获得更好的刮水效果,保持驾驶人的良好视野。

1)风窗玻璃洗涤装置的组成

风窗玻璃洗涤器如图 1-4-9 所示,它由洗涤液罐、洗涤液泵、聚氯乙烯软管、刮水器开关、三通、喷嘴等组成。

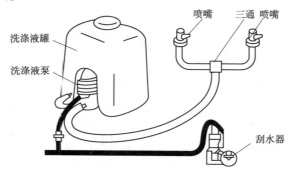

图 1-4-9 风窗玻璃洗涤器

电动泵由永磁直流电动机和离心式叶片泵组成一体(图 1-4-10),喷射压力为 70~88kPa。喷嘴安装在风窗玻璃下面,其喷嘴方向可以调整,使洗涤液喷射在风窗玻璃的适当位置。喷嘴的喷射位置可进行调整。

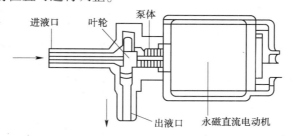

图 1-4-10 洗涤器电动机与洗涤液泵总成

2)风窗玻璃洗涤装置的正确使用

洗涤泵喷嘴安装在风窗玻璃的下面,其喷嘴方向可以根据使用情况调整,喷水直径一般为 0.8~1.0mm,能够使洗涤液喷射在风窗玻璃的适当位置。洗涤泵的连续工作时间不应超过 1min,对于刮水和洗涤分别控制的汽车,而且应先开洗涤泵再接通刮水器。喷水停止后,刮水器应继续刮动 3~5 次,以便达到良好的清洁效果。

常用的洗涤液是清水。为了能刮掉风窗玻璃上的油、蜡等物,可在水中添加少量的去垢剂和防锈剂。强效洗涤液的去垢效果好,但会使风窗密封条和刮水胶条变质,还会引起车身喷漆变色以及储液罐、喷嘴等塑料件的开裂。冬季使用洗涤器时,为了防止洗涤液冻结，应添加甲醇、异丙醇、甘醇等防冻剂，再加少量的去垢剂和防锈剂，即成为低温洗涤液，可使结冰温度下降到-20℃以下。如冬季不用洗涤器时，应将洗涤管中的水倒掉。

3）风窗玻璃洗涤装置控制电路

组合仪表接收洗涤信号，通过 CAN 总线传输给 CBCU，控制洗涤器电动机继电器得电，从而控制洗涤器电动机工作，如图 1-4-11 所示。

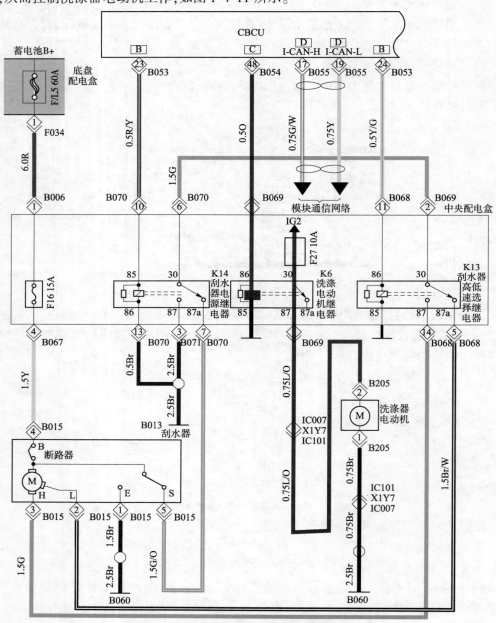

图 1-4-11 风窗玻璃洗涤装置控制电路

风窗玻璃洗涤装置控制电路为：点火开关 IG2→中央配电盒→K6 洗涤器电动机继电器→洗涤器电动机→搭铁。

 知识拓展

雨滴感知型刮水器

电动式刮水器虽然能够实现间歇控制,但不能随雨量的变化及时调整刮水频率。雨滴感知型刮水器能根据雨量的大小自动调节刮水器的刮水频率,使驾驶人始终保持良好的视线。

1. 雨滴感知型刮水装置的组成

雨滴感知型刮水器主要由雨滴传感器、间歇刮水放大器、刮水器电动机三部分组成,如图1-4-12所示。雨滴传感器的作用是将雨量的大小转变为与之相对应的电信号,其结构如图1-4-13所示。

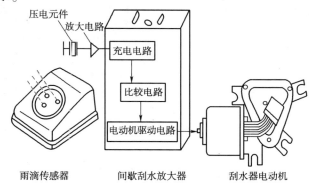

图1-4-12 雨滴感知型刮水器

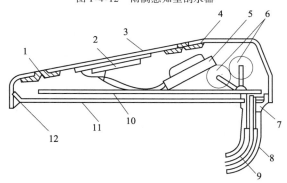

图1-4-13 雨滴传感器结构图

1-阻尼橡胶;2-压电元件;3-振动片(不锈钢);4-上盒(不锈钢);5-集成电路;6-电容器;7-衬垫;8-线束套筒;9-线束;10-电路板;11-下盒(不锈钢);12-密封件

2. 雨滴感知型刮水装置的工作原理

雨滴感知型刮水器控制系统原理图如图1-4-14所示。工作时,由于雨滴下落撞击到传感器的振动片上,振动片将振动能量传给压电元件。压电元件受压而产生电压信号,电压值与撞击振动片的雨滴的撞击能量成正比。电压信号经过放大后送入电动式刮水器电路,对刮水器的充电电路进行20s的定时充电,电容器电压上升。该电压输入比较电路,比较电路将其与基准电压U_0比较。当电容器电压达到U_0时,比较电路向刮水器电动机发

出信号,使其工作一次。当雨量大时,压电元件产生的电信号强,充电电路电压达到基准电压值 U_0 所需时间短,刮水器工作间歇时间短;反之,雨量小时压电元件产生的电压小,充电电路电压达到基准电压 U_0 所需时间长,刮水器的工作间歇时间就长。当雨量很小,雨滴传感器没有电压信号输出时,只有定电流电路对充电电路进行充电,20s 后充电电路的输出电压达到基准电压 U_0,刮水器动作一次。这样,雨滴感知型刮水器就把刮水器的间歇时间控制在 0~20s 范围内,以适应不同雨量的需要。

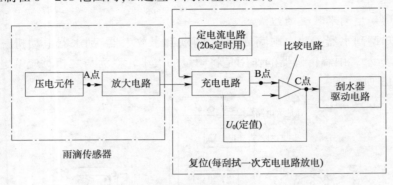

图 1-4-14　雨滴感知型刮水器控制系统原理图

任务训练

更换刮水器电动机

刮水器与洗涤器结构布置如图 1-4-15 所示。

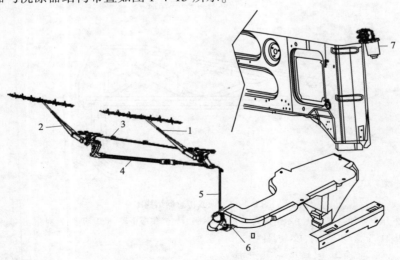

图 1-4-15　刮水器与洗涤器结构布置

1-左刮水臂刮水片总成;2-右刮水臂刮水片总成;3-水管夹;4-刮水连杆机构总成;5-洗涤壶水管;6-洗涤壶总成;7-刮水器电动机总成

1. 刮水器的更换

1)刮水器的拆卸

(1)将刮水臂运行到自动停止位置,如图 1-4-16 所示。

(2)拆卸右刮水臂总成并进行检查。

①断开喷水嘴水管1。

②拆卸刮水臂总成固定螺母2,取下刮水臂,检查其外形有无损坏,性能是否良好。否则应进行更换。

提示:拆卸左侧刮水臂总成步骤与右刮水臂总成步骤相同。

(3)打开前翻转盖板。

(4)拆卸连杆机构总成并进行检查。

①拆卸刮水器电动机与连杆机构连接螺母,如图1-4-17所示。

注意:拆卸时应做记号以便安装时能准确到位。

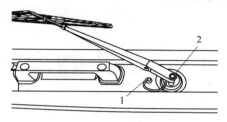

图1-4-16 刮水臂初始位置
1-喷水嘴水管;2-固定螺母

图1-4-17 拆卸刮水器电动机与连杆机构连接螺母

②拆卸右侧连杆机构固定螺栓。

提示:拆卸左侧与中间固定螺栓步骤与右侧步骤相同。

③取下连杆机构总成,如图1-4-18所示。检查其外形有无损坏,性能是否良好。否则应进行更换。

(5)拆卸刮水器电动机总成并进行检查。

①拆卸驾驶人右下裙板固定螺钉,如图1-4-19所示。

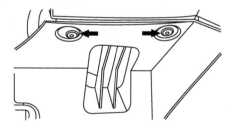

图1-4-18 取下连杆机构总成　　图1-4-19 拆卸驾驶人右下裙板固定螺钉

②断开刮水器电动机接插件,如图1-4-20所示。

③拆卸刮水器电动机固定螺栓,如图1-4-21所示。

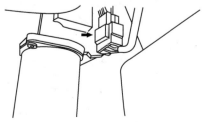
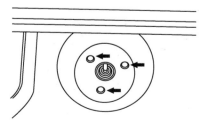

图1-4-20 断开刮水器电动机接插件　　图1-4-21 拆卸刮水器电动机固定螺栓

④取下刮水器电动机总成,检查其外形有无损坏,性能是否良好。否则应进行更换。

2)刮水器电动机检查

(1)低速挡检查:如图1-4-22所示,将蓄电池正极引线连接到连接器的端子5,将蓄电池负极引线连接到端子4,检查运转情况。检查结果为电动机不转。

(2)高速挡检查:将蓄电池正极引线连接到连接器的端子3,将蓄电池负极引线连接到端子4,检查运转情况。检查结果为电动机不转。处理结果为:更换刮水器电动机总成。

(3)刮水器电动机自动停止位置工作检查:将装配标记置于风窗玻璃电动机总成上。将蓄电池正极引线连接到连接器的端子5,将蓄电池负极引线连接到端子4。当电动机低速运转时,断开端子5,使电动机在图1-4-23所示装配标记以外的任何位置停止运转。

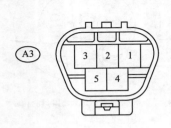 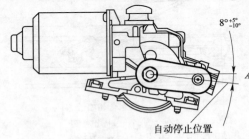

图1-4-22 连接器的端子示意图　　　图1-4-23 自动停止位置示意图

然后使用SST09843-18040专用工具连接端子5与端子1,并将蓄电池正极引线连接到连接器的端子2,使电动机重新低速运转。使装配标记与风窗玻璃电动机总成上对齐。

3)刮水器安装

(1)安装刮水器电动机总成。

①安装刮水器电动机固定螺栓,力矩:23N·m。

②连接刮水器电动机接插件。

③安装驾驶人右下裙板固定螺钉,如图1-4-24所示。

(2)安装连杆机构总成。

①安装右侧连杆机构固定螺栓,力矩:23N·m。

提示:安装左侧与中间固定螺栓步骤与右侧步骤相同。

②安装刮水器电动机与连杆机构连接螺母,如图1-4-25所示,力矩:35N·m。

注意:安装时应对应记号,确保安装能准确到位。

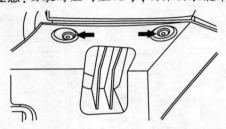 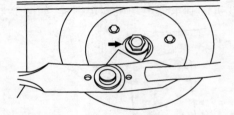

图1-4-24 安装驾驶人右下裙板固定螺钉　　　图1-4-25 安装连杆机构固定螺栓

(3)关闭前翻转盖板。

(4)安装右刮水臂总成。
①安装刮水臂总成固定螺母2。
②连接喷水嘴水管1。
提示:安装左侧刮水臂总成步骤与右刮水臂总成步骤相同。
(5)在向风窗玻璃喷水时或洗涤液清洗时,运行刮水器,确保刮水器工作正常。

2. 洗涤器更换

1)洗涤器的拆卸
(1)打开前翻转盖板。
(2)断开洗涤器总成壶体与加水口,如图1-4-26所示。
(3)举升驾驶室。
(4)拆卸前轮车身挡泥板。
①断开安装在洗涤器总成上的卡箍及软管,如图1-4-27所示。

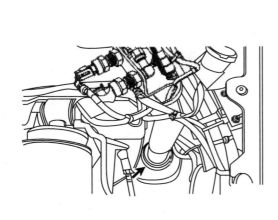

图1-4-26 断开洗涤器总成壶体与加水口

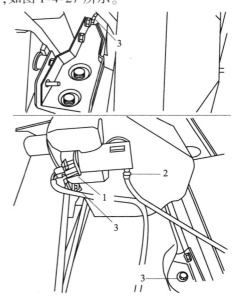

图1-4-27 洗涤器拆卸步骤
1-接插件;2-软管;3-固定螺栓

②断开洗涤器电动机接插件1及洗涤器软管2。
③拆卸洗涤器固定螺栓3。

2)洗涤器检查
检查洗涤器,检查其外形有无损坏,性能是否良好。否则应进行更换。

3)安装洗涤器总成
(1)安装洗涤器固定螺栓3,力矩:23N·m。
(2)连接洗涤器软管2及洗涤器电动机接插件1。
(3)安装前轮车身挡泥板。
(4)翻下驾驶室。
(5)连接洗涤器总成壶体与加水口。

(6)关闭前翻转盖板。

(7)添加清洗液,进行测试。

4)注意事项

(1)风窗干燥时不可操作刮水器,以免划伤风窗玻璃。

(2)如果刮水器被雪粘着或冻结,不可操作以免损坏刮水系统。

(3)洗涤罐中应加洗涤液,洗涤罐中无洗涤液不可操作洗涤器,可能会损坏洗涤器电动机。

(4)切断电源。

①在拆卸或安装任何电气装置前,以及在工具或设备容易接触到裸露的电气端子时,首先务必断开蓄电池负极电缆,可防止人或车辆受损。

②如没有特别说明,必须关闭点火开关。

任务评价

风窗玻璃刮水装置检测与维修评价见表1-4-2。

风窗玻璃刮水装置检测与维修评价表　　　　表1-4-2

序号	内容及要求	评分	评分标准	自评	组评	师评	得分
1	准备	10	(1)汽车进入工位前,准备好相关的器材(4分); (2)拉紧驻车制动器操纵杆,把变速杆置于空挡或P挡位置(3分); (3)套上三件套(3分)				
2	清洁	10	按要求清理工位				
3	前风窗玻璃刮水器电动机的拆卸	20	严格按照要求拆卸,不野蛮操作				
4	刮水器电动机总成的检测	10	按照要求进行检测,检测结果正确				
5	前风窗玻璃刮水器电动机的安装	20	严格按照要求安装,紧固力矩正确,在正确位置涂抹润滑脂				
6	排除故障	20	能够排除故障				
7	安全文明生产	10	(1)结束后清洁(5分); (2)工量具归位(5分)				
指导教师总体评价:							

指导教师＿＿＿＿＿＿

＿＿＿年＿＿月＿＿日

练一练

一、单项选择题

1. 电动式刮水器由电动机和一套传动机构组成,传动机构中的减速装置是(　　)。
   A. 齿轮机构　　　　B. 齿轮齿条　　　　C. 锥齿轮　　　　D. 蜗轮蜗杆
2. 刮水器电动机现多用永磁式电动机,它的磁极为(　　)。
   A. 陶瓷　　　　　　B. 铁氧体　　　　　C. 铁芯　　　　　D. 磁场绕组
3. 双速刮水器电动机通常采用改变两电刷间串联(　　)的方法,对其进行调速。
   A. 导体数　　　　　B. 电阻　　　　　　C. 电容　　　　　D. 二极管
4. 风窗玻璃洗涤泵的连续工作时间不应超过(　　)min。
   A. 1　　　　　　　B. 2　　　　　　　C. 3　　　　　　　D. 4
5. 雨滴传感器的作用是将雨量的大小转变为与之相对应的(　　)信号。
   A. 压力　　　　　　B. 流速　　　　　　C. 光　　　　　　D. 电

二、多项选择题

1. 电动式刮水器一般具有(　　)挡。
   A. 高速　　　　　　B. 低速　　　　　　C. 间歇　　　　　D. 连续
2. 风窗玻璃洗涤器由(　　)、三通、喷嘴等组成。
   A. 洗涤液罐　　　　B. 洗涤液泵　　　　C. 聚氯乙烯软管　D. 刮水器开关
3. 常用的洗涤液是清水。为了能刮掉风窗玻璃上的油、蜡等物,可在水中添加少量的(　　)。
   A. 去垢剂　　　　　B. 防锈剂　　　　　C. 酸性物质　　　D. 碱性物质
4. 雨滴感知型刮水器主要由(　　)三部分组成。
   A. 雨滴传感器　　　B. 间歇刮水放大器　C. 刮水器电动机　D. 壳体
5. 刮水器在任何挡位都不工作的故障原因可能是(　　)。
   A. 熔断丝(损坏)　　　　　　　　　　　B. 组合开关(损坏)
   C. 刮水器电动机(损坏)　　　　　　　　D. 线束短路或搭铁

三、判断题

1. 电动式刮水器刮水的速度是可变的。　　　　　　　　　　　　　　　　　　(　　)
2. 风窗玻璃洗涤装置是由开关直接控制的。　　　　　　　　　　　　　　　　(　　)
3. 电动式刮水器是由开关直接控制的。　　　　　　　　　　　　　　　　　　(　　)
4. 使用风窗玻璃洗涤器时,应先开动刮水器,然后再开动洗涤液泵。　　　　　(　　)
5. 风窗玻璃洗涤装置的喷嘴方向可以调整。　　　　　　　　　　　　　　　　(　　)

四、分析题

1. 分析电动式刮水器控制电路,说明是如何工作的。
2. 分析风窗玻璃洗涤器控制电路,说明是如何工作的。

学习任务1.5 商用车电动车窗装置的检修

**任务目标**

1. 能够找到车窗玻璃升降器的位置。
2. 能够对照结构图认知零部件。
3. 掌握车窗玻璃升降器系统的基本工作原理。
4. 能够解决一般车窗玻璃升降器系统相关的故障问题。

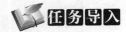**任务导入**

一辆福田H5商用车在行驶的过程为躲避轿车与路边树木发生剐蹭,左侧车门发生变形,导致左侧电动车窗玻璃升降器不能正常工作,怀疑其变形损坏,需要拆卸检查。

任务准备

电动车窗玻璃升降器又称自动车窗,是指以电为动力使车窗玻璃自动升降的车窗。汽车门窗玻璃不但要保证驾驶人有足够的视角,以安全驾驶和行车,同时,为满足乘坐舒适的需要,玻璃的位置经常需要调整,因而玻璃调整的范围与操纵的灵活方便就成为重要的性能指标。保证汽车玻璃灵活调整的机构就是玻璃升降器及控制电路,它也是汽车安全和舒适性的一个重要部件。

汽车玻璃升降器一般由以下几部分组成:操纵机构(摇臂或电动控制系统)、传动机构(齿轮、齿板或齿条,齿轮软轴啮合机构)、玻璃升降机构(升降臂、运动托架)、玻璃支承机构(玻璃托架)以及限位块机构等。玻璃升降器的基本工作路线为:操纵机构→传动机构→升降机构→玻璃支承机构,而限位机构则装在小齿轮与支承座间,用以定住玻璃(止动),保证其停留在要求位置。

1. 电动玻璃升降器分类

玻璃升降的种类很多,分类标准也有很多。现在比较被认可的主要有按传动结构和按操纵方式两个分类标准,如图1-5-1所示。

1)按操纵方式分类

按操纵分类,汽车玻璃升降器可分为手动式玻璃升降器和电动式玻璃升降器两大类,如图1-5-1所示。

(1)手动玻璃升降器顾名思义就是以人力为动力的玻璃升降器。手动升降器一般都安装有手动摇柄,汽车乘员通过转动手动摇柄来驱动升降器的传动机构,最后通过玻璃升降机构实现玻璃上下升降。和电动升降器相比,手动升降器只是少了电动机,其结构和一般电动升降器基本一致。

手动玻璃升降器具有结构简单、质量轻、成本低的优势。此外,因为没有电动机,也就没有电子控制系统,减少了零部件的数量,可靠性更高。但其缺点也很明显,那就是需要人力操作,舒适性和便捷性较差。

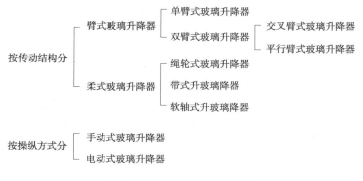

图 1-5-1　电动玻璃升降器分类

手动玻璃升降器现在已经很少有车采用,只有部分低端车型处于成本的考虑会采用此种升降器。

(2)电动玻璃升降器。电动玻璃升降器则是采用了电动机为动力源,通过电动机驱动玻璃升降器的传动机构,最终实现玻璃的上下升降。和手动玻璃升降器相比,其结构更为复杂、质量也较大、成本较高,且因为有电动机以及相关控制机构,其可靠性也要比手动玻璃升降器低。但其便利性和舒适性要比手动玻璃升降器要好得多。

采用电动玻璃升降的车型,在汽车侧门内板上(部分车型在中央扶手处)都安装有电动玻璃升降器的控制开关,如图1-5-2所示。如需升降车窗玻璃,仅需按一下控制开关即可,极大改善了操作的便利性。而随着科技的发展,现在电动玻璃升降器又开发出了一键升降功能和防夹功能。

一键升降功能是指只需按一下玻璃升降器的控制开关,便可让玻璃上升到最高点或者下降到最低点,而不需要长时间按着控制

图 1-5-2　带一键升降器按钮

开关。而根据此功能,现在又开发出了锁车自动上升玻璃的功能。当车辆锁车后,车身控制器会自动将所有车窗玻璃上升到最高点,极大地方便了驾驶人。

带一键升降的升降器按钮一般会加有标识,而防夹技术则是出于安全的角度而诞生的,也是随着一键升降功能的出现而诞生的技术。

在电动车窗正常上升过程中,当玻璃在任意位置有物体被夹住时,带有一键上升功能的车型其玻璃升降器不会停止上升动作,从而会将被夹物体严重夹伤。如在车窗上升过程中,小孩的手或者头部被带有一键上升的玻璃夹住时,会受到严重伤害。而带有防夹技术的车型,当玻璃夹到物体时会自动停止玻璃上升动作,并将玻璃下降一定高度,以便被夹物体顺利地推出,极大地提高了安全性。

一般而言,有一键升降功能的车型不一定有防夹功能,而带防夹的则都带有一键上升功能。而处于安全的考虑,我国法规规定,自2013起,具有一键上升车窗玻璃功能的车型则必须装备防夹技术。

2) 按传动结构分类

按传动结构分类,汽车玻璃升降器可分为臂式和柔式两大类。

(1) 臂式玻璃升降器。

臂式玻璃升降器的传动机构为齿轮齿板啮合传动,除齿轮外其主要构件均为板式结构,加工方便,成本低,在目前国内车辆上使用较为普遍。但由于其采用悬臂式支承结构及齿轮齿板机构,故工作阻力较大。

① 单臂式玻璃升降器。单臂式玻璃升降器的结构特点是只有一个升降臂,结构最简单,但由于升降臂支承点与玻璃质心之间的相对位置经常变化,玻璃升降时会产生倾斜、卡滞,如图1-5-3所示。该结构只适用于玻璃两侧为平行直边的情况,使用不很普遍。

② 双臂式玻璃升降器。该玻璃升降器的结构特点是具有两个升降臂,与单臂式玻璃升降器相比,双臂式玻璃升降器本身可保证玻璃平行升降,提升力也比较大。该结构能适用负载较大车门玻璃,车门玻璃弧度较小的车门。依两臂的布置方式又分为平行臂式升降器和交叉臂式升降器。

③ 交叉臂式玻璃升降器。交叉臂式玻璃升降

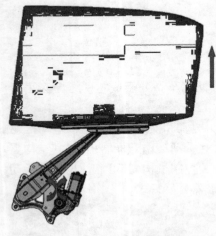

图1-5-3 单臂式玻璃升降器结构图

器顾名思义,其两个臂是交叉的,呈 X 形。其一般由电动机、主臂、副臂、主导轨、副导轨以及基板和扇形齿轮等组成,如图1-5-4所示。交叉臂升降器通过基板固定在车门内板上,副导轨也固定在车门内板上,而玻璃则固定在主导轨上。

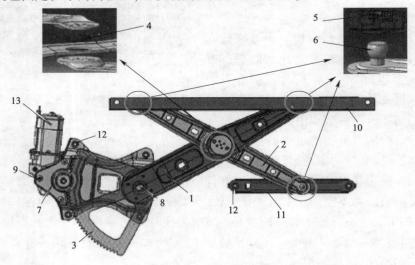

图1-5-4 交叉臂升降器结构

1-主臂;2-副臂;3-扇形齿;4-垫片;5-滑块;6-滑块转轴;7-基板;8-转轴;9-螺钉;10-主轨道;11-副轨道;12-压铆螺母;13-电动机

其工作原理是：电动机通过减速结构带动扇形齿轮旋转。扇形齿轮再带动主臂旋转，而副臂则绕着主臂和副臂上的连接轴旋转，其下端沿着固定的副导轨直线运动，上端则和主臂反向沿着主导轨直线运动，从而使主导轨上下移动，如图1-5-5所示。

交叉臂式玻璃升降器的支承宽度较大，运动比较平稳，且升降速度快、成本低。缺点是主臂和副臂之间易产生摩擦，不仅容易产生噪声，也会影响其耐久性，同时，交叉臂玻璃升降器质量也较大。其一般使用在玻璃弧度较小而尺寸较大的车型上。

④平行臂式玻璃升降器。平行臂式玻璃升降器的两个臂是平行的，其一般由主动臂、从动臂、底板、滑动支架和电动机等组成，如图1-5-6所示。

图1-5-5　交叉臂式玻璃升降器的原理

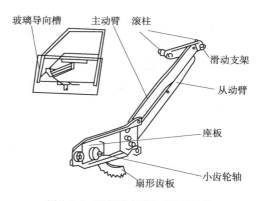
图1-5-6　平行臂式玻璃升降器结构

平行臂式玻璃升降器结构相对比较简单、紧凑，但由于支撑宽度比较小，工作载荷较大，故运动平稳性不如交叉臂式玻璃升降器，现在车型也很少使用此种结构的玻璃升降器。

（2）柔式玻璃升降器。

柔式玻璃升降器的传动机构为齿轮软轴啮合传动，具有"柔式"的特点，故其设置、安装都比较灵活方便，结构设计也比较简捷，且自身结构紧凑，所占空间小，易于安装布置，总体质量轻。此外，由于提升轴提升力作用线的相对位置是固定的，可保证与玻璃质心的运动轨迹始终重合（或平行），故能很好地保证玻璃平稳移动。缺点是其成本较高，且钢丝绳易磨损。

柔式玻璃升降器根据传动结构的材质分为绳轮式升降器、带式升降器、软轴式升降器，其中最为常见的是绳轮式玻璃升降器。

①绳轮式玻璃升降器。

绳轮式玻璃升降器是指由直流电动机驱动，通过卷丝筒、绳索等转动，使车窗玻璃沿滑动导轨上升或下降到需要位置的一种装置。根据导轨的数量不同，又分为单轨和双轨两种，如图1-5-7所示。其中，单轨式绳轮升降器只有一根滑动导轨，体积紧凑、安装方便、成本低，缺点是精度相对较低，一般用于车窗玻璃长度不大的车型。而双轨式绳轮升降器有两根相互平行的导轨，导向性更好，但成本相对较高，体积也较大，布置和安装没有单轨式方便，一般用在车窗玻璃较宽的车型上。

绳轮式玻璃升降器的结构一般如图1-5-8所示。

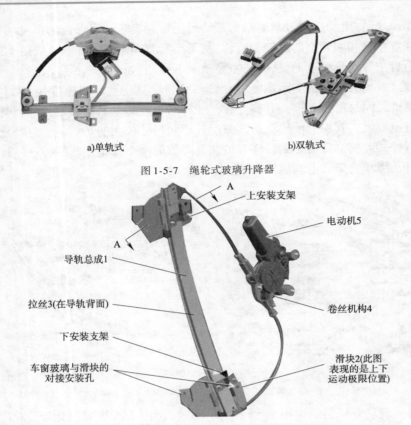

图 1-5-7 绳轮式玻璃升降器

图 1-5-8 绳轮式玻璃升降器结构

升降器的导轨通过上下部分的安装支架分别固定在门内钣金上,卷丝机构连同电动机也固定在车门内钣金上,车窗玻璃通过自攻螺钉固定在滑块上。电动机接受控制系统传递的信号作正转或反转,使卷丝机构中丝筒旋转,收缩或放长拉丝,使滑块沿导轨总成上下运动,从而带动车窗玻璃沿前后玻璃导向槽作上下运动。由于其托架导轨和玻璃运行轨迹匹配完好,绳轮式电动玻璃升降器的运行平稳,噪声小。只是由于其采用的是钢丝绳配以塑料件及部分冲压件的结构,其总体疲劳寿命周期较短。但其总体舒适的升降性能在轿车市场上占有绝对的主导地位。

② 带式玻璃升降器。

该升降器通过小齿轮与穿孔带啮合实现玻璃升降器的运动。该升降器运动软轴采用塑料穿孔带,其他零件亦多采用塑料制品,从而大大减轻了升降器总成的自身质量,如图 1-5-9 所示。其传动机构中均涂以润滑脂,使用过程中无须维护,运动平稳。摇把手柄的位置可自由布置,设计、安装和调整都很方便,其耐久性试验可达 25000 次。

③ 软轴式玻璃升降器。

该玻璃升降器软轴主体是由钢丝绕成的弹簧,弹簧内圆穿有多股钢丝绳,在钢丝绳上缠绕高出表面 2mm 的羊毛,并涂以润滑脂,以降低齿轮与弹簧啮合时的摩擦力,如图 1-5-10 所示。在弹簧外圈上套有导向管,以保证弹簧式软轴的运动轨迹和运动顺畅。该升降器的特点是工作可靠性好,运动平稳,工作噪声小,使用寿命长,但制作技术比其他柔式升降器要求高，需要专门的工艺设备。

软轴式升降器，从总体结构上而言类似于绳轮式升降器。只是使用一根金属软轴替代钢丝绳来拖动玻璃托板。它要求使用特殊的电动机带动一根金属软轴以实现升降玻璃的功能。由于目前国内在软轴电动机和软轴制造上的落后以及绳轮式升降器的盛行，因此软轴式升降器在国内汽车市场上所占的比例也非常小。

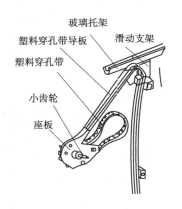 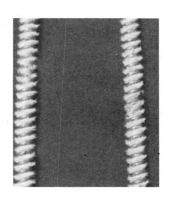

图1-5-9　带式玻璃升降器的结构　　　　图1-5-10　软轴式玻璃升降器的软轴

2. 玻璃升降器控制电路

图1-5-11所示为电气原理示意图，驾驶人按下门控开关，开关信号传递给门控制器。

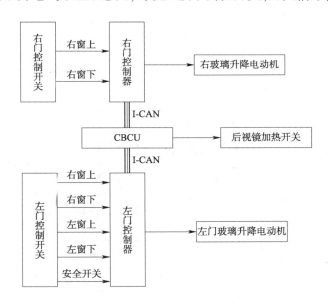

图1-5-11　电气原理示意图

门控制器控制门窗玻璃电动机运转。

左门控制器的信号和右门控制器的信号可通过CAN总线进行传递。

图1-5-12所示为福田戴姆勒H5车电动玻璃升降器控制电路图。

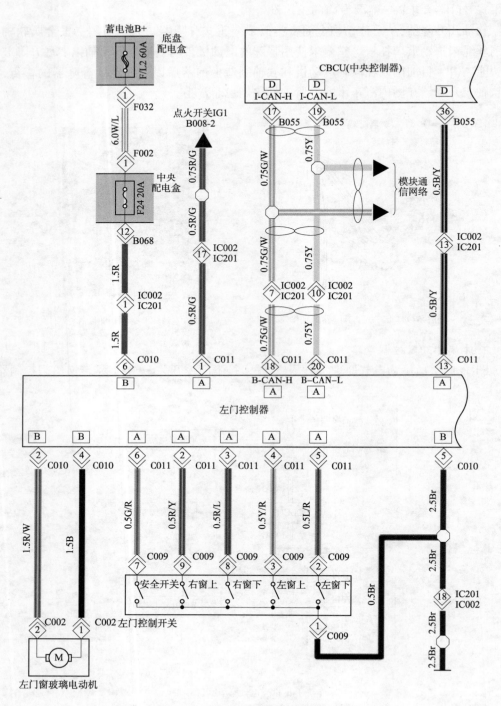

图 1-5-12　电动玻璃升降器控制电路图

3. 常见的故障现象及排除措施

常见的故障现象及原因见表 1-5-1。

学习模块1　商用车基本电气系统的检修

常见的故障现象及原因　　　　　　　　　　　　　　　表 1-5-1

序号	故障现象	故障原因
1	左侧车窗升降装置故障	（1）门控制器熔断丝 （2）检查左右门开关线路 （3）左右门锁电动机两端电压
2	左门玻璃或右门玻璃不能升降	（1）门控制器熔断丝 （2）检查左右门开关线路 （3）左右门锁电动机两端电压

汽车电动防夹车窗技术

汽车玻璃窗经历了从手摇曲柄连杆方式到电动升降车窗的发展过程。由于电动车窗的操纵舒适性被业界广泛认可，现今汽车大多采用了电动车窗。虽操纵方便快捷，但在自动上升过程中容易造成夹伤乘员事故，因此电动车窗具备防夹功能已是一种发展趋势。当车窗上升过程中遇到障碍物（如手、头等）时可以自动停止和下降，从而避免事故的发生。

1. 电动车窗防夹技术分类

电动车窗防夹技术分为 3 种类型。

（1）直接测量防夹力，应用传感器测试车窗在上升过程中遇到阻碍时的防夹力，来判断是否需要电动机停止复位，防夹力一般规定不超过 100N。其优点是测量力准确性高，缺点是需要增加测试防夹力的传感器，其系统安装工艺复杂。

（2）电动机电流检测法，在玻璃窗的工作过程中检测电动机电流的状况，来反馈闭环控制电动机的工作状态。其优点是力近似于电动机电流的大小，缺点是需要增加电流传感器和相关的处理滤波电路，成本较高，工作可靠性略差。

（3）检测玻璃窗电动机的转速方式，以检测玻璃窗电动机的转速为反馈信号依据来实施闭环控制，该技术应用很广泛。

2. 检测玻璃窗电动机转速的防夹技术

1）控制原理

防夹体系主要是防备人员在玻璃上升过程中被夹伤，同时也起到了防备电动机过热和烧坏。在电动机上面会有一个防夹模块（防夹 ECU），当玻璃在上升过程时受到阻拦，当阻力大于设定值时（防夹 ECU 标定值），ECU 会判定玻璃上升地区有停滞物，制止上升并反转，防止电动机过载烧坏。

所谓防夹，在电动机上安装霍尔传感器检测电动机的转速，当电动车窗升起时，一旦电动机转速减缓，当霍尔传感器检测到转速有变化时就会向 ECU 输送信息，ECU 向继电器发出指令，电路会让电流反向，使电动机停转或反转（降落），于是车窗也就制止移动或降落，因此具有防夹功效，如图 1-5-13 所示。

防夹功效一个起落行程内只有一次。

2)防夹区域

常见防夹区域为 4~200mm,该要求是为满足欧标 74/60EEC 及北美标准 FMVSS118 而设定的,如图 1-5-14 所示。防夹功能只在防夹区域起作用,车窗底部及顶部关闭防夹功能。

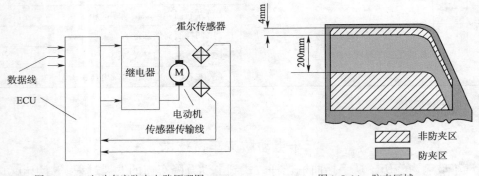

图 1-5-13　电动车窗防夹电路原理图　　　图 1-5-14　防夹区域

3)霍尔传感器

车窗在上升和下降过程中,受玻璃质量、窗框阻力、电池电压以及路面颠簸程度等因素的影响,所以在每个位置上的周期、大小是不一样的。因此,判断车窗位置是相当重要的。车窗运动的行程与电动机旋转的圈数成正比关系,电动机的旋转圈数可以通过霍尔传感器产生的脉冲获得。霍尔传感器安装在电动机上,通过脉冲的数量判断玻璃的位置,通过脉冲宽度判断是否有障碍物,如图 1-5-15 所示。

图 1-5-15　霍尔传感器及信号

4)防夹计算

防夹算法通过脉冲变动与存储曲线比较进行,并结合电动机工作电流的变化做出综合判断,从而判定是否起动防夹功能。如果在玻璃上升过程中有异物阻挡,电动防夹车窗马上停止上升,立刻下降到底,实现防夹功能,如图 1-5-16 所示。

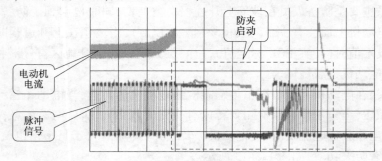

图 1-5-16　脉冲及电流信号

5）主要参数

最大防夹力：100N。

回落距离 10~40mm。

反应时间：条件满足 1s 内起动防夹。

静态电流：< 300μA。

3. 智能无接触防夹玻璃

除了一般轿车上的车窗防夹手功能都是靠"触觉"来控制的，遇到压力时，它便会停止玻璃上升并指令玻璃下降，以防止夹伤人。但更高级轿车上还配备一种靠"视觉"来控制防夹功能的。

在玻璃上升过程中发现玻璃上方有任何异物，它都会自动停止上升而改为下降，因此无须异物直接接触到玻璃。这种系统由红外线发射器和接收器组成，安装在车窗内饰件上，它能连续精确地扫描指定的区域，在距离车窗开口框上边缘 4~200mm 范围内，一旦检测到有异物便会立即停止玻璃上升，所以有人称之为"智能无接触防夹玻璃"。

任务实施

1. 诊断信息收集与初步判断

技师询问车主发生事故的情况，检查外部车门变形和电路情况，决定需要拆卸检查。

2. 拆卸车窗玻璃升降电动机

（1）拆卸玻璃升降器组合开关。

①拆卸玻璃组合开关固定螺钉，如图 1-5-17 所示。

②断开组合开关的接插件，如图 1-5-18 所示。

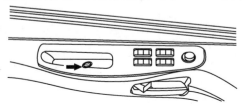 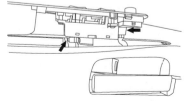

图 1-5-17　拆卸玻璃组合开关固定螺钉　　　图 1-5-18　断开组合开关的接插件

（2）拆卸左门饰板。使用专用工具慢慢撬开左门饰板，不要刮伤饰板，如图 1-5-19 所示。

（3）拆卸扬声器总成。

①拆卸扬声器面罩固定螺钉 1。

②使用专用工具慢慢撬开扬声器面罩 2，不要刮伤饰板，如图 1-5-20 所示。

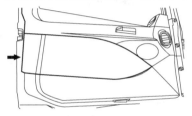 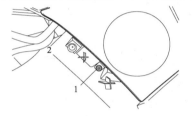

图 1-5-19　撬开左门饰板　　　图 1-5-20　撬开扬声器面罩

1-固定螺钉；2-扬声器面罩

③拆卸扬声器固定螺钉。
④断开扬声器接插件,取下扬声器,如图1-5-21所示。
（4）拆卸内护板模块。
①断开车门线束的插接件。
②拆卸内护板模块固定螺栓2,如图1-5-22所示。

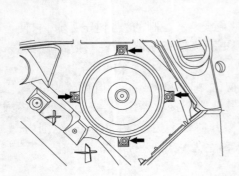
图1-5-21　取下扬声器

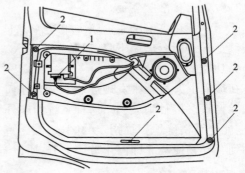
图1-5-22　拆卸内护板模块固定螺栓
1-插接器；2-螺栓

③拆卸门锁固定螺钉,如图1-5-23所示。
④拆卸门外开把手固定螺钉,拆卸开启拉杆、锁止拉杆与门外把手的卡扣,拆卸门外开把手,如图1-5-24所示。

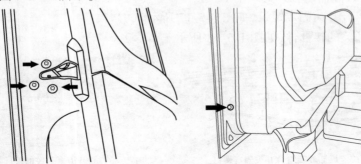
图1-5-23　拆卸门锁固定螺钉　　　　图1-5-24　拆卸门外开把手

⑤拆卸内护板模块固定螺钉。
⑥将内护板模块拆下。
提示：将内护板模块摆放在安全的地方,如图1-5-25所示。
（5）拆卸车门玻璃。
（6）拆卸玻璃升降器。
①断开玻璃升降器电动机接插件1。
②拆卸玻璃升降器固定螺栓2。
③将玻璃升降器从道槽中抽出,如图1-5-26所示。

3. 检查玻璃升降器总成
（1）检查车门玻璃升降器是否变形。若变形,应更换车门玻璃升降器。

（2）检查各运动滚轮是否磨损、变形。若有磨损、变形，应更换车门玻璃升降器。

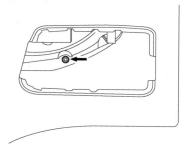 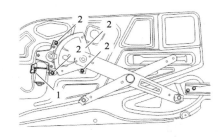

1-5-25 拆卸内护板模块固定螺钉　　图 1-5-26　拆卸玻璃升降器

1-接插件；2-固定螺栓

（3）检查摇臂棘轮。若摇臂棘轮与车窗摇臂啮合齿配合间隙过大或错位，应更换车门玻璃升降器。

（4）检查摇臂轴。转动摇臂轴，不能运动，更换车门玻璃升降器。

4．车门总成装配

（1）安装玻璃升降器。

①将新的玻璃升降器平衡滑块插入导槽中，安装玻璃升降器固定螺栓 2，力矩：9N·m。

②连接玻璃升降器电动机接插件 1。

（2）安装车门玻璃。

（3）安装内护板模块。

①安装内护板模块固定螺钉。

②扣合开启拉杆、锁止拉杆与门外把手的卡扣，安装门外开把手，安装门外开把手固定螺钉。

③安装门锁固定螺钉。

④安装内护板模块固定螺栓 2，力矩：9N·m。

⑤连接车身线束的接插件。

（4）安装扬声器总成。

①连接扬声器接插件。

②安装扬声器固定螺钉。

③安装扬声器面罩 2。

④安装扬声器面罩固定螺钉 1。

（5）安装左门饰板。

（6）安装玻璃升降器组合开关。

①连接组合开关的接插件。

②装玻璃组合开关固定螺钉。

 任务评价

电动玻璃升降器检测与维修评价见表 1-5-2。

电动玻璃升降器检测与维修评价表　　　　　　　　　　表 1-5-2

序号	内容及要求	评分	评 分 标 准	自评	组评	师评	得分
1	准备	10	(1)汽车进入工位前,准备好相关器材(5分); (2)拉紧驻车制动器操纵杆,把变速杆置于空挡或 P 挡位置(5分)				
2	清洁	10	按要求清理工位				
3	电动玻璃升降电动机的拆卸	30	严格按照技术要求拆卸,不野蛮操作				
4	电动玻璃升降电动机总成的检测	10	按照要求进行检测,检测结果正确				
5	电动玻璃升降电动机总成的安装	15	严格按照技术要求安装,紧固力矩正确,在正确位置涂抹润滑脂				
6	排除故障	15	能够排除故障				
7	安全文明生产	10	(1)结束后清洁(5分); (2)工量具归位(5分)				

指导教师总体评价:

指导教师＿＿＿＿＿＿
＿＿＿＿年＿＿＿月＿＿＿日

练 一 练

一、单项选择题

1. 最为常见的柔式玻璃升降器是(　　)玻璃升降器。
   A. 绳轮式　　　　B. 带式　　　　　C. 齿轮式　　　　D. 软轴式
2. 单轨绳轮式玻璃升降器一般用于车窗玻璃长度(　　)的车型。
   A. 大　　　　　　B. 小　　　　　　C. 大小都可以　　D. 大小都不可以
3. 双轨式绳轮升降器有两根相互平行的导轨,一般用在车窗玻璃较(　　)的车型上。
   A. 长　　　　　　B. 宽　　　　　　C. 大小都可以　　D. 大小都不可以
4. 电动车窗防夹技术常见防夹区域为(　　)mm。
   A. 4～200　　　　B. 200～300　　　C. 300～400　　　D. 400～500
5. 霍尔传感器输出的波形为(　　)。
   A. 脉冲信号　　　B. 交流信号　　　C. 直线信号　　　D. 抛物线信号

二、多项选择

1. 臂式玻璃升降器又分为（　　）等形式。
   A. 单臂式　　　　B. 双臂式　　　　C. 交叉式　　　　D. 平行臂式
2. 柔式玻璃升降器根据传动结构的材质分为（　　）。
   A. 绳轮式升降器　　B. 带式升降器　　C. 齿轮式升降器　　D. 软轴式升降器
3. 左侧车窗升降装置故障的原因可能是（　　）。
   A. 门控制器熔断丝　　　　　　　　B. 左右门开关线路
   C. 左右门锁电动机　　　　　　　　D. 车窗升降器开关
4. 交叉臂式玻璃升降器一般由（　　）、副导轨以及基板和扇形齿轮等组成。
   A. 电动机　　　　B. 主臂　　　　C. 副臂　　　　D. 主导轨
5. 平行臂式玻璃升降器一般由（　　）和电动机等组成。
   A. 主动臂　　　　B. 从动臂　　　　C. 底板　　　　D. 滑动支架

三、判断题

1. 有一键升降功能的车型不一定有防夹功能，而带防夹的则都带有一键上升功能。
   （　　）
2. 玻璃升降器由驾驶人直接通过开关信号控制升降。　　　　　　　　（　　）
3. 应用传感器测试车窗在上升过程中遇到阻碍时的防夹力，一般规定不超过200N。
   （　　）
4. 电动车窗的电动机是双向电动机。　　　　　　　　　　　　　　　（　　）
5. 门控制器控制门窗玻璃电动机运转。　　　　　　　　　　　　　　（　　）

四、分析题

根据实验车和电路图分析，电动玻璃升降器常见的故障，以及判断排除。

学习任务1.6　商用车电动后视镜的检修

任务目标

1. 能够找到电动后视镜的位置。
2. 能够对照结构图认知零部件。
3. 掌握电动后视镜的基本工作原理。
4. 能够解决一般车电动后视镜相关的故障问题。

一辆福田戴姆勒H5车，在倒车的过程中右侧后视镜与树木刮擦，造成电动后视镜外壳破裂损坏，需要进行更换。

汽车电动后视镜位置直接关系到驾驶人能否观察到车后的情况，与行车安全性有着

密切的关系。许多商用车后视镜位置较高,调节非常不方便,采用电动后视镜,通过电动开关调整后视镜的位置,操作简便。

1. 电动后视镜的组成及结构

汽车电动后视镜一般由镜片、驱动电动机、控制电路及操纵开关等部分组成。在每个后视镜镜片的背后都有两个可逆电动机,可操纵其上下左右运动。通常垂直方向的倾斜运动由一个永磁电动机控制,水平方向的倾斜运动由另一个永磁电动机控制。后视镜的结构和控制开关分别如图1-6-1a)、b)所示。

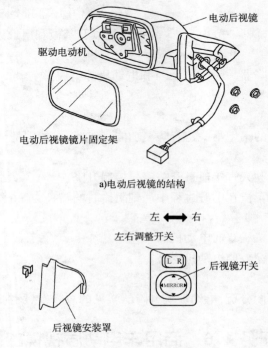

a)电动后视镜的结构

b)电动后视镜的控制开关示意图

图1-6-1　电动后视镜的结构和控制开关示意图

2. 电动后视镜的控制电路及工作原理

以福田戴姆勒H5车型为例,以左侧后视镜上/下调节为例进行说明。

(1)供电如图1-6-2所示,蓄电池→F034中央配电盒→外挂LLF17.5A→电动后视镜调节开关。

(2)左侧后视镜向"上"调节。如图1-6-3所示,操作"电动后视镜调节开关"选择左、上,蓄电池→F034→中央配电盒→外挂LLF17.5A→电动后视镜调节开关"上"→后视镜上下电动机转动→电动后视镜调节开关"上"→B060搭铁。上下电动机转动带动后视镜片向外摆动进行调节。

(3)左侧后视镜向"下"调节。如图1-6-4所示,操作"电动后视镜调节开关"选择左、下,蓄电池→F034中央配电盒→外挂LLF17.5A→电动后视镜调节开关"下"→后视镜上下电动机转动→电动后视镜调节开关"下"→B060搭铁。上下电动机转动带动后视镜片向内摆动进行调节。

学习模块1　商用车基本电气系统的检修

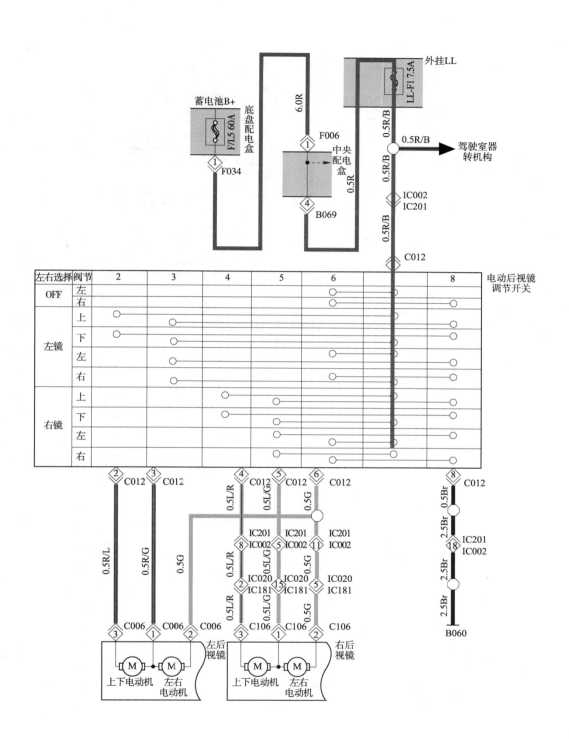

图 1-6-2　左侧后视镜控制电路

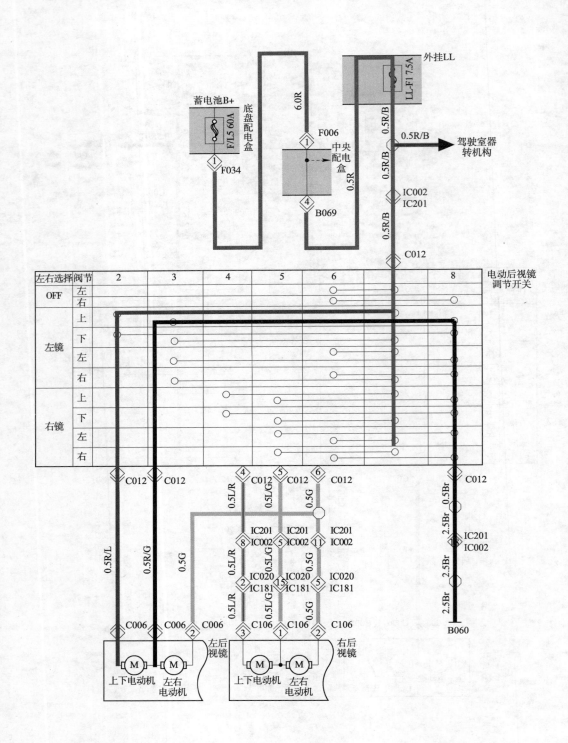

图 1-6-3 左侧后视镜向"上"调节控制电路

学习模块1 商用车基本电气系统的检修

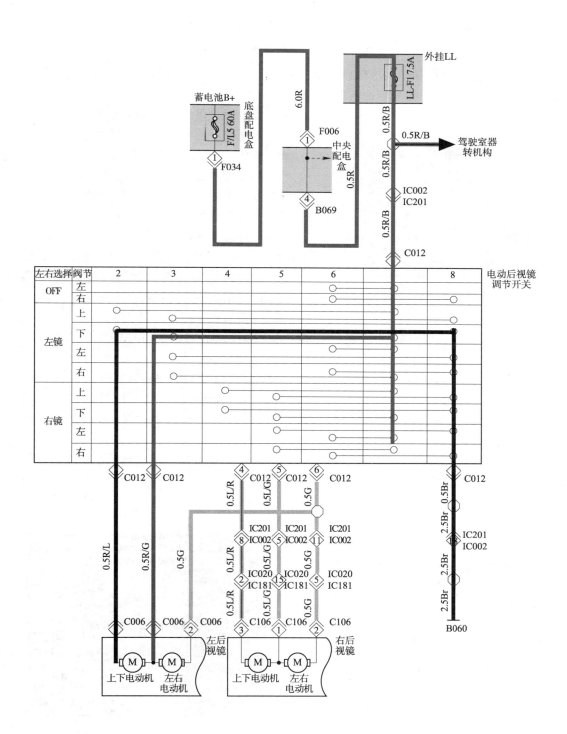

图 1-6-4 左侧后视镜向"下"调节控制电路

知识拓展

1. 后视镜加热

后视镜加热功能是指当汽车在雨、雪、雾等天气行驶时,后视镜可以通过镶嵌于镜片后的电热丝加热,确保镜片表面清晰。

电加热后视镜的工作原理非常简单,而且成本也不是很高,就是在两侧后视镜的镜片内安装一个电热片(电热膜),如图1-6-5所示。开后视镜电加热功能,电热片会在几分钟内迅速加热至一个固定的温度,一般在35~60℃,从而起到对镜片加热,除雾除霜的效果。

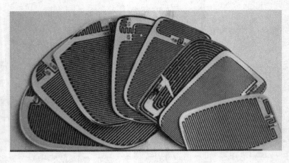

图1-6-5 加热片

2. 后视镜自动防眩目

夜间行车最大的安全隐患就是视线问题,不仅是因为天黑光线不好,而且各向来车的前照灯对行驶安全也有影响;遇上不规矩的驾驶人在后方长期开着远光灯行驶,车内后视镜直接将强光反射入了眼睛,刺眼的强光直接影响到行车的安全,为了减小危险的发生,后视镜自动防眩目功能应运而生。

目前内后视镜防眩目有两种形式,一种为手动,通过光学原理抑制炫目,这种后视镜使用一块双反射率的镜子,当驾驶人认为反射光过强感到刺眼时,即可手动扳动后视镜角度调节杆,使后视镜角度偏移,此时镜面的反射率小,自然可以削弱光线强度,如图1-6-6所示。

而配置较高的车型上则配备了自动防眩目后视镜,这种后视镜在镜面后面安装了光敏二极管,二极管感应到强光时控制电路将施加电压到镜面的电离层上,在电压的作用下镜片就会变暗以达到防眩目的目的,如图1-6-7所示。

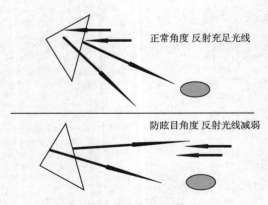

图1-6-6 手动防眩后视镜原理

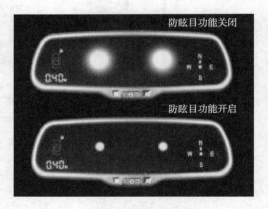

图1-6-7 电子防眩后视镜效果

学习模块1 商用车基本电气系统的检修

任务训练

1. 诊断流程

按照图1-6-8所示的诊断流程进行检查。

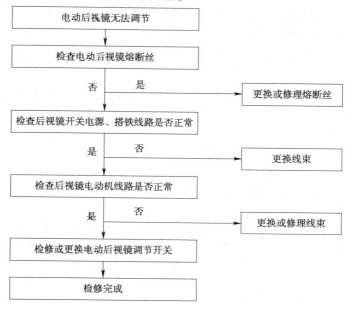

图1-6-8 诊断流程图

1)检查电动后视镜熔断丝

将点火开关置于OFF,检查外挂LL熔断丝F1(7.5A),正常(其状态如图1-6-9所示)。

2)检查C012后视镜调节开关接插件(图1-6-10)

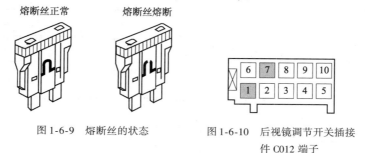

图1-6-9 熔断丝的状态　　　图1-6-10 后视镜调节开关插接件C012端子

(1)将点火开关置于OFF。
(2)断开后视镜调节开关C012接插件。
(3)检查后视镜调节开关插接件C012端子8与车身搭铁之间的电阻。标准值:电阻≤2Ω。
(4)点火开关置于ON。
(5)使用万用表测量后视镜调节开关插接件C012端子7与车身搭铁之间的电压。

标准值:蓄电池电压。

(6)检查结果正常。

3)检查左右电动后视镜线路(图1-6-11)

(1)将点火开关置于OFF。

(2)断开左后视镜接插件C006和右后视镜接插件C106。

(3)点火开关置于ON。

(4)使用万用表测量后视镜调节开关插接件C006端子1/2/3与车身搭铁之间的电压。标准值:蓄电池电压。

(5)使用万用表测量后视镜调节开关插接件C106端子1/2/3与车身搭铁之间的电压。标准值:蓄电池电压。

(6)检查结果正常。

4)检查C102后视镜调节开关接插件(图1-6-12)

(1)将点火开关置于OFF。

(2)修理或更换电动后视镜调节开关。

(3)检查结果发现损坏,更换后故障排除。

  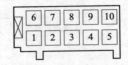

图1-6-11 插接件C006与C106端子　　　图1-6-12 C102后视镜调节开关接插件

2.常见故障现象及解决措施

常见故障现象及解决措施见表1-6-1。

常见故障现象及解决措施　　表1-6-1

故障现象	可能原因	诊断方法
电动后视镜无法调节	(1)熔断丝	更换熔断丝
	(2)线束	检修电动后视镜调节电路
	(3)电动后视镜开关	
右后视镜无法上下调节	(1)线束	检修右后视镜上下调节电路
	(2)电动后视镜上下调节电动机	
	(3)电动后视镜调节开关	
电动后视镜不能加热	(1)熔断丝	检修电动后视镜加热电路
	(2)线束	
	(3)电动后视镜加热开关	
	(4)CBCU	

3.右外后视镜的拆装

图1-6-13所示为右外后视镜分解图。

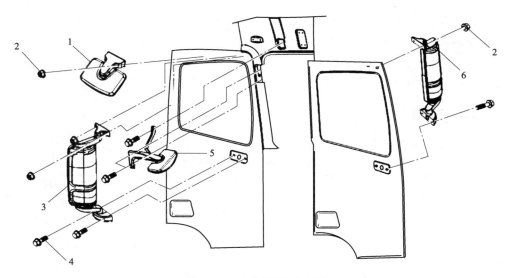

图 1-6-13 右外后视镜分解图

1-侧下视镜总成;2-六角凸缘螺母;3-右后视镜总成;4-六角头凸缘螺栓;5-前下视镜总成;6-左后视镜总成

(1) 拆卸后视镜电动机接插件, 如图 1-6-14 所示。

(2) 拆卸右后视镜总成。

①拆卸右后视镜下盖板, 如图 1-6-15 所示。

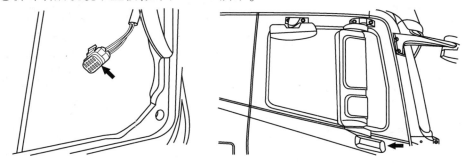

图 1-6-14 拆卸后视镜电动机接插件　　　　图 1-6-15 拆卸右后视镜下盖板

②拆卸右后视镜固定螺钉及固定螺母, 如图 1-6-16 所示, 并进行更换。

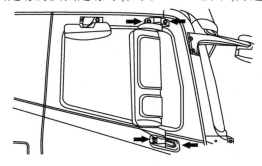

图 1-6-16 拆卸右后视镜

（3）安装右后视镜总成。

①安装右后视镜固定螺钉及固定螺母。

②安装右后视镜下盖板。

（4）连接后视镜电动机接插件。

提示：左侧后视镜的更换参见右侧后视镜。

任务评价

电动后视镜检测与维修评价见表1-6-2。

电动后视镜检测与维修评价表　　　　　　　　　　表1-6-2

序号	内容及要求	评分	评分标准	自评	组评	师评	得分
1	准备	10	（1）汽车进入工位前，准备好相关的器材（5分）； （2）拉紧驻车制动器操纵杆，把变速杆置于空挡或P挡位置（5分）				
2	清洁	10	按要求清理工位				
3	电动后视镜的拆卸	20	严格按照技术要求拆卸，不野蛮操作				
4	电动后视镜电动机总成的检测	20	按照要求进行检测，检测结果正确				
5	电动后视镜总成的安装	15	严格按照技术要求安装，紧固力矩正确，在正确位置涂抹润滑脂				
6	排除故障	15	能够排除故障				
7	安全文明生产	10	（1）结束后清洁（5分）； （2）工量具归位（5分）				
指导教师总体评价：							

指导教师_____

____年___月___日

练一练

一、单项选择题

1.汽车电动后视镜在每个镜片的背后都有（　　）个可逆电动机。

A.一　　　　B.两　　　　C.三　　　　D.四

2.后视镜加热的温度一般在（　　）。

A.15～20℃　　B.35～60℃　　C.70～80℃　　D.80～90℃

二、多项选择

1.汽车电动后视镜一般由（　　）等部分组成。

A. 镜片　　　　　　B. 驱动电动机　　　C. 控制电路　　　　D. 操纵开关
2. 电动后视镜无法调节的原因可能是(　　)。
A. 熔断丝　　　　　B. 线束　　　　　　C. 电动后视镜开关　D. 操纵开关
3. 后视镜无法上下调节的原因可能是(　　)。
A. 线束　　　　　　　　　　　　　　　B. 电动后视镜上下调节电动机
C. 电动后视镜调节开关　　　　　　　　D. 熔断丝
4. 电动后视镜不能加热的原因可能是(　　)。
A. 熔断丝　　　　　　　　　　　　　　B. 线束
C. 电动后视镜加热开关　　　　　　　　D. CBCU
5. 目前内后视镜防炫目有(　　)形式。
A. 手动　　　　　　B. 自动　　　　　　C. 联动　　　　　　D. 没有

三、分析题

1. 自动防炫目后视镜的原理是什么？
2. 熟悉电动后视镜的控制电路，进行故障排除。

模块小结

　　本模块学习了常规电气中的蓄电池、充电系统、起动系统、辅助电气设备、电动车窗、电动后视镜的功用、组成、工作原理、控制电路、故障分析与排除，其中难度大的是控制电路，重要的是通过任务实施、任务评价，达到实际应用的目的。

学习模块 2　商用车照明与信号系统的检修

模块概述

汽车照明、信号、仪表系的功用是为保证汽车在各种条件下安全行驶,改善驾乘环境,汽车上装有各种照明、信号、仪表报警装置,其数量的多少和配置形式因车而异,除了美观、实用外,必须满足两个要求:一是保证行车安全;二是符合交通法规。

在所有车辆中前照灯、转向灯、危险警报灯、示廓灯、尾灯、雾灯、制动灯、倒车灯、牌照灯都为强制安装使用,其他灯光设备在一定条件下强制安装或选装。

照明、信号、仪表系容易出现的典型故障有照明灯不亮,喇叭不响,仪表无显示等。

能够检测、维修照明系统、信号系统、仪表系统典型故障。

【建议学时】

16 学时。

学习任务 2.1　商用车照明系统的检修

1. 能够学会汽车照明系统各类灯光的结构、原理、特点。
2. 学会连接汽车照明系统电路。
3. 能够检测与维修汽车照明系统典型故障。

张先生驾驶的福田欧曼车,发现左侧近光灯不亮,需要对电路系统进行检查,排除故障。

任务准备

汽车照明系统包括前照灯、后照灯、防雾灯、示廓灯、牌照灯、阅读灯、门灯、踏步灯、行李舱灯等。它们的作用见表 2-1-1。

汽车照明系统及作用

表 2-1-1

名称	功率	作用
前照灯 又称大灯	40~60W	装于汽车前部两侧,有两灯制和四灯制之分。由于直接影响夜间交通安全,因此各国交通主管部门多以法律形式规定其照明标准。用途是夜间行车时,照亮车前的道路和物体,确保行车安全。同时也可以发出远光和近光交替变换的灯光信号,以免超车和夜间会车时使对方驾驶人炫目
后照灯 又称尾灯	15~25W	安装于汽车尾部,用于夜间照明,它的灯光一般为红色
防雾灯 又称雾灯	35~55W	主要用途是在雾天、雪天、雨天行车时照明道路,它的扩散角大,配光稳定。雾灯分为前雾灯和后雾灯,前雾灯一般为明亮的白色,后雾灯则为红色。后雾灯主要在能见度低的环境中,为使车辆后方其他道路交通参与者易于发现而安装在车辆尾部,发光强度比尾灯更大的红色。后雾灯标志和前雾灯有一定区别,由于防雾灯亮度高、穿透力强,不会因雾气而产生漫反射,所以正确使用能够有效预防事故的发生。在有雾的天气,前后雾灯一起使用
倒车灯	28W	用于倒车时汽车后方照明,并警告其他车辆和行人。在汽车尾部,光色为白色。兼有灯光信号功能
牌照灯	8~10W	用途是夜间照明车辆牌照,按照有关规定,夜间在车后20m处应能看清车辆牌照。不仅亮度好,而且要求光线均匀。一般为两盏
其他照明灯		阅读灯、门灯、踏步灯、行李舱灯等,用于局部、短时间照明,功率较小

1. 前照灯

1) 前照灯的照明要求

(1) 前照灯应保证车前有明亮而均匀的照明,使驾驶人能看清车前100m内路面上的障碍物。随着汽车行驶速度的提高,照明距离提高到200~250m。

(2) 前照灯应能防炫目,以免夜间两车相会时,使对方驾驶人眩目,而造成交通事故。

(3) 光束横向应有一定的散射宽度,以便直行时能看清车身侧面运动物体及转弯时的照明需要。

(4) 满载时,照明效果不应因车灯高度变化而下降。

2) 前照灯的结构

汽车前照灯一般由光源(灯泡)、反射镜、配光镜(散光镜)三部分组成。

(1) 灯泡。

① 普通白炽灯泡:如图2-1-1所示,灯丝用钨丝制成,玻璃泡内抽出空气,然后充以86%的氩气和约14%的氮气的混合惰性气体以减少钨丝受热蒸发,延长其使用寿命,灯丝制成紧密的螺旋状。灯泡在长期使用后发黑,表明灯丝的损耗依然存在,因此并不能阻止钨丝的蒸发。

② 卤钨灯泡:如图2-1-2所示,它是在惰性气体中加入了一定量的卤族元素(如碘、溴),使得从灯丝上蒸发出来的气态钨与卤族元素反应生成了一种挥发性的卤化钨,在扩散到灯丝附近的高温区域后又受热分解,使钨重新回到灯丝上,如此循环防止了钨的蒸发

和灯泡黑化的现象。卤素灯泡发光效率比白炽灯泡高20%以上。由于卤钨灯泡体积小、耐高温、发光强度高、使用寿命长，目前得到广泛的应用。

③氙气灯：它又称高强度气体放电灯，英文简称HID，一般由弧光灯组件、电子控制器（安定器、镇流器）和升压器（高压放电包）组成。汽车氙气灯仍由12V电系供电，功率多为35W，少数55W的一般安装在远光灯上。

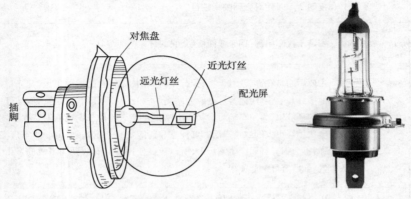

图2-1-1　前照灯白炽灯泡　　　　　图2-1-2　卤钨灯泡

氙气灯的发光原理：它的灯泡里没有灯丝，取而代之的是装在石英管内的两个电极，如图2-1-3所示，灯管内小小的玻璃球内灌满了氙气和少许稀有金属。通过安定器将12V或24V车载电压瞬间提升至23000V以上，以激活氙气与稀有金属进行化学反应，产生电弧，发出4000~12000K色温的强劲光芒。发光时0.8s的亮度是额定亮度的20%，达到卤钨灯的亮度，4s以内达到额定亮度的80%以上，在发光稳定后安定器向灯提供80V供电电压保持灯以恒定功率运转。

a) 氙气灯实物　　　　　　b) 氙气灯的组成

图2-1-3　氙气灯

氙气灯的性能优点：节电性强，35W氙气灯发出的是55W卤钨灯的3.5倍以上的光，电力损耗节省40%；寿命长，约为3000h；超亮度，色温高达4200K或更高，与太阳光相似，照得更高、更广、更远；不产生多余眩光，不会对迎面来车的驾驶人造成干扰；安全可靠，当汽车供电系统出现故障时，镇流器自动关闭停止工作，并且氙气灯不是突然不亮，而是逐渐变暗，给驾驶人时间改变车辆行驶状态；安装方便，只需把氙气灯头插入原有灯孔，固定高压包，接上电源即可。

(2) 反射镜。

反射镜用于将灯泡发出的光线聚合成强束，并导向前方以达到照射距离远且明亮作用。

反射镜实际上就是一个凹面镜,一般用0.6~0.8mm的薄钢板冲压而成(图2-1-4),近年来已有用热固性塑料制成的反射镜。其内表面一般镀银、铬或铝,以增强反射光的强度。

图2-1-4 汽车灯反射镜

位于焦点上的灯丝发出的绝大部分光线,经反射镜反射后变成平行光束射向远方,使光度增强几百倍,甚至上千倍,从而使车前150m,甚至400m内的路面都照得足够清楚。

(3)配光镜。

为弥补具有反射镜的前照灯因为光束太窄、照明范围不大的缺点,采用了配光镜。配光镜又称散光玻璃,这是用透光玻璃压制而成,是很多特殊棱镜和透镜的组合。其几何形状比较复杂,外形一般为圆形和矩形。其作用是将反射镜反射出的平行光束进行折射,如图2-1-5所示,水平方向散射和铅直方向下折射,使车前路面和路线都良好而均匀的照明。

3)前照灯的分类

(1)按光学组件结构不同分为:

①全封闭式,又称真空灯。它的反射镜、配光镜用玻璃制成一体,形成灯泡,里面充以惰性气体。灯丝焊接在反射镜底座上,反射镜的反射面经真空镀铝,如图2-1-6所示。此种完全避免了反射镜被污染以及受大气的影响,照明效果好,使用寿命长,得到很快普及。但是,当灯丝烧断后,需要更换整个总成,成本高,限制了它的使用范围。

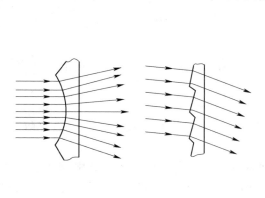

图2-1-5 配光镜作用

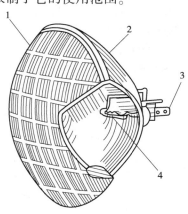

图2-1-6 封闭式前照灯
1-配光镜;2-反射镜;3-插头;4-灯丝

②可拆式。它是反射镜和配光镜分别安装而构成的组件,气密性差,反射镜易受湿气和尘埃污染而降低反射能力,严重降低照明效果,目前已很少采用。

③半封闭式。其配光镜靠卷曲反射镜边缘上的牙齿固定在反射镜上,二者之间垫有橡胶密封圈,灯泡只能从反射镜后端装入。当需要更换损坏的配光镜时,应撬开反射镜外缘的牙齿,安上新的配光镜后,再将牙齿复原。这种灯具减少了对光学组件的影响因素,维修方便,应用较广。

④投射式。投射式前照灯的反射镜近似于椭圆形状,如图 2-1-7 所示,它具有两个焦点。第一焦点处放置灯泡,第二焦点是由光线形成的,凸形配光镜聚成第二焦点,再通过配光镜将聚集的光投射到前方。第二焦点附近设有折光板,可遮挡上半部分光,形成明暗分明的配光。由于它的这种配光特性,因此也可用于雾灯。

投射式前照灯所采用的灯泡为卤钨灯泡,不过近年来高档车中的双氙气灯、LED 灯为光源的前照灯纷纷设计成投射式。

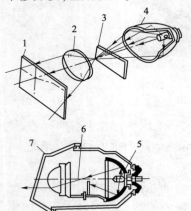

图 2-1-7 投射式前照灯
1-屏幕;2-凸形散光镜;3-遮光镜;4-椭圆反射镜;5-第一焦点;6-第二焦点;7-总成

(2)按安装数量不同可分为:两灯制和四灯制。前者每只灯具有远、近光双光束;后者外侧一对灯为远近光束,内侧一对灯为远光单光束。

(3)按照安装方式的不同分为:外装式和内装式。前者整个灯具在汽车上外露安装;后者灯壳嵌装于汽车车身内,装饰圈、配光镜裸露在外。

(4)按前照灯的配光镜形状不同可分为:圆形、矩形和异形三类。所谓异形前照灯是根据汽车造型的美学观点,将前照灯的外形设计成与汽车整体造型相协调,并使汽车的风阻系数很小。还有运动型跑车为了更进一步减小前照灯部分的风阻系数,增强其照明效果,把前照灯设计成内隐式,白天行驶时看上去似乎没有前照灯,但在夜间行驶时能自动将前照灯打开同时点亮前照灯。

(5)按光源分为:普通前照灯、氙气前照灯、LED 前照灯。

4)前照灯的防眩目措施

为保障夜间会车安全,汽车前照灯必须具有良好的防眩目措施。目前国产汽车防眩目措施主要有以下三项。

(1)采用远、近光束变换。

交通法规定,夜间会车,须在距离对面来车 150m 外关闭远光灯,改用近光灯,不准使用雾灯。

一般前照灯灯泡中装有远光与近光两根灯丝,由变光开关控制其电路。夜间公路行车且对面无来车时使用远光灯,以增大照明距离,保证行车安全。夜间公路行车会车、夜间市区行车有路灯或尾随其他汽车行驶时使用近光灯。远光灯丝装于呈旋转抛物面的反射镜的焦点处(图 2-1-8),远光灯丝的光线经反射镜聚光、反射后,沿光学轴线以平行光束射向远方.照亮车前方 150m 以上的路面。又由于配光镜的合理配光,使远光既能保证足够的照射距离,又有一定的光线覆盖面。近光灯丝装于反射镜焦点的上方或前上方,近光灯丝产生的光线经反射镜反射后,光束的大部分将倾斜向下射向车前的路面,所以可减轻对方驾驶人眩目。

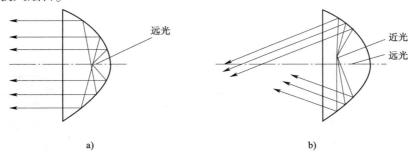

图 2-1-8　前照灯远、近光束

(2)近光灯丝加装遮光罩。

上述防眩目措施只能减轻眩目,还不能彻底避免眩目。因为近光灯丝射向反射镜下部的光线经反射后,将倾斜向上照射,仍会使对面交会汽车的驾驶人眩目。为此,现代汽车前照灯的近光灯丝下方均装设遮光罩(又称护罩或光束偏转器),它能将近光的上部分光线经反射后照亮车前 30m 的路段,而下部分光线被完全遮住,提高防眩目效果。有些进口汽车的前照灯,还在近光灯丝的前方装设一个遮光罩,遮挡近光灯丝的直射光线,防止眩目。

(3)采用不对称光形。

上述两项防眩目措施起到了防眩目作用,但会车使用近光灯时,近光灯能照亮车前方 30m 以内的路面,因而车速受到限制。为了达到既能防止眩目,又能以较高车速会车的目的,将配光屏安装时偏转一定角度,使其近光光形不对称。如图 2-1-9 所示,E 形非对称形,其光形有明显的明暗截止线,上方是暗区,下方及右上方 15°内是亮区,可将车前面和右方人行道照亮;Z 形非对称形更为优良,不仅可防止驾驶人眩目,还可以防止迎面而来的车辆和非机动车眩目。

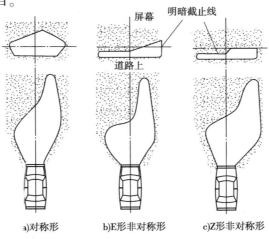

图 2-1-9　前照灯配光光形

5)前照灯的控制

如图 2-1-10 所示,熔断丝给 CBCU 供电,组合开关信号通过 CAN 仪表传递给 CBCU,CBCU 将信号传递给左右近光灯和远光灯。当远光灯开关断开时,近光灯亮。

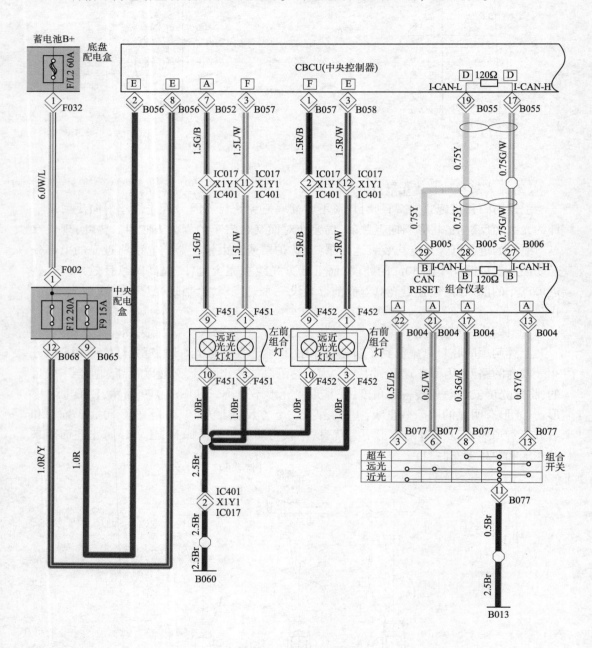

图 2-1-10 前照灯的控制

6)常见故障现象及原因

常见故障现象及原因见表 2-1-2。

学习模块2　商用车照明与信号系统的检修

常见故障现象及原因　　　　表 2-1-2

故 障 现 象	可 能 原 因
近（或远）光灯不亮	(1)熔断丝
	(2)灯泡
	(3)组合开关
	(4)线束
	(5)组合仪表
	(6)CBCU
近（或远）光灯常亮	(1)组合开光
	(2)线束
灯泡暗亮	(1)灯泡老化
	(2)线束接触不良

2．前后雾灯

雾灯的作用就是在雾天或者雨天能见度受天气影响较大的情况下让其他车辆看见本车。

前雾灯装于汽车前部比前照灯稍低位置，后雾灯装在汽车尾部。后雾灯主要用在由于大雾等恶劣天气造成的能见度差时用来提醒后车驾驶人，此时和后位置灯作用一样。

前雾灯只有在打开示廓灯后方能开启，旋动组合开关左手柄靠右端的旋钮，前雾灯开启信号经仪表报送至 CBCU，前雾灯点亮。

后雾灯只有在近光灯、远光灯或前雾灯打开时才能开启，按下控制台上的后雾灯开关，后雾灯开启信号经仪表报送至 CBCU，后雾灯点亮。

系统控制电路如图 2-1-11 所示，电源给 CBCU 供电，组合仪表 A 的 4 号针脚接到后雾灯开关信号，通过 CAN 网络传输给 CBCU，CBCU 控制针脚输出。

CBCU 接插件 E 的 9 号针脚输出 24V 高电位，前雾灯点亮。

组合仪表 A 的 3 号针脚接到前雾灯开关信号，通过 CAN 网络传输给 CBCU，CBCU 控制针脚输出。

CBCU 接插件 A 的 1 号针脚输出 24V 高电位，后雾灯点亮。

常见故障现象及原因见表 2-1-3。

常见故障现象及原因　　　　表 2-1-3

故 障 现 象	可 能 原 因
雾灯不亮	(1)灯泡(损坏)
	(2)熔断丝(损坏)
	(3)组合开光(损坏)
	(4)线束(断路或短路)
	(5)CBCU(中央控制器)
一侧雾灯不亮	(1)灯泡(损坏)
	(2)线束(断路或短路)

续上表

故障现象	可能原因
雾灯常亮	(1)前、后雾灯开关(损坏) (2)CBCU(中央控制器) (3)线束(对电源短路)
灯泡暗亮	(1)灯泡老化 (2)线束接触不良

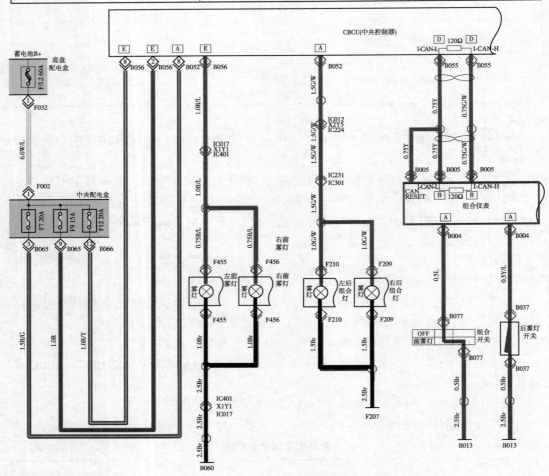

图 2-1-11　雾灯控制电路

3. 牌照灯、示廓灯

汽车牌照灯是夜间或者天色比较暗的时候和行车位置等示廓灯一起打开的用以照亮牌照的灯,一般用于配合警方在夜间跟踪和监视工作。

示廓灯是一种警示标志的车灯,用来提醒其他车辆注意的示意灯。安装在车辆顶部的边缘处,这既能表示汽车高度又能表示宽度。

示廓灯控制电路如图 2-1-12 所示,熔断丝输出 24V 高电位。组合仪表接收示廓灯开关信号,并通过 CAN 总线传输给 CBCU。CBCU 控制小灯继电器线圈得电,从而点亮标志灯、示廓灯及各背景灯。

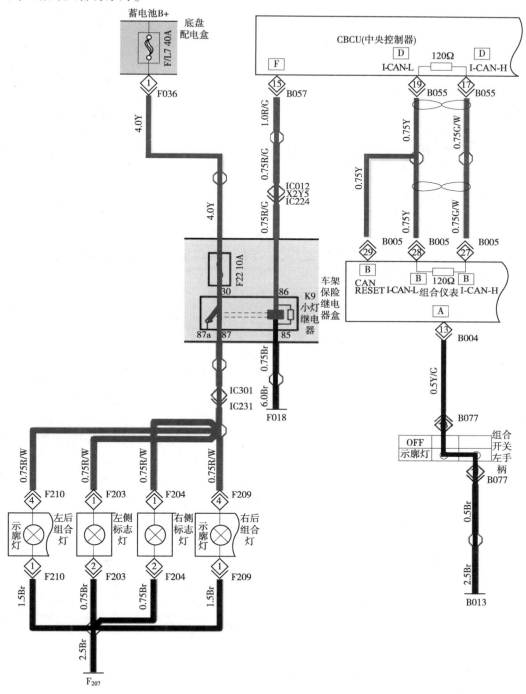

图 2-1-12 示廓灯控制电路

常见故障现象及原因见表 2-1-4。

常见故障现象及原因　　　　　　　　　表2-1-4

前标志灯、后示廓灯、挂车示廓灯不亮	灯泡(损坏)	更换灯泡
	继电器(损坏)	更换继电器
	熔断丝(损坏)	更换
	线束(损坏)	维修或更换线束
	组合开关(损坏)	更换组合开关

知识拓展

1. 前组合灯的调整

1)将汽车调整到以下条件

(1)前组合灯周围不能变形。

(2)汽车停在平整的地面上,轮胎气压要处于标准值。

(3)驾驶人坐在车内,并且汽车要处于一个随时可以出发的状态(满油箱)。

2)检查前照灯的照射范围

(1)准备一张厚的白纸。

(2)将纸张以垂直于地面的方向放在离前组合灯3m远的位置。

(3)确保汽车的中心线于纸张呈90°角。

(4)在纸上画一条水平线,指出前照灯应照射的位置。

(5)在纸上画一条垂直线,指出汽车的中心线所处的位置。

(6)画2条垂直线,指出两个前照灯应该照射到的位置(右前照灯垂直线和左前照灯垂直线)。

(7)画一条水平线(连接两个近光灯中心的标记)指出前照灯应该照射的位置(右前组合灯水平线和左前组合灯水平线)。

注意采用合适的测量方式,以避免对其他灯产生影响。

(8)将前照灯水平位置调到"0"位,然后调整前组合灯轴的角度。

提示:右前照灯水平线和左前照灯水平线应该比水平线低0.4°。

(9)起动发动机。

(10)打开前组合灯。

(11)检查前照灯的照射范围是否符合,若不符合,沿前照灯的垂直方向进行调整。拧调整螺栓,将前照灯照射范围调整到标准范围内。

提示:顺时针转动螺丝刀,照射范围会向上移动。逆时针转动螺丝刀,照射范围会向下移动。

2. 前雾灯照射范围调整

雾灯的照射范围能够通过转动调节螺栓在垂直方向上调整。

提示:顺时针转动螺丝刀,照射范围会向上移动。逆时针转动螺丝刀,照射范围会向下移动。

近光灯泡更换

(1)翻起驾驶室。
(2)拆卸左前近光灯灯泡。
①拆卸封盖,断开插接件,如图2-1-13所示。
②松开固定钢丝卡扣,取下近光灯泡,如图2-1-14所示。
③检查近光灯泡已损坏,更换。

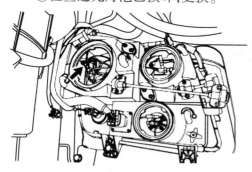

图2-1-13　拆卸封盖　　　　　　　　　图2-1-14　取下近光灯泡

(3)安装近光灯泡,扣紧固定钢丝卡扣。
(4)连接插接件,安装封盖。
(5)翻转驾驶室,锁止正常,检查前照灯照射范围,不合格,按照【知识拓展】要求调整。

汽车照明系统检测与维修评价见表2-1-5。

汽车照明系统检测与维修评价表　　　　　　　表2-1-5

序号	内容及要求	评分	评分标准	自评	组评	师评	得分
1	准备	10	(1)汽车进入工位前,准备好相关的器材(4分) (2)拉紧驻车制动器操纵杆,把变速杆置于空挡或P挡位置(3分); (3)套上三件套(3分)				
2	清洁	10	按要求清理工位				
3	前照灯灯泡的更换	20	调整方法正确				
4	前照灯线路的连接	10	连接方法正确				
5	前照灯线路分析	20	能正确分析前照灯电路				
6	前照灯照射范围的调整	20	检测方法正确,检测结果准确				

续上表

序号	内容及要求	评分	评 分 标 准	自评	组评	师评	得分
7	安全文明生产	10	(1)结束后清洁(5分); (2)工量具归位(5分)				
指导教师总体评价:							

指导教师_____
____年___月___日

练 一 练

一、单项选择题

1. 前照灯又称大灯,其功率一般为(　　　)。
   A. 20～30W　　　　B. 40～60W　　　　C. 80～100W　　　　D. 100～120W

2. 随着汽车行驶速度的提高,前照灯应保证驾驶人能看清车前(　　　)的障碍物。
   A. 20～25m　　　　B. 40～50m　　　　C. 100～150m　　　　D. 200～250m

3. 交通法规定,夜间会车,须在距离对面来车(　　　)外关闭远光灯,改用近光灯,不准使用雾灯。
   A. 300m　　　　B. 250m　　　　C. 200m　　　　D. 150m

4. 汽车灯光中不属于照明系统灯光的是(　　　)设备。
   A. 前照灯　　　　B. 踏板灯　　　　C. 尾灯　　　　D. 转向灯

5. 反射镜实际上就是一个(　　　),一般用0.6～0.8mm的薄钢板冲压而成。
   A. 凹面镜　　　　B. 凸面镜　　　　C. 平面镜　　　　D. 曲面镜

二、多项选择题

1. 汽车照明系统包括(　　　)、阅读灯、门灯、踏步灯、行李舱灯等。
   A. 前照灯　　　　B. 后照灯　　　　C. 防雾灯　　　　D. 倒车灯

2. 汽车前照灯一般由(　　　)部分组成。
   A. 光源(灯泡)　　　B. 反射镜　　　　C. 配光镜(散光镜)　　D. 玻璃

3. 汽车前照灯灯泡一般有(　　　)种形式。
   A. 普通白炽灯泡　　B. 卤钨灯泡　　　C. 氙气灯　　　　D. LED灯

4. 前照灯按光学组件结构不同分为(　　　)种形式。
   A. 全封闭式　　　　B. 可拆式　　　　C. 半封闭式　　　　D. 投射式

5. 近(或远)光灯不亮的故障原因有(　　　)、组合仪表、CBCU等。
   A. 熔断丝　　　　B. 灯泡　　　　C. 组合开关　　　　D. 线束

三、判断题

1. 前雾灯只有在打开小灯后方能开启,旋动组合开关左手柄靠右端的旋钮,前雾灯开启信号经仪表报送至CBCU,前雾灯点亮。　　　　　　　　　　　　　　　　(　　　)

2. 打开后雾灯开关,后雾灯点亮。   (   )
3. 前雾灯的照射范围能够通过转动调节螺栓在垂直方向上调整。   (   )
4. 一般前照灯泡中装有远光与近光两根灯丝,由变光开关控制其电路。 (   )
5. 汽车远近光变换具有防炫目作用。   (   )

四、分析题

结合实验车或示教板,分析:
1. 前照灯不亮的原因。
2. 牌照灯、小灯不亮的原因。
3. 前雾灯不亮的原因。

学习任务2.2　商用车信号系统的检修

1. 能够掌握汽车信号灯、喇叭等零部件结构、原理及特点。
2. 学会连接汽车信号系统电路。
3. 能够检测与维修汽车信号系统典型故障。

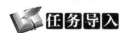

张先生驾驶的福田欧曼车,发现左侧制动灯不亮,需要对电路系统进行检查,排除故障。

任务准备

汽车上除了照明外,还需有一些信号装置,用以在汽车使用过程中指示其他车辆或行人,以引起其他车辆和行人的注意,提高车辆的安全性。

信号系统主要包括外部信号灯、内部信号灯、警告装置等,见表2-2-1。

信号系统的组成及作用　　　　　　　　　　　　　　　表2-2-1

位置	名　称	作　用
外部信号灯	转向信号灯及危险报警灯	功率约20W。光色为黄色,要求前后白天100m可见,侧面30m可见。俗称转向灯,当汽车转向时,通过闪光器使左边或右边的前、后转向信号灯闪烁发光,提醒前后车辆、行人自己行驶的方向,在紧急遇险状态需其他车辆注意避让时,全部转向灯通过危险报警灯开关接通同时闪烁
	昼行灯	使车辆在白天行驶时更容易被识别的灯具,装在车身前部的两侧
	制动灯	功率为20～40W。用于汽车制动停车后减速行驶时,向车后发出灯光信号,警告尾随车辆或行人。制动灯又称制动信号灯,安装在汽车后面,多采用组合式灯具。制动灯法定为红色,制动开关与制动踏板相连,受制动开关的控制,只要制动,灯就会亮。高位制动灯在轿车后窗内,是为避免尾随大型车对轿车碰撞的危险

续上表

位置	名称	作用
外部信号灯	倒车灯	功率约20W。汽车倒车时,为了警告车后的行人和车辆驾驶人,在汽车的后部常装有倒车灯。当变速器挂倒挡时,自动亮,光色为白色
内部信号灯	转向指示灯	安装在仪表板上,它与转向信号灯并联并一同工作,标识汽车转向并指示转向灯工作情况的灯具,当转向灯系统有故障时,左右转向指示灯会快速闪烁,提醒驾驶人注意
	报警灯和其他指示灯	一般都安装在仪表台上,如发动机故障灯、机油报警灯、冷却液温度报警灯;远近光指示灯、雾灯指示灯、停车指示灯、空调工作指示灯等
警告装置	喇叭	作用是警告行人和其他车辆,音量不超过105dB
	倒车警告装置	倒车时发出灯光和音响信号,警告路人和车辆。有些汽车在其后部还同时装有倒车蜂鸣器,均由倒车灯开关控制

1. 转向灯、危险报警灯

转向灯是在机动车辆转向时开启以提示前后左右车辆及行人注意的重要指示。转向灯灯管采用氙气灯管,单片机控制电路,左右轮换频闪不间断工作。转向灯采用闪光器,实现灯管闪烁。

危险报警灯,通常称为"双蹦"(红三角里有个"!"的标志按钮开关,俗称双闪灯或双跳灯),是一种提醒其他车辆与行人注意本车发生了特殊情况的信号灯,如图2-2-1所示。

图2-2-1 转向灯、危险报警灯

转向灯、危险报警灯控制电路如图2-2-2所示,熔断丝给CBCU供电,组合开关信号通过CAN仪表传递给CBCU,CBCU将信号传递给左右转向灯/危险报警灯。

常见故障现象及原因见表2-2-2。

常见故障现象及原因　　　　表2-2-2

故障现象	可能原因
转向灯/危险报警灯不亮	(1)熔断丝
	(2)灯泡
	(3)组合开关
	(4)线束
	(5)组合仪表
	(6)CBCU
转向灯/危险报警灯常亮	(1)组合开关
	(2)线束
灯泡暗亮	(1)灯泡老化
	(2)线束接触不良

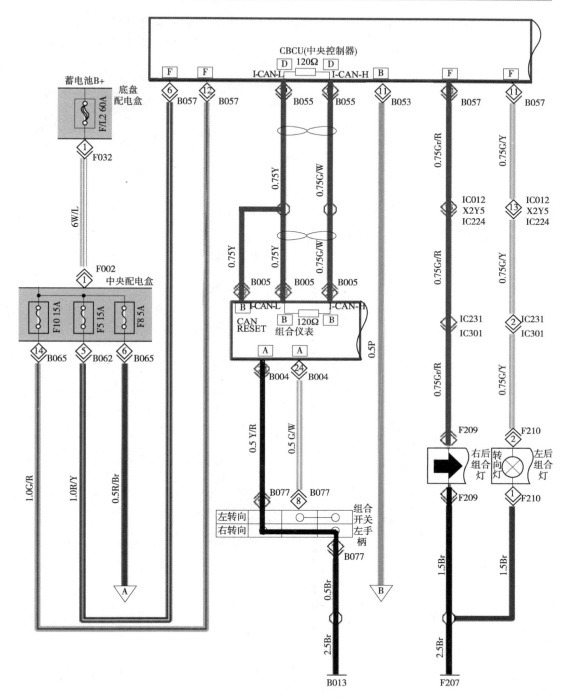

图 2-2-2 转向灯、危险报警灯控制电路

2. 昼行灯

昼行灯是指使车辆在白天行驶时更容易被识别的灯具,装在车身前部的两侧。

昼行灯的最大功效在于提供车辆的被辨识性。

昼行灯的控制电路如图2-2-3所示,发动机着车之后,ECU接到转速信号后通过CAN网络传输给CBCU,熔断丝向CBCU输出24V高电位,点亮昼行灯。组合仪表接收到低电位信号后,昼行灯熄灭。

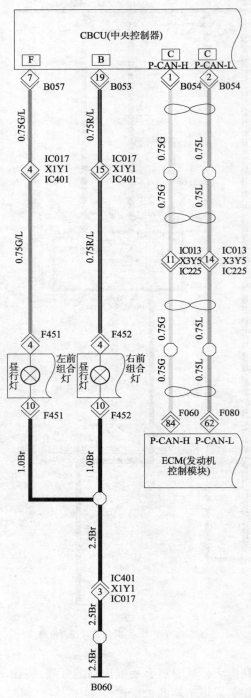

图 2-2-3　昼行灯的控制电路

常见故障现象及原因见表2-2-3,序号表示故障起因可能性排序。

常见故障现象及原因　　　　　表2-2-3

故障现象	可能原因
昼行灯不亮	(1)灯泡
	(2)熔断丝
	(3)ECM
	(4)线束
	(5)CBCU
昼行灯常亮	(1)CBCU
	(2)线束
灯泡暗亮	(1)灯泡老化
	(2)线束接触不良

3. 倒车灯

汽车倒车灯,安装在汽车的尾部,用于在倒车时照亮车后的路面,并起到警示车后的车辆和行人的作用。

1)倒车开关

倒车信号开关安装在变速器壳体上,其结构如图2-2-4所示。

平时钢球被顶起,当变速器挂入倒挡时,倒挡轴叉上的凹槽恰好对准钢球,钢球在弹簧的作用下带动膜片和接触盘下移,触点5闭合,接通倒车信号电路。

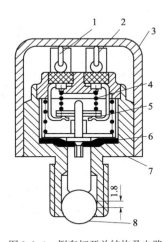

图2-2-4　倒车灯开关结构及电路

1、2-接线柱;3-保护罩;4-弹簧;5-触点;6-膜片;7-壳体;8-钢球

2)倒车灯的控制电路

如图2-2-5所示,熔断丝输出24V高电位。CBCU接收倒车信号,并控制倒车灯继电器。倒车灯继电器输出24V高电位,左右倒车灯点亮,同时倒车蜂鸣器响。

3)常见故障现象及原因

(1)主车倒车灯常见故障现象及原因见表2-2-4,序号表示故障起因可能性排序。

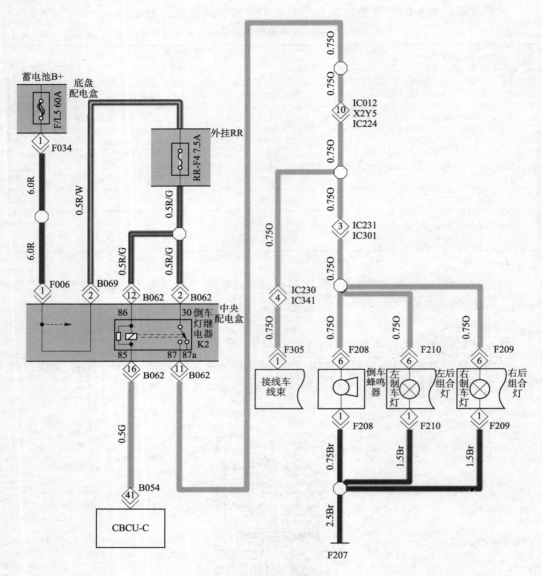

图 2-2-5 倒车灯的控制电路

主车倒车灯常见故障现象及原因 表 2-2-4

故障现象	可能原因
倒车灯不亮	(1) 灯泡
	(2) 熔断丝
	(3) 线束(断路或短路)
	(4) CBCU
一侧倒车灯不亮	(1) 灯泡
	(2) 线束(断路或短路)

续上表

故障现象	可能原因
倒车灯常亮	(1)倒挡开关 (2)倒车灯继电器(损坏) (3)中央控制器(CBCU) (4)线束(对电源短路)
灯泡暗亮	(1)灯泡老化 (2)线束接触不良

（2）挂车倒车灯常见故障现象及原因见表2-2-5。

挂车倒车灯常见故障现象及原因　　　　　　表2-2-5

故障现象	可能原因
挂车倒车灯不亮	(1)灯泡 (2)熔断丝 (3)线束(断路或短路) (4)中央控制器(CBCU)
挂车倒车灯常亮	(1)挂车功能开关(损坏) (2)倒车灯继电器(损坏) (3)中央控制器(CBCU) (4)线束(对电源短路)
灯泡暗亮	(1)灯泡老化 (2)线束接触不良 (3)中央控制器(CBCU) (4)线束(对电源短路)

（3）倒车蜂鸣器常见故障现象及原因见表2-2-6。

倒车蜂鸣器常见故障现象及原因　　　　　　表2-2-6

故障现象	可能原因
倒车蜂鸣器不响	(1)蜂鸣器(损坏) (2)熔断丝(损坏) (3)线束(断路或短路) (4)中央控制器(CBCU)
倒车蜂鸣器常响	(1)倒挡开关(损坏) (2)倒车灯继电器(损坏) (3)中央控制器(CBCU) (4)线束(对电源短路)

4. 喇叭

　　喇叭是汽车的音响信号装置。在汽车的行驶过程中,驾驶人根据需要和规定发出必需的音响信号,警告行人和引起其他车辆注意,保证交通安全,同时还用于催行与传递信号。

1）汽车喇叭的分类

（1）气喇叭：利用气流使膜片振动而发出声音，多在配有气压制动的载货汽车和大客车上使用。

（2）电喇叭：利用电磁力使膜片振动而发出声音，广泛用于各类汽车上。

2）电喇叭结构

汽车电喇叭有筒形、螺旋形（图2-2-6）和盆形等不同结构形式。

3）喇叭工作原理

图2-2-7所示为电喇叭结构原理示意图。当按下电喇叭按钮时，电喇叭电路通电，电流由蓄电池正极→线圈2→触点7→喇叭按钮10→搭铁→蓄电池负极。当电流通过线圈2时，产生磁场，吸引上铁芯3，带动膜片4中心下移，同时带动衔铁6运动，压迫触点臂将触点7打开，触点7打开后，线圈2电路被切断，其磁力消失，下铁芯9、上铁芯3及膜片4又在触点臂和膜片自身弹力的作用下复位，触点闭合。

图2-2-6 螺旋形电喇叭

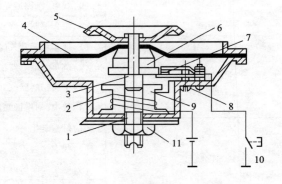

图2-2-7 电喇叭的结构原理
1-底座；2-线圈；3-上铁芯；4-膜片；5-共鸣板；6-衔铁；7-触点；8-调整螺钉；9-下铁芯；10-按钮；11-锁紧螺母

触点以一定的频率打开、闭合，膜片不断振动发出声响，通过共鸣板产生共鸣，从而产生音量适中、和谐悦耳的声音。

4）电喇叭的调整

音量调整：通过改变流过喇叭线圈的电流来改变喇叭的音量。电流越大音量也越大，反之，音量越小。

如图2-2-7所示，旋松锁紧螺母，将调整螺钉8向上或向下调整，以增大或减小触点7的接触压力，改变触点间的接触电阻的大小，从而改变通过线圈电流的大小。

音调调整：通过改变衔铁的振动频率来改变音调。减小衔铁与铁芯之间的间隙可以提高音调，反之则降低音调。

打开喇叭后盖，旋松锁紧螺母11，将下铁芯向上或者向下即可改下衔铁与铁芯间隙大小，从而改变音调。

要求：调整结束后，拧紧锁紧螺母。

盆形电喇叭调整如图 2-2-8 所示。

5）电喇叭控制电路

如图 2-2-9 所示，熔断丝输出 24V 高电位。当按下喇叭按钮时，CBCU 通过 CAN 网络获得喇叭按钮信号。CBCU 控制电喇叭继电器线圈得电，高音喇叭、低音喇叭响。

CBCU 通过 CAN 总线获得电气喇叭转换开关信号，控制气喇叭继电器得电，气喇叭响，如图 2-2-10 所示。

6）喇叭常见故障现象、原因及措施

喇叭常见故障现象、原因及措施见表 2-2-7。

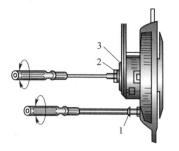

图 2-2-8　盆形电喇叭调整
1-音量调整螺钉；2-音调调整螺钉；3-锁紧螺母

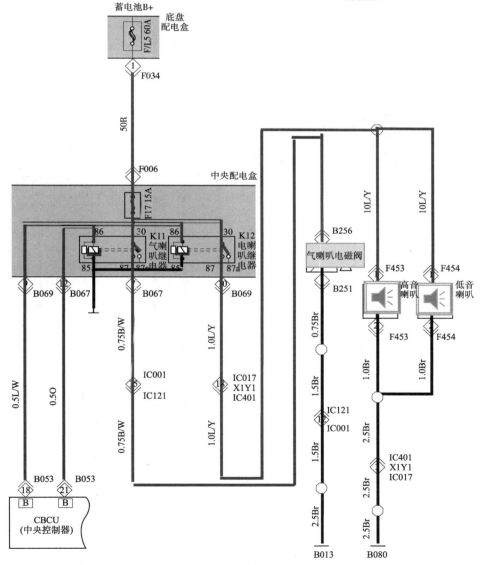

图 2-2-9　电喇叭控制电路

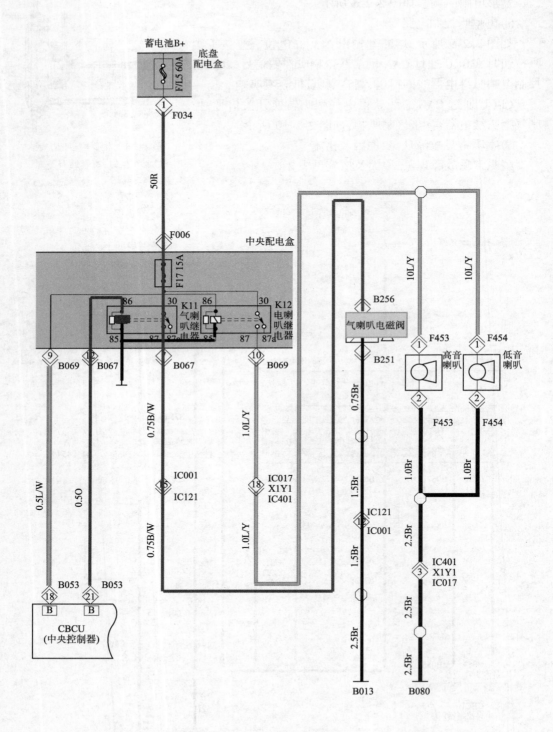

图 2-2-10　气喇叭控制电路

常见故障现象、原因及措施　　　　　表2-2-7

故障现象	可能原因	措　施
喇叭不响	喇叭(损坏)	更换喇叭
	喇叭开关(损坏)	更换
	线束(断路或短路)	维修或更换线束
	继电器	更换继电器
	熔断丝	修理或更换熔断丝
喇叭长响	喇叭开关(损坏)	更换喇叭开关
	继电器	更换继电器
	线束(与电源短路)	维修或更换线束

5. 制动灯

制动灯开关是常开式的,当制动踏板处于非受力位置时,其触点在外力的作用下断开,当踩下制动踏板时,在气压的作用下,其触点闭合,使制动灯信号接通,CBCU 输出制动灯电源至灯泡,制动灯通电点亮,如图 2-2-11 所示。

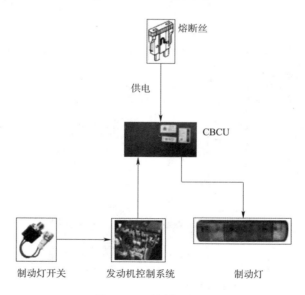

图 2-2-11　制动灯原理图

制动灯控制电路如图 2-2-12 所示,电源给 CBCU 供电,ECM(发动机控制模块)接收制动开关信号,通过 CAN 网络传输给 CBCU,CBCU 控制针脚输出。

CBCU 接插件 A 的 5 号针脚输出 24V 高电位,左右制动灯点亮。

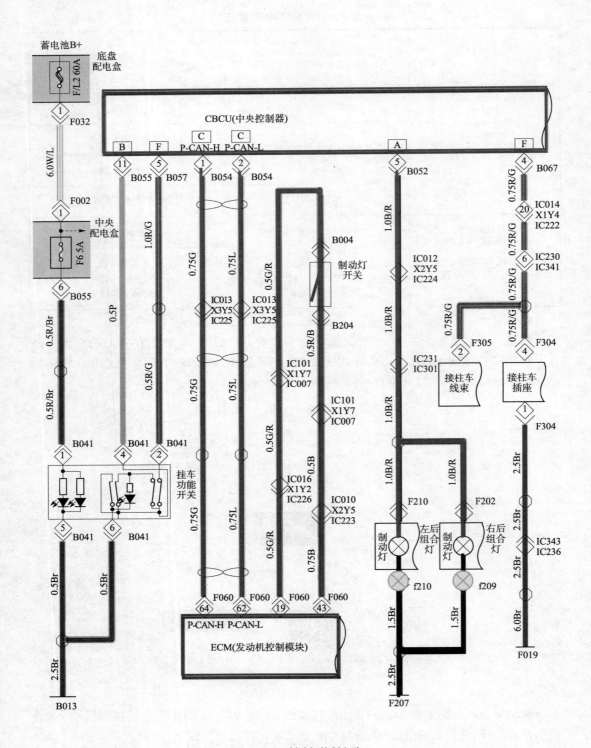

图 2-2-12 制动灯控制电路

主车制动灯故障常见故障现象及原因见表2-2-8。

主车制动灯常见故障现象及原因　　　　　　　　表2-2-8

故障现象	可能原因
制动灯不亮	(1)灯泡(损坏) (2)熔断丝(损坏) (3)ECM(发动机控制系统) (4)线束(断路或短路) (5)CBCU(中央控制器)
一侧制动灯不亮	(1)灯泡(损坏) (2)线束(断路或短路)
制动灯常亮	(1)制动灯开关(损坏) (2)CBCU(中央控制器)(损坏) (3)线束(对电源短路)
灯泡暗亮	(1)灯泡老化 (2)线束接触不良

知识拓展

倒车影像系统

倒车影像系统,经过多年的发展,从简单的倒车雷达系统到可视倒车影像系统,已经实现了从原来光听声音来辨别到视频可视化,无论从性能上、直观上,还是使用效果上,都是步入了历史性的突破,不管从结构和外观上,还是从性能价格上,如今的倒车影像系统各有特点,该系统倒车时,车后的状况更加直观可视,当挂倒车挡时,该系统会自动接通位于车尾的高清倒车摄像头,将车后状况清晰地显示于液晶显示屏上,让你准确把握后方路况,倒车也如前进般自如。显然,倒车影像监视系统比起全方位的倒车雷达更加直观和实用。倒车雷达是依靠回音探测距离并以通过不同频率的声音进行提示的,但光凭声音提示显然没有视觉来得直观,而且对声音的判断也必然会存在误差。

倒车影像系统,采用远红外线广角摄像装置安装在车后,通过车内的显示屏,清晰可见车后的障碍物。即使在晚上通过红外线也能看得一清二楚。专业车载探头防磁、防振、防水、防尘性能有进一步提升。车载显示器采用TFT真彩,经过防磁处理无信号干扰、无频闪。同时可接收两个视频,同时具有倒车可视自动水平转换、自动开关功能。仪表台、内视镜式显示器通过车后的车载摄像头可将后面的信息清晰显示。

任务实施

检查左转向灯的电路,发现无故障,怀疑左转向灯灯泡有问题,需要拆装检查。
(1)拆卸左侧转向灯总成。
①断开左侧转向灯插接件,如图2-2-13所示。
②拆卸左侧转向灯总成固定螺母,取下转向灯总成。

(2)拆卸转向灯灯泡。

①旋出转向灯灯座。

②拆卸转向灯灯泡,如图 2-2-14 所示。

(3)检查转向灯灯泡发现出现断路现象,需要更换。

(4)安装转向灯灯泡。

①安装转向灯灯泡。

②旋入转向灯灯座。

(5)拆卸左侧转向灯总成。

①安装左侧转向灯总成固定螺母。

②连接断开左侧转向灯插接件。

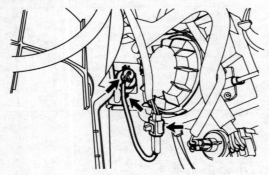

图 2-2-13 断开左侧转向灯插接件

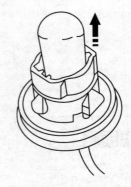

图 2-2-14 拆卸转向灯灯泡

 任务评价

汽车信号系统检测与维修评价见表 2-2-9。

汽车信号系统检测与维修评价表　　　　表 2-2-9

序号	内容及要求	评分	评分标准	自评	组评	师评	得分
1	准备	10	(1)汽车进入工位前,准备好相关的器材(5分); (2)拉紧驻车制动器操纵杆,把变速杆置于空挡或 P 挡位置(5分)				
2	清洁	10	按要求清理工位				
3	左转向灯灯泡的更换	10	操作方法正确				
4	左转向灯线路的连接	10	连接方法正确				
5	左转向灯线路的分析	10	分析方法简明,结果正确				
6	右后制动灯灯泡的更换	10	操作方法正确				
7	右后制动灯线路的连接	10	连接方法正确				
8	右后制动灯线路分析	10	分析方法简明,结果正确				

续上表

序号	内容及要求	评分	评分标准	自评	组评	师评	得分
9	电喇叭音量调整	10	操作方法正确				
	安全文明生产	10	(1)结束后清洁(5分); (2)工量具归位(5分)				

指导教师总体评价:

指导教师_____
____年___月___日

练一练

一、单项选择题

1. 制动灯灯光的颜色应为(　　)。
   A. 红色　　　　B. 黄色　　　　C. 白色　　　　D. 黑色
2. 转向灯灯光的颜色应为(　　)。
   A. 红色　　　　B. 黄色　　　　C. 白色　　　　D. 黑色
3. 倒车灯灯光的颜色应为(　　)。
   A. 红色　　　　B. 黄色　　　　C. 白色　　　　D. 黑色
4. (　　)是一种提醒其他车辆与行人注意本车发生了特殊情况的信号灯。
   A. 转向灯　　　B. 危险报警灯　　C. 倒车灯　　　D. 小灯
5. 转向灯灯泡暗亮的原因是(　　)。
   A. 灯泡老化　　B. 组合开关　　C. 熔断丝　　　D. CBCU

二、多项选择题

1. 信号系统主要包括(　　)等。
   A. 外部信号灯　B. 内部信号灯　C. 警告装置　　D. 照明系统
2. 昼行灯不亮的故障原因有(　　)、组合仪表、CBCU等。
   A. 熔断丝　　　B. 灯泡　　　　C. 组合开关　　D. 线束
3. 汽车电喇叭有(　　)等不同结构形式。
   A. 筒形　　　　B. 螺旋形　　　C. 盆形　　　　D. 密封形
4. 转向灯/危险报警灯不亮,故障原因可能是(　　)、组合仪表、CBCU等。
   A. 熔断丝　　　B. 灯泡　　　　C. 组合开关　　D. 线束
5. 倒车灯不亮的故障原因有灯泡(损坏)、(　　)、CBCU等。
   A. 熔断丝(损坏)　　　　　　　B. 组合仪表
   C. 线束(断路或短路)　　　　　D. CBCU(中央控制器)

三、判断题

1. 昼行灯是指使车辆在夜间行驶时更容易被识别的灯具,装在车身前部的两侧。
   (　　)

2. 制动灯开关是常闭式的,当制动踏板处于非受力位置时,其触点是接合的。
( )
3. 汽车倒车灯开关安装汽车后桥中。( )
4. 倒车蜂鸣器由单独开关控制。( )
5. 通过改变流过喇叭线圈的电流来改变喇叭的音调。( )

四、分析题
结合实验车或示教板,分析:
1. 转向灯/危险报警灯不亮的原因。
2. 喇叭不响的原因。
3. 制动灯不亮的原因。

模块小结

  本模块学习了商用车的照明系统(主要包括前照灯、前后雾灯、牌照灯、小灯)及信号系统(主要包括转向灯/危险报警灯、昼行灯、主挂车倒车灯、蜂鸣器、喇叭、制动灯)零件、总成的结构、原理、控制电路、常见故障现象及可能原因分析等,特别是控制电路与其他类型的车辆有很大的不同,最终达到能够进行故障诊断、分析、排除的目的。

学习模块 3 商用车空调/加热系统的检修

模块概述

汽车的空气调节系统(简称汽车空调),就是人为的对驾驶室及车厢内的空气温度、空气湿度、空气流动速度和空气洁净度等全部或部分地进行调节,将其控制在合适范围内,从而创造一个舒适的工作及乘坐环境。汽车空调系统主要是由通风系统、暖风系统、制冷系统、空气净化装置等组成。不同地区、不同气候条件下可采用单一暖风或单一制冷功能的汽车。在一般的客、货车上,通常只安装暖风系统和制冷系统。目前汽车上常用的空调分为普通手动空调和自动空调。本学习模块主要学习暖风系统和制冷系统的结构、原理及检修。

【建议学时】

16 学时。

学习任务 3.1 商用车暖风及加热系统的检修

任务目标

1. 了解汽车暖风系统的功能及分类。
2. 熟悉汽车暖风系统的组成及各部件的功用。
3. 熟练地拆装汽车暖风系统主要零部件。
4. 能够对汽车暖风系统进行维护及常见故障进行维修。

任务导入

在一个寒冷冬天,张先生早上用商用车送货,在汽车运行一段时间后,张先生打开暖风,无热风吹出。打电话给维修厂请求帮助,服务顾问通过问询,得知张先生之前汽车空调系统可以正常使用,本次是今年冬天第一次使用汽车供暖系统。该车因此到维修厂进行维修。

任务准备

1. 汽车空调系统的组成和控制方法

1) 汽车空调系统的组成

（1）供暖装置：主要用于取暖，对车内空气或由外部进入车内的新鲜空气进行加热，达到取暖、除湿的目的。

（2）制冷系统：对车内空气或由外部进入车内的新鲜空气进行冷却或除湿，使车内空气变得凉爽舒适。

（3）通风装置：将外部新鲜空气吸进车内，起通风和换气作用。同时，通风对防止风窗玻璃起雾也起着良好作用。

（4）空气净化装置：除去车内的尘埃、臭味、烟气及有毒气体，使车内变得清洁。

（5）控制系统：控制空调系统的工作。

将上述装置全部或部分组合在一起，按照一定的布置形式安装在汽车上，便组成了汽车空调系统。在一般的客、货车上，通常只安装制冷系统和暖风系统；在一些高级轿车和高级大、中型客车上，还安装加湿装置、空气净化装置以及强制通风装置。

2）汽车空调系统的控制方法

汽车空调系统的控制方法有手动控制和电控自动控制两种。

（1）手动控制。手动控制空调系统的鼓风机转速、出风温度及送风方式等功能均由驾驶人操纵和调节，车内通风温度由仪表板上的空气控制杆、温度控制杆、进气杆和风扇开关等操纵通风管道上的各种风门实现。但手动控制空调系统无法根据日光辐射强度、发动机和排气管热辐射及人体辐射等影响的变化及时对车内空气状况进行调节。随着电子技术的发展，越来越多的汽车上采用了电控自动控制空调系统。

（2）电控自动控制。电控自动控制空调系统利用传感器随时检测车内温度和车外温度的变化，并将检测到的信号送给空调 ECU。空调 ECU 按预先编制的程序对信号进行处理，并通过执行元件及时对鼓风机转速、出风温度、送风方式及压缩机工作状态等进行调节，从而使车内温度、空气湿度及流动状况始终保持在驾驶人设定的水平。

2. 汽车供暖系统的作用

汽车空调供暖系统的作用，是将新鲜空气送入热交换器，吸收汽车热源的热量，从而提高空气的温度，并将热空气送入车内的装置。

（1）加热器和蒸发器一起将冷热空气调节到人所需要的舒适温度。现代汽车空调已经发展到冷暖一体化的水平，可以全年地对车厢内的空气温度进行调节。

（2）冬季供暖。冬天由于天气寒冷，人在运动的汽车内会感到更寒冷。这时，汽车空调可以向车内提供暖气，以提高车厢内的温度，使乘员感觉到舒适。

（3）车上玻璃除霜。冬季或者春秋季，室内外温差较大，车上玻璃会结霜或起雾，影响驾驶人和乘客的视线，这样不利于行车安全，这时可以用热风除霜和除雾。

3. 汽车供暖系统的分类

（1）根据热源不同，汽车供暖装置可分为如下几种形式：

①水暖式暖风装置。利用发动机冷却液的热量，称为水暖式暖风装置，这种形式多用于轿车、大型货车及暖风要求不高的大客车上。

②独立燃烧式暖风装置。装有专门燃烧的机构，称为独立燃烧式暖风装置，这种形式多用在大客车上。

③综合预热式暖风装置。既利用发动机冷却液的热量，又装有燃烧预热器的综合加

热装置,称为综合预热式暖风装置,这种形式多用于豪华大客车。

(2)根据空气循环方式,汽车供暖系统又可分为:

①内循环式。是指利用车内空气循环,将车厢内部空气作为载热体,让其通过热交换器升温,使升温后的空气再进入车厢内取暖。这种方式消耗热源少,升温快,但从卫生标准看,是最不理想的。

②外循环式。是指利用车外空气循环,全部使用车外新鲜空气作为载热体,让其通过热交换器升温,使升温后的空气再进入车厢内取暖。从卫生标准看,外气式是最理想的,但消耗热源也最大,初始升温慢,经济性较差。

③内外混合式。是指既引进车外新鲜空气,又利用部分车内的原有余气,以新旧空气的混合体作为载热体,通过热交换器,向车厢里供暖。从卫生标准和热源消耗看,正好介于内气式和外气式之间,但此种方式控制比较复杂,多应用在高档轿车自动空调系统中。

不论利用何种热源,热量都通过热交换装置传递给空气,并通过风机把热空气送入车厢。

4. 水暖式供暖装置

水暖式供暖装置一般以水冷式发动机冷却系统中的冷却液作为热源,将冷却液引入车辆内的热交换器中,使鼓风机送来的车厢内空气(内气式)或外部空气(外气式)与热交换器中的冷却液进行热交换,鼓风机将加热后的空气送入车厢内。

(1)水暖式加热系统工作原理:水暖式加热系统工作原理如图3-1-1所示。从发动机出来的冷却液经过节温器11,在温度达到80℃时,节温器开启,让发动机冷却液流到供暖系统的加热器5,在节温器和加热器之间设置了一个热水开关8,用来控制热水的流动,冷却液的另一部分流到散热器。冷却液在加热器散热,加热周围的空气,然后再用风扇4送到车内;冷却液从加热器出来,在水泵14的泵吸下,又重新进入发动机的散热器内,冷却发动机,完成一次供暖循环。

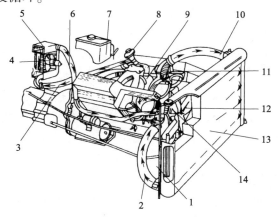

图3-1-1 水暖式加热系统工作原理

1-溢流管;2-回液管;3-加热器送水管;4-风扇;5-加热器芯;6-加热器出水管;7-溢流罐(副水箱);8-热水开关;9-发动机;10-出液管;11-节温器;12-风扇;13-散热器;14-水泵

图3-1-2所示为独立式水暖供暖装置的结构,它由暖风热交换器、风机及外壳组成一个完整的总成。壳体上有吹向脚部、前部的出风口及吹向车窗起除霜作用的出风口。此

种结构通常用于普通轿车、货车和小型客车。

暖风加热器目前结构形式主要有管片式和管带式两种。管带式的加热器散热效率高、体积小、质量轻,但其制造工艺要复杂些;现在用得最多的还是管片式加热器,可以采取减小管壁、在散热翅片上开槽等措施,以提高其传热效率。

图3-1-3所示为水暖式内外混合循环暖风装置。由外部空气吸入口7吸进新鲜空气,内部空气吸入口5吸入内部空气,它们在混合室4混合后,由风机8送入热交换器1空气侧,热交换器管内侧由发动机循环水提供热源,混合气体被加热后被送往前座脚下,通过前窗、侧窗除霜的连接管输送到前窗除霜或除雾。这种结构的暖风装置效果较好,一般用在中、高档轿车上。

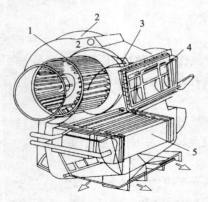

图3-1-2 独立式水暖供暖装置结构
1-风机叶轮;2-壳体;3-电动机;4-暖风加热器;5-调节风门

另一种结构形式如图3-1-4所示,它是将加热器和蒸发器组装在一个箱体内,共用一个风机和壳体,可以实现全功能空调,大多数高级豪华轿车采用这种结构形式。

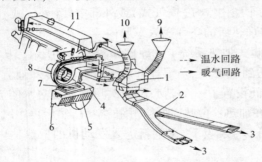

图3-1-3 水暖式内外混合循环暖风装置
1-热交换器;2-后座导管;3-管道;4-混合室;5-内部空气吸入口;6-风门操纵杆;7-外部空气吸入口;8-鼓风机;9-前窗除霜;10-侧窗除霜;11-发动机

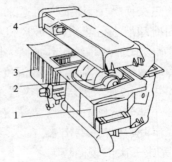

图3-1-4 整体式空调器
1-加热器芯;2-风机;3-蒸发器;4-进风口

(2)冷却液控制阀(热水开关):冷却液控制阀装在加热器和回水管之间,用来控制进入加热器的冷却液通路。冷却液控制阀为拉绳钢索式控制阀(手动空调)。

拉绳钢索式冷却液控制阀使用在手动空调中,它需依靠手工移动调节键带动开关的钢索,使热水阀关闭或打开。其结构如图3-1-5所示。

5.汽车空调的配气方式

图3-1-6所示是汽车空调配气系统的基本结构,它通常由三部分构成:第一部分为空气进口段,主要由用来控制新鲜空气和室内循环空气的风门叶片和伺服器组成;第二部分为空气混合段,主要由加热器和蒸发器组成,用来提供所需温度的空气;第三部分为空气分配段,使空气吹向面部、脚部和风窗玻璃上。它们是通过手动控制钢索(手动空调)、气动真空装置(半自动空调)或者电控气动(全自动空调)与仪表板空调控制键连接动作,执行配气工作的。

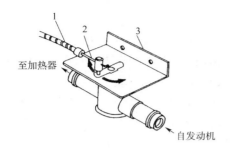
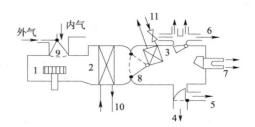

图 3-1-5　钢索控制的热水阀
1-护套；2-钢索；3-固定支架

图 3-1-6　汽车空调送风系统
1-风机；2-蒸发器；3-加热器；4-脚部吹风口；5-面部吹风口；
6-除霜风口；7-侧吹风口；8-加热器旁通风门；9-空气进口
风门叶片；10-制冷系统进液出气管；11-水阀调节进出水管

空调送风系统的工作过程如下：新鲜空气+车内循环空气→进入风机→空气进入蒸发器冷却→由风门调节进入加热器的空气→进入各吹风口。

空气进口段的风门叶片主要控制新鲜空气和室内循环空气的比例，当夏季室外空气气温较高、冬季室外温度较低的情况下，尽量开小风门叶片，以减少冷热气量的损耗。当车内空气品质下降，汽车长时间运行或者室内外温差不大时，这时应定期开大风门叶片。一般汽车空调空气进口段风门叶片的开启比例为 15%～30%。

加热器旁通风门叶片主要用于调节通过加热器的空气量。顺时针旋转风门叶片，开大旁通风门，通过加热器空气量少，由风口 4、5、7 吹出冷风；反之，逆时针旋转风门叶片，关小旁通风门，这时由风口 4、5、6、7 吹出热风供暖风和玻璃除霜用。

汽车空调配气方式多采用空气混合式配气系统。

图 3-1-7a）所示为空气混合式配气流程图。从图中可看出其工作过程为：车外空气+车内空气→进入风机 3→混合空气进入蒸发器 1 冷却→由风门调节进入加热器加热→进入各吹风口 4、5、7。进入蒸发器 1 后再进入加热器 2 的空气量可用风门进行调节。若进入加热器的风量少，也就是冷风量相对较多，这时冷风由冷气吹出口 7 吹出；反之，则吹出的热风较多，热风由除霜吹出口 5 或热风（脚部）吹出口 4 吹出。

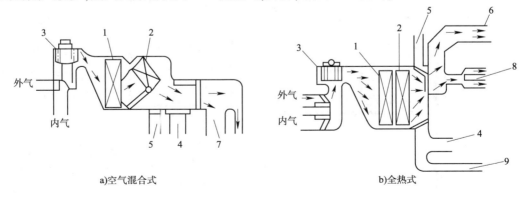

图 3-1-7　汽车空调送风流程
1-蒸发器；2-加热器；3-风机；4-热风吹出口；5-除霜吹出口；6-中心吹出口；7-冷气吹出口；8-侧吹口；9-尾部吹出口

空气混合式配气系统的优点是能节省部分冷气量，缺点是冷暖风不能均匀混合，空气处理后的参数不能完全满足要求，亦即被处理的空气参数精度较差一些。

6. 座椅加热器

为了提供车内乘员的舒适性,有些汽车座椅上安装加热器,其基本结构是:下层是一层无纺布,加热丝布置在无纺布上,用固定胶带将加热丝固定在无纺布上,针织布盖在固定胶带上,并用针织线缝制成类似座椅加热处的形状,并缝制在座椅罩内。

控制座椅加热温度应在一定的范围内,一般控制在(30±5)℃或(50±5)℃。有些车靠背也安装加热器,它是通过插接件连接到坐垫加热器电源上。

控制电路如图3-1-8所示。

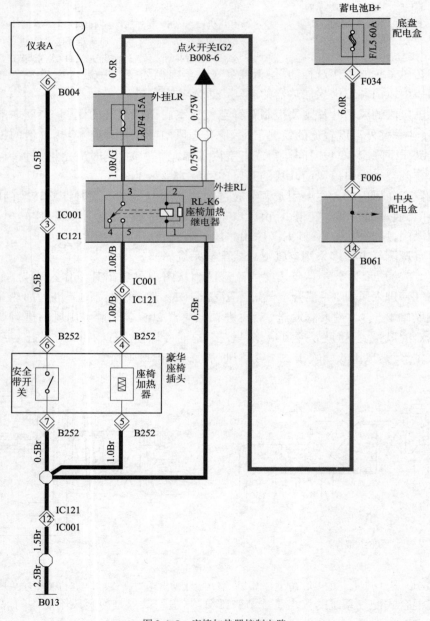

图3-1-8 座椅加热器控制电路

点火开关给座椅加热继电器供电,座椅加热继电器线圈励磁,继电器吸合,座椅加热器加热。

1. 接车检查

车辆进入维修厂,维修技师接车后问了一些基本情况,然后起动发动机。当冷却液温度升到90℃时,打开暖风开关,出风口出冷风。检查暖风加热器的进水管和出水管,发现进水管特别热,出水管与进水管温差很大,初步判断为暖风加热器故障,接下来维修技师对车辆进行进一步检测。

2. 汽车空调暖风系统故障原因分析

汽车暖风不足可以分为两方面的原因。一是暖风机构工作不良导致汽车暖风不足,二是发动机冷却系统造成汽车暖风不足。

在维修时,要先判定是哪一方面原因引起汽车暖气不足。再进行相应的维修,判别造成汽车暖风不足原因的方法很简单。先感觉较暖风系统加热装置的两个进水管温度,如果两根管都比较热,说明是风量控制机构问题;反之,如果两根水管都较凉,或一根热一根凉说明是冷却系统的问题。

1) 冷却系统故障

(1) 水泵叶轮破损或运作不良,使流经暖风系统加热装置的冷却液量不够,导致温度不高。

(2) 发动机节温器失效。发动机冷却系统没有大循环,造成暖风系统中无高温冷却液通过,从而造成无暖风故障。这种原因造成的无暖风故障,一般伴随出现冷却液温度过高现象。

(3) 热水阀或热水阀真空驱动器失效。热水阀失效会导致高温冷却液无法正常进入暖风加热器芯,进而导致汽车无暖风故障。

(4) 加热器进、出水管堵塞或加热器芯积垢堵塞,都会导致高温冷却液无法正常在系统中流动,造成无暖风故障。如果暖风系统加热装置的进水管很热,而出水管较凉,应是加热装置暖风存在堵塞,应更换。

2) 暖风机构工作不良

汽车空调暖风系统利用鼓风机把加热装置(暖风水箱)的热量吹入车厢,如果鼓风机风量不够或冷暖风分配不好,使加热装置的热量不能与车内空气进行热交换,也会造成暖风温度不高。这时应先检查空调滤清器是否存在脏污堵塞,如有,应立即进行反吹处理,必要时及时更换;再检查鼓风机的各挡位运转情况,每个挡位都要达到足够的转速。如果旋钮调整到暖风位置,风量够大,风向也正常,但吹出的是冷风,应检查暖风箱冷热风的控制翻板拉线是否脱落,鼓风机叶轮是否损坏,翻板是否脱落等。

3. 暖风系统检测

维修技师接车后先试车,发现当冷却液温度升到90℃时,打开暖风开关,出风口出冷风。

1)暖风机构检测

(1)把风速调到最大挡位,用风速仪检测正面各出风口出风量,均符合维修手册规定的值。由此判断各出风口无堵塞。

(2)把鼓风机风速依次调节到各挡位,用风速仪检测正面右侧出风口出风量,均符合维修手册规定的值,由此判断鼓风机各挡位正常。

(3)把调节暖风各个送风模式,用风速仪检测各出风口出风量,均符合维修手册规定的值。由此判断暖风控制模式开关正常。

2)发动机冷却系统检测

(1)用红外线温度检测仪检测,测量发动机散热水箱进水口温度,进水口温度为90℃,符合维修手册规定的值。由此判断发动机冷却系统大循环正常。

(2)用红外线温度检测仪测量热水阀两端进、出水管温度,进水管温度为90℃,出水管温度为90℃,由此判断热水阀正常。

(3)用红外线温度检测仪检测暖风系统加热装置的进水管、回水管温度,发现进水管温度为90℃,回水管温度为20℃,回水管与进水管温差很大,由此得出结论,暖风水箱有堵塞现象。

4. 暖风系统加热装置拆装

1)暖风系统加热装置的拆卸

(1)拆卸副驾驶人侧储物箱。

(2)拆卸仪表板。

(3)拆下左侧风道及中央风道。

(4)如图3-1-9所示,松开两处胶管喉箍(按图中箭头所示),拔下胶管。

(5)如图3-1-10所示,按图中箭头所示方向转动勾环2,并从安全气囊控制单元1上拉出线束连接插头3。

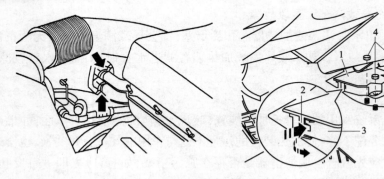

图3-1-9 加热装置进出水管拆卸   图3-1-10 安全气囊控制单元

(6)拧下固定螺母4,拆下安全气囊控制单元1。

(7)如图3-1-11所示,按图中箭头A所示方向松开固定夹扣,沿箭头B所示方向,水平地拆下暖风箱。

(8)如图3-1-12所示,按图中箭头所示方向旋出螺栓,松开冷却液管固定支架。

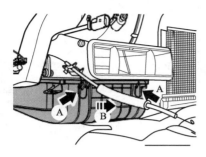
图 3-1-11　暖风箱总成

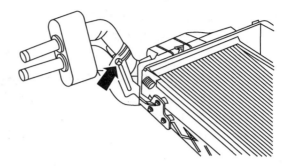
图 3-1-12　冷却液管固定支架

（9）如图 3-1-13 所示，按图中箭头所示方向小心地用螺丝刀撬开暖风箱总成罩盖，并从暖风箱中拆下热交换器。

2）暖风系统加热装置的安装

（1）把热交换器装入暖风箱总成中，装上暖风箱总成罩盖，并用力按到位。

（2）按规定力矩旋紧冷却液管固定支架螺栓，紧固好冷却液管固定支架。

（3）水平地装入暖风箱总成，并卡好暖风水箱固定夹扣。

（4）装入安全气囊控制单元，并用固定螺母按规定力矩固定牢固。

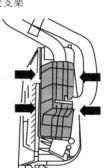
图 3-1-13　热交换器罩盖

（5）小心插上安全气囊控制单元线束连接插头，并固定好锁止。

（6）装上加热装置进出水管，并用管箍紧固。

（7）装上左侧风道及中央风道。

（8）装上仪表板。

（9）装上副驾驶人侧储物箱。

3）操作提示

（1）安装时应注意补充发动机冷却液。

（2）更换热交换器时应注意将其嵌条密封好。

5．故障排除与维修小结

（1）故障排除。经客户同意后，维修人员做出更换加热器芯决定，更换加热器芯后，起动车辆，当发动机温度正常后，打开暖风，各出风口温度正常，故障排除。

（2）维修小结。暖风水箱由多根水管组成，为增加循环，在每根小水管中都加装有一根螺旋柱体，由于螺旋柱体损坏将暖风水箱堵塞，导致无暖风。

独立热源式暖风系统

大型豪华旅游车、客车以及寒冷地区使用的汽车等，常常采用独立热源式暖风系统。

独立热源式暖风系统同样也分为独立热源气暖式暖风装置和独立热源水暖式暖风装置。它们都是在燃烧器内燃烧汽油、煤油、柴油等燃料，产生的热量加热空气或水，并将它们输送到车厢内提高其温度,燃烧后的气体在热交换后被排出车外。

1. 独立热源气暖式暖风装置

1)结构

这种暖风装置利用燃料在双层燃烧筒体内燃烧所产生的热量来加热空气。其燃料通常采用轻柴油。加热空气可采用外部空气或车内空气循环。该类暖风装置的特点是发热量大,见效迅速,单机控制而不受发动机工况影响,且易于自动控制。

独立热源气暖式暖风装置如图 3-1-14 所示。由燃烧室、热交换器、燃料供给系统、空气供应系统和控制系统几部分组成。

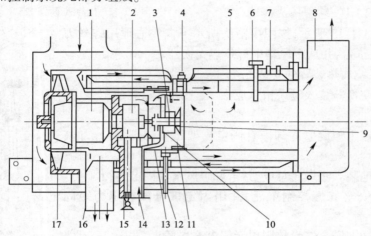

图 3-1-14 独立热源气暖式暖风装置结构

1-电动机;2-燃料泵;3-燃料分布器;4-火花塞;5-燃烧室;6-燃烧指示器;7-热熔断丝;8-暖风排出口;9-分布器帽;10-油分布器管;11-燃烧环;12-排气管;13-燃烧空气送风机;14-燃烧室空气吸入管;15-燃料吸入管;16-排气管;17-暖风送风机

燃烧室由燃料管、火花塞和环形雾化器、燃料分布器等组成,环形雾化器直接装在风扇电动机的轴上,依靠离心力和空气的切向力将油混合和雾化,在电火花塞点火引燃下,在燃烧器的上部燃烧。燃烧室温度达 800℃。热交换器紧靠在燃烧室后端,由双层腔室构成。中心是燃烧室,包围燃烧室的第一层空腔通加热的空气,再包围一层空腔通燃烧气体,然后引到排气腔,外面再包围一层空腔通加热空气。燃烧热量通过金属隔板加热空气,加热后的空气集中到暖气室,然后送到车内。

燃烧室内空气供应和燃料泵都是由风扇电动机来驱动的。燃料泵将燃油从油箱中抽取,经过滤器、吸入管到油泵,送入环形雾化器后和空气混合燃烧。空气是依靠鼓风机吹向加热器夹层的。

控制系统用来控制各种电动机、电磁阀、点火器、过热保护器、定时继电器的工作。当加热器的暖风出口温度超过设定值(180℃)时,过热保护器动作,使继电器自动切断油泵电磁阀的电源,油泵停止供油,加热器停止燃烧。由于燃烧室的温度非常高,为了不使燃烧室被烧坏,停机时应先关油泵,停止燃烧器燃烧,而通风机仍继续运转,带走燃烧室中的热量,直到其温度降至正常,才可关闭通风机。

2)工作原理

取暖时,首先打开燃油箱开关,然后将钥匙插入暖风通风装置总开关的"0"位置;按下电热塞开关,指示灯亮,此时电热塞的加热电路接通。其电路为:蓄电池正极→总开关→按钮→接线板→电阻→电热塞的电阻丝→搭铁线,完成一个闭合回路,电热塞有电流通过而逐渐变热。

按下电热塞开关约30s,再按下油泵电动机开关,再将总开关转到"Ⅰ"位置,此时鼓风电动机、油泵电动机和电磁阀的电路接通,两个指示灯同时亮。鼓风电动机的电路为:总开关中"Ⅰ"→接线板→鼓风电动机→搭铁。油泵电动机电路为:总开关中"Ⅰ"→油泵电动机开关→油泵电动机→继电器的绝缘接线柱→搭铁线。这时电磁阀打开,燃油流通,油泵电动机转动,将燃油打入燃烧室,在电热塞引燃下燃烧。鼓风电动机转动,使新鲜空气通过夹层空腔加热,送入车内取暖。

当燃油正常燃烧后,即可松开电热塞开关,并将总开关转到"Ⅱ"的位置,油泵电动机的副励磁线圈接通,其电路为:开关中"Ⅱ"→接线板→油泵电动机副励磁线圈→继电器→再搭铁。由于电流通过副励磁绕组,提高了电动机转速。与此同时,鼓风电动机的电磁开关通电、触点闭合、鼓风电动机的励磁绕组串联电阻被短路,转速下降。这样燃油供应量增大,暖风空气量减少,温度提高。

恒温器用来自动调节车厢的温度。在正常情况下,暖风门的温度为180℃。排气口温度超过180℃时,恒温器的触点闭合,油泵电磁开关有电流通过,一个触点打开,另一触点闭合,切断油泵电动机和电磁阀的电路,燃油减少,使排气温度下降。

对装用独立燃烧式空气加热器的大客车,要特别注意地板的密封。停车时尽量不使用,以免空气流通不好,使燃烧废气进入车内,且增加蓄电池的耗电量。使用时确认点火和正常燃烧程序,通过仪表和指示灯监视电流和燃烧工作情况。

2. 独立热源水暖式暖风装置

1)结构

独立热源水暖式暖风装置结构与气暖式的相近。特别是燃烧室、燃料供给系统和控制系统,如图3-1-15所示,燃烧室由喷油嘴和高压电弧点火器组成,或由多孔陶瓷蒸发器和电热塞组成;加热器的燃料供给系统由电动机、油泵、助燃风扇、水泵组成;控制系统由水温控制器(恒温器)、水温过热保护器、定时器等组成。

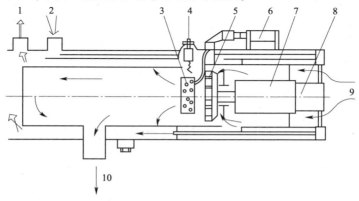

图3-1-15 独立热源水暖式暖风装置结构

1-出水口;2-进水口;3-多孔陶瓷蒸发器;4-电热塞;5-助燃风扇;6-油泵;7-电动机;8-水泵;9-助燃空气;10-废气

不同的是加热器。水暖装置的加热器是管带式或管翅式结构。管子内部流通待加热的水,而管外的翅片增加热空气的接触,增加换热能力。水暖装置的换热系数大于气暖装置。独立热源水暖式暖风装置的暖风主要采用内循环式,灰尘少,所以暖气比较柔和而不干燥。人体感觉较舒适,不像空气加热器那样高温干热。

2) 工作原理

独立热源水暖式暖风装置的工作原理与气暖式基本相同,其加热工质不是空气而是水,用水泵代替了风扇。水暖式的最大优点是不仅可作为车厢暖风用,而且可预热发动机、润滑油,以利于冬季发动机起动,待发动机起动后,再将被加热的水通向车厢内的水散热器。水散热器一般是管带式或管片式结构,管子内部流入已加热的热水,而管外则流过待加热的车厢内空气,管外的铝带或铝翅片是为了增加其散热能力。

水加热器的最大优点是不仅可作为车厢取暖之用,而且可以预热发动机,预热润滑油和蓄电池,便于冬季发动机起动和很快转入稳定状况。待发动机工况稳定后,再将被加热的水引向车厢内的加热器作取暖用。如果水加热器和发动机冷却水管相通,在发动机冷却水低于80℃时,水加热器的热水首先供应预热发动机。到水温高于80℃时,由于石蜡式恒温器的控制作用,会将发动机的冷却水引进暖气加热器;当水温在95℃时,会自动切断燃烧器的油泵的电源,停止供油,节省燃料。而加热器中的水泵继续工作,以保证水加热器零件不因过热而损坏和保持继续供应暖气。但水加热器也存在一些缺点,长期运行后,水管容易积水垢,影响热交换器的换热效率。使用中还要经常清洗水垢,清除水垢时,需将加热器中的水全部放尽,然后注入浓度为10%(质量百分数)的稀盐酸在加热器内循环,直至管内水垢全部清除为止。

为了避免寒冷冬天水加热器被冻坏和提高水的沸点,应采用冷却液,冷却液主要由乙二醇溶液、水、防锈剂、防氧化消泡剂等组成。

综上所述,暖风装置是高档客车的必备总成,成为衡量客车档次的一个指标。在这类客车上,大多采用独立燃烧式加热器,而液体加热器又比空气加热器更有发展前途。使用中要加强车身密封和保温,改善车内通风条件,使其指标符合有关要求,从而提高暖风装置的可靠性、操纵方便性和安全性。

任务评价

汽车暖风系统检测与维修评价见表3-1-1。

汽车暖风系统检测与维修评价表　　　表3-1-1

序号	内容及要求	评分	评分标准	自评	组评	师评	得分
1	准备	10	(1)汽车进入工位前,准备好相关的器材(5分); (2)拉紧驻车制动器操纵杆,把变速杆置于空挡或P挡位置(5分)				
2	清洁	10	按要求清理工位				
3	专用设备与工具准备	10	风速仪,红外线温度仪等				

续上表

序号	内容及要求	评分	评 分 标 准	自评	组评	师评	得分
4	暖风机构检测	25	检测位置正确,工具操作规范,检测流程规范				
5	冷却系统检测	25	检测位置正确,工具操作规范,检测流程规范				
6	结论	10	检测结果正确,能够说明原因				
7	安全文明生产	10	(1)结束后清洁(5分); (2)工量具归位(5分)				

指导教师总体评价：

指导教师_____
_____年___月___日

练 一 练

一、单项选择题

1. 把风速调到最大挡位,用(　　)检测正面各出风口出风量,可以判断各出风口有无堵塞。
   A. 风速仪　　　　B. 温度仪　　　　C. 湿度仪　　　　D. 空调诊断仪

2. 用红外线温度检测仪检测,测量发动机散热水箱(　　)温度,可以判断动机冷却系统大循环是否正常。
   A. 出水口　　　　B. 进水口　　　　C. 箱体　　　　　D. 以上都可以

3. 把鼓风机风速依次调节到(　　),用风速仪检测正面右侧出风口出风量,可以判断鼓风机是否正常。
   A. 最大挡位　　　B. 最小挡位　　　C. 所有挡位　　　D. 以上答案都对

4. 水暖式加热系统主要用于(　　)车型。
   A. 小货车　　　　B. 小型客车　　　C. 中、高档轿车　　D. 高级豪华轿车

5. 独立式水暖暖风装置主要用于(　　)车型。
   A. 小货车　　　　B. 小型客车　　　C. 中、高档轿车　　D. 高级豪华轿车

6. 水暖式内外混合循环暖风装置主要用于(　　)车型。
   A. 小货车　　　　B. 小型客车　　　C. 中、高档轿车　　D. 高级豪华轿车

7. 将加热器和蒸发器组装在一个箱体内,共用一个风机和壳体,可以实现全功能空调,主要用于(　　)车型。
   A. 小货车　　　　B. 小型客车　　　C. 中、高档轿车　　D. 高级豪华轿车

8. 座椅加热器控制座椅加热温度应在一定的范围内,一般控制在(　　)。
   A. (20±5)℃或(40±5)℃　　　　　　B. (30±5)℃或(50±5)℃

C. (40±5)℃或(60±5)℃　　　　　D. (50±5)℃或(70±5)℃

二、多项选择题

1. 汽车空调系统由(　　)等组成。
   A. 制冷系统　　　B. 暖风装置　　　C. 通风装置　　　D. 空气净化装置
2. 汽车空调系统的控制方法有(　　)形式。
   A. 手动控制　　　B. 电控自动控制　　C. 手自一体式　　D. 其他控制
3. 供暖系统的主要作用是(　　)。
   A. 全年地对车厢内的空气温度进行调节　　B. 冬季供暖
   C. 车上玻璃除霜　　　　　　　　　　　　D. 车上玻璃除雾
4. 根据热源不同,汽车暖风装置可分为(　　)形式。
   A. 水暖式暖风装置　　　　　　　B. 独立燃烧式暖风装置
   C. 综合预热式暖风装置　　　　　D. 电加热装置
5. 根据空气循环方式,汽车供暖系统又可分为(　　)形式。
   A. 内循环式　　　B. 外循环式　　　C. 内外混合式　　D. 综合式

三、判断题

1. 汽车空调系统的控制方法有手动控制和电控自动控制两种。(　　)
2. 汽车空调供暖系统的作用,是将新鲜空气送入热交换器,吸收汽车热源的热量,从而提高空气的温度,并将热空气送入车内的装置。(　　)
3. 利用发动机排气系统的热量,称为水暖式暖风装置。(　　)
4. 调节暖风各送风模式,用风速仪检测各出风口出风量,判断鼓风机是否正常。(　　)
5. 冷却液主要由乙二醇溶液、水、防锈剂、防氧化消泡剂等组成。(　　)

四、分析题

1. 简述汽车空调暖风系统的类型和基本原理。
2. 简述如何对暖风机构进行检测。
3. 如何正确拆装和检测与维修暖风系统加热器总成?

学习任务3.2　商用车空调制冷系统的检修

任务目标

1. 了解汽车空调制冷系统的功能及分类。
2. 熟悉汽车空调制冷系统的组成及各部件的功用。
3. 熟练地拆装汽车制冷系统主要零部件。
4. 能够对汽车制冷系统进行维护及常见故障进行维修。

任务导入

一辆福田戴姆勒H5商用车,夏天使用空调发现空调系统能够正常工作,制冷效果差,查看观察孔有气泡,怀疑漏气,造成制冷剂减少,需要检漏和维修。

任务准备

1.汽车空调制冷系统的基本组成

汽车空调制冷系统主要由压缩机、冷凝器、蒸发器、储液干燥器、孔管或膨胀阀、高低压管路、鼓风机和控制电路等组成。

图3-2-1所示是装有膨胀阀的汽车空调制冷系统。压缩机是制冷系统的心脏,连接蒸发器和冷凝器;膨胀阀总是装在液体管路上的蒸发器进口处,而使用储液干燥器的系统必须把储液干燥器放在冷凝器和膨胀阀之间。由下列3种管路连成制冷系统:

(1)高压软管,用于连接压缩机和冷凝器。

(2)液体管路,用于连接冷凝器和蒸发器。

(3)回气管路,用于连接蒸发器和压缩机。

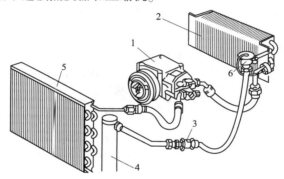

图3-2-1 汽车空调制冷系统
1-压缩机;2-蒸发器;3-观察窗;4-储液干燥器;5-冷凝器;6-膨胀阀

2.汽车空调制冷系统的分类

汽车空调制冷系统分为两类:一类是循环离合器系统,有使用膨胀阀和孔管两种形式;另一类是蒸发器压力控制系统,有使用先导阀操纵的绝对压力阀和阀罐两种形式。目前汽车上多使用的是蒸发器压力控制空调制冷系统。

3.汽车空调制冷系统的基本工作原理

汽车空调制冷系统工作时,制冷剂以不同的状态在密闭系统内循环流动,每一循环包括4个基本过程。

(1)压缩过程。当发动机带动压缩机运转时,压缩机吸入蒸发器出口处低温(0℃)低压(0.147MPa)的制冷剂气体,将其压缩成高温(70~80℃)高压(1.470MPa)的气体排出压缩机。

(2)冷凝放热过程。高温高压的过热制冷剂气体进入冷凝器,压力和温度降低。当气体的温度降至40~50℃时,制冷剂气体变为液体,同时放出大量的热量。

(3)节流膨胀过程。液态制冷剂流到储液干燥器后,在储液干燥器中除去水分和杂质,由管道流入膨胀阀。温度和压力较高的制冷剂液体通过膨胀阀装置后体积变大,压力和温度急剧下降,以雾状(细小液滴)排出膨胀装置。

(4)蒸发吸热过程。低温低压的雾状制冷剂进入蒸发器后,通过蒸发器的壁面吸收蒸发器表面周围空气的热量而沸腾汽化,从而可降低车内空气温度。在鼓风机的作用下,车内的冷、热空气加速对流,提高了空调制冷效果。在蒸发器内吸热汽化后的制冷剂蒸气再次被压缩机吸入,然后重复上述过程。由此可知,汽车空调制冷系统实际上是一个传热系统,通过制冷剂把车内的热量传送到车外,使车内温度降低。

4. 汽车空调制冷系统主要组成部件的结构

1)压缩机

压缩机吸入蒸发器中低温低压的气态制冷剂,将气态制冷剂压缩成高温高压状态并输入冷凝器。汽车空调制冷压缩机主要采用容积式压缩机,除了有些大型客车采用独立发动机驱动外(副发动机驱动),大部分采用汽车发动机驱动。汽车空调制冷容积式压缩机种类很多,目前正式使用在汽车空调的压缩机就有30多种。按运动形式和主要零件形状,压缩机可按定量式和变量式分类。常用的定量式压缩机又可分为往复活塞式和旋转活塞式。常用的轴向活塞式压缩机有摇板式和斜盘式两种。

(1)摇板式压缩机。摇板式压缩机结构紧凑、工作平稳、质量小。各汽缸以压缩机轴线为中心布置,活塞运动方向平行于压缩机的主轴。摇板式压缩机的工作原理示意图可以参照图3-2-2。各汽缸以压缩机的轴线为中心,五角均匀分布,连杆连接活塞和摇板,两头用球形万向节,使摇板的摆动和活塞移动协调而不发生干涉。摇板中心用钢球作为支承中心,并用一对固定锥齿轮限制摇板只能摆动而不能转动。主轴和传动板连接固定在一起。压缩机工作时,主轴带动传动板一起旋转。由于传动板是楔形的,

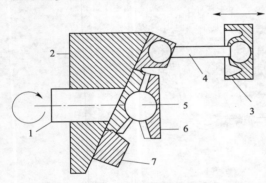

图3-2-2 摇板式压缩机工作原理示意图
1-压缩机主轴;2-传动板(端面凸轮);3-活塞;4-连杆;5-支撑钢球;6-锥齿轮;7-摇板

楔形传动板的转动,迫使摇板作以钢球为中心的左右摇摆运动。摆板和传动板之间的摩擦力,使摇板具有转动势,但被固定的一对锥齿轮限制,所以摇板只能来回左右摆动,带动活塞在汽缸内作往复运动,完成吸气、排气过程。如果一个摆板上有5个活塞,主轴转动一周就有5次吸、排气过程。

(2)斜盘式压缩机。斜盘式压缩机结构紧凑、效率高、性能可靠,采用往复式双头活塞。其主要零件是一根主轴,斜盘用花键和主轴固定在一起。当主轴转动时,带动斜盘转动,依靠斜盘的旋转运动驱动活塞作轴向往复运动。图3-2-3所示为斜盘式压缩机的结构。

2)冷凝器

冷凝器的功用是将空调压缩机送来的高温高压气态制冷剂中的热量散发到车外,使制冷剂冷凝成高温高压液体再进入储液干燥器。

汽车空调制冷系统冷凝器的结构形式主要有管片式、管带式等几种。

管片式是汽车空调系统中早期常采用的一种冷凝器,制造工艺简单,如图3-2-4所

示,由0.2mm厚度铝翅片用胀孔法将翅片和管贴合传热,管的两头用弯管焊接起来。这种冷凝器散热效果较差,一般用在大、中型客车的制冷装置上。

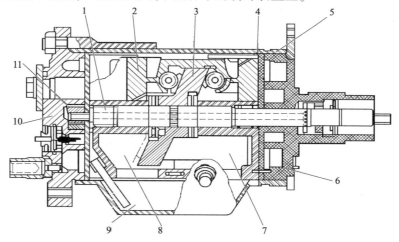

图3-2-3 斜盘式压缩机结构
1-主轴;2-活塞;3-斜盘;4-吸气阀;5-前排气阀;6-前盖;7-前缸半部;8-后缸半部;9-油底壳;10-后盖;11-机油泵齿轮

管带式是由扁管弯成蛇管形,并在其中安置散热带后焊接而成,如图3-2-5所示。管带式可以轧制成多孔式,这样能增大蒸气和环境的热交换面积。目前国外普遍使用36孔,有的使用42孔,我国一般使用24孔的管带。管带式的热交换效率比管片式的大15%~20%。但其工艺复杂,焊接难度大,且材料要求高,一般用在小型轿车的制冷装置上。

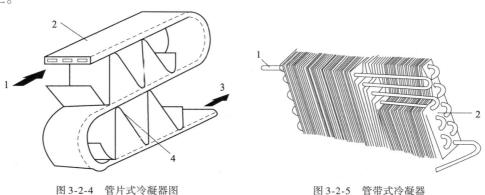

图3-2-4 管片式冷凝器图
1-入口;2-盘管;3-出口;4-翅片

图3-2-5 管带式冷凝器
1-盘管;2-散热片

对于轿车,冷凝器一般安装在发动机冷却系统散热器之前,利用发动机冷却风扇吹来的新鲜空气和行驶中迎面吹来的空气流进行冷却。对于一些大、中型客车,则把冷凝器安装在车厢两侧、车厢后侧或车厢的顶部。当冷凝器远离发动机散热器时,在冷凝器旁必须安装辅助冷却风扇加速冷却。

3)蒸发器

蒸发器安装在热力膨胀阀高压通道出口与低压通道入口之间,其功用是产生冷气、降温除湿。蒸发器和冷凝器一样,也是一种热交换器,一般用铝材料制造,汽车空调制冷系统工作时，来自节流装置的低压雾状制冷剂通过蒸发器管道时，吸收车内空气的大量热量，同时低压雾状制冷剂变为低压气态制冷剂，并回到压缩机，如图3-2-6所示。空气中的水分由于温度降低而凝结在蒸发器上，因此制冷装置也起到除湿作用。

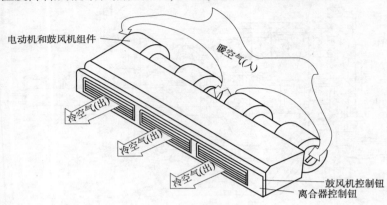

图3-2-6　蒸发器工作原理

4）储液干燥器

储液干燥器又称储液器，在冷凝器和膨胀阀之间。储液干燥器有过滤杂质、吸收水分、防止堵塞的作用；还可以储存由冷凝器送来的高压液态制冷剂。图3-2-7所示是储液干燥器结构示意图。

储液干燥器壳内装有铜丝布网制作的过滤器及干燥用的硅胶。在储液干燥器壳体的顶部，还装有安全熔塞。它是将低熔点的合金浇铸在熔塞的小孔中，若由于某种原因，使得高压侧压力骤然升高，温度也随之升高，当温度上升至100～105℃，或者压力超过2.94MPa时，安全熔塞就会熔化或被冲破，及时将制冷剂喷射到大气中，防止损坏制冷装置。玻璃观察窗用于观察系统制冷剂循环流动的具体情况，一般观察窗出现气泡表示循环制冷剂不足；无气泡，则表示适量。

5）积累器

积累器和储液干燥器结构、原理比较类似，但它安装在系统的低压侧，与装膨胀管的系统配套，是循环离合器空调系统的组成之一。

积累器的主要功能是防止液态制冷剂液击压缩机，也用于储存过多的液态制冷剂，且内含干燥剂，起储液干燥器的作用。制冷剂从积累器上部进入，液态制冷剂落入容器底部，气态制冷剂积存在上部，并经上部出气管进入压缩机。在容器底部，出气管拐弯处装有带小孔的过滤器，允许少量的积存在拐弯处的机油返回压缩机，但液体制冷剂不能通过，因而要用特殊过滤材料，如图3-2-8所示。

6）膨胀阀

膨胀阀又称节流阀，安装在蒸发器入口前，为制冷循环高压与低压之间的分界点。在膨胀阀前，制冷剂是高压液体；在膨胀阀后，制冷剂是低压、低温饱和液体和蒸气的雾状混合物。

膨胀阀的作用是将高压制冷剂液体节流减压，由冷凝压力降至蒸发压力，以便于制冷剂的蒸发；膨胀阀还可以调节制冷剂进入蒸发器的流量，以适应制冷负荷变化的需要，防止制冷剂液体进入压缩机而导致压缩机的损坏。目前膨胀阀有内平衡式热力膨胀阀、外平衡式热力膨胀阀、H形膨胀阀和膨胀管(孔管)4种。

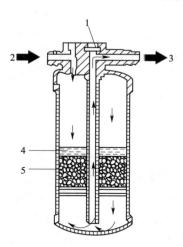
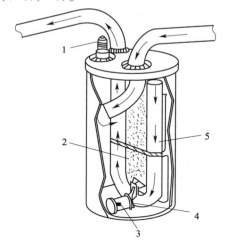

图3-2-7 储液干燥器
1-观察窗;2-进口;3-出口;4-干燥剂;5-吸出管

图3-2-8 积累器
1-观察窗;2-进口;3-出口;4-滤网;5-干燥剂

(1)内平衡式热力膨胀阀。内平衡式热力膨胀阀由感温包、毛细管、阀座、阀针及感应机构等组成,如图3-2-9a)所示。

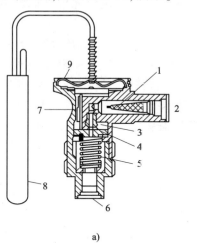
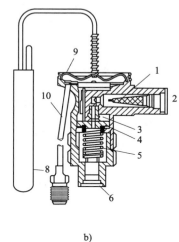

a)   b)

图3-2-9 内平衡式热力膨胀阀
1-滤网;2-进口;3-阀口;4-阀座;5-弹簧;6-出口;7-内平衡管;8-感温包;9-膜片;10-外平衡管

在感温包内装入制冷装置所用的制冷剂,感温包固定在蒸发器的出口管路上,并用保温材料进行包扎,保证接触良好,这样温度上升,从而压力也增大。增大了的压力作用在膜片上侧,在数值上大于蒸发器进口压力和弹簧压力的总和,于是阀针离开阀座,阀门开启,制冷剂流入蒸发器。阀门开启后,较多的制冷剂进入蒸发器,使蒸发器内压力上升,当温度降低后,膜片下侧压力增加,上侧压力降低,于是阀门关闭。

（2）外平衡式热力膨胀阀。外平衡式热力膨胀阀和内平衡式的结构大同小异，其结构如图3-2-9b)所示。内平衡式膜片下方的压力是蒸发器的进口压力，而外平衡式膜片下方的压力则是蒸发器出口的压力。由于蒸发器内部会产生压力损失，蒸发器出口压力要小于进口压力。要达到同样的阀开度，外平衡式需要的过热度要小些，因此蒸发器容积效率可以提高。大型客车空调系统要选用外平衡式热力膨胀阀。

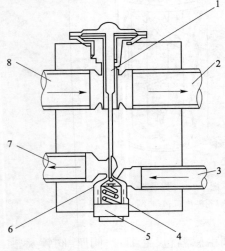

图3-2-10　H形膨胀阀结构

1-感温元件；2-至压缩机；3-从储液干燥器来；4-弹簧；5-调整螺栓；6-球阀；7-至蒸发器；8-从蒸发器来

（3）H形膨胀阀。H形膨胀阀的结构如图3-2-10所示，因其内部通道形同H形而得名。它取消了外平衡式热力膨胀阀的外平衡管和感温包，直接与蒸发器进出口相连。它有4个接口通往空调制冷系统，其中两个接口和普通膨胀阀一样，一个接储液干燥器出口，一个接蒸发器入口。另外两个接口，一个接蒸发器出口，一个接压缩机入口。感温元件处在进入压缩机的制冷剂气流中。H形膨胀阀具有结构紧凑、使用可靠、维修简单等优点，符合汽车空调的要求。这种膨胀阀安装在蒸发器的进出管之间，感应温度不受环境影响，也无须通过毛细管而造成时间滞后，调节灵敏度较高。由于无感温包、毛细管和外平衡管，不会因汽车颠簸使充注系统断裂外漏以及感温包包扎松动而影响膨胀阀的正常工作。

（4）膨胀管（孔管）。全称为膨胀节流管，它取代膨胀阀，安装位置相同，但只起到节流降压的作用。如图3-2-11所示，膨胀管是一根装在塑料套内的小铜管。如果空调制冷装置装有膨胀管，则它属于循环离合器系统（CCOT），循环离合器系统的特点是依靠间断性地控制压缩机运转来调整流量，不必再安装膨胀阀。膨胀管没有运动零件，也不可调整。在安装有膨胀管的空调系统中，高压侧不用储液干燥器，低压侧装有积累器。

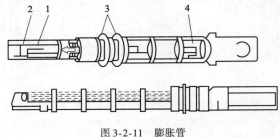

图3-2-11　膨胀管

1-孔口；2-出口滤网；3-密封圈；4-进口滤网

7）风机

汽车空调制冷系统采用的风机为通风机、鼓风机。按工作原理不同，风机可分为叶轮式和容积式两类。叶轮式风机按气体流向与风机主轴的相互关系，又可分为离心式风机和轴流式风机两种。

(1) 离心式风机。离心式风机的空气流向与风机主轴成直角,它的特点是风压高、风量小、噪声也小。蒸发器采用这种风机,因为风压高可将冷空气吹到车内每个乘员身上,使乘员有冷风感。噪声小是设计空调的一项重要指标,车内噪声小,乘员不至于感到不适而过早疲劳。

离心式风机主要由电动机、风机轴(与电动机同轴)、风机叶片、风机壳体等组成,如图 3-2-12 所示。风机叶片有直叶片、前弯片、后弯片等形状,随叶轮叶片形状不同,产生的风量和风压也不同。

(2) 轴流式风机。轴流式风机的空气流向与风机主轴平行,它的特点是风量大、风压小、耗电小、噪声大。冷凝器采用这种风机,因为风量大,可将冷凝器四周的热空气全部吹走。轴流式风机能满足耗电小的要求。它的缺点是风压小、噪声大,但这对冷凝器来说不是大问题,因为冷凝器只要将其四周的热空气吹离即可,所以风压小不影响冷凝器正常工作;另外,冷凝器安装在车外面,风机噪声大也不影响到车内。

轴流式风机主要由电动机、风机轴、风机叶片、键等组成,如图 3-2-13 所示。叶片固定在骨架上,常做成 3、4、5 片不等,叶片骨架穿在电动机轴上,由键带动旋转。

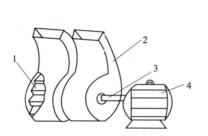
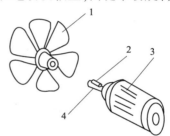

图 3-2-12 离心式风机
1-风机叶片;2-键;3-电动机;4-风机轴

图 3-2-13 轴流式风机
1-风机叶片;2-风机壳体;3-风机轴;4-电动机

8) 电磁离合器

电磁离合器的功用是根据需要接通或切断发动机与压缩机之间的动力传递。汽车空调设备的压缩机是由该车的发动机通过电磁离合器来驱动的,电磁离合器可使发动机与压缩机分离,而在需要使用空调设备时,电磁离合器又使发动机与压缩机接合,传递动力。电磁离合器安装在压缩机曲轴伸出端,其结构如图 3-2-14 所示。这种电磁离合器有 3 个主要组件,第一是装在轴承上的带轮,第二是和压缩机主轴花键连接的驱动盘(盘状衔铁),第三是不转动的电磁线圈。当电流通过离合器电磁线圈时产生磁场,使压缩机驱动盘和自由转动的带轮接合,从而驱动压缩机主轴旋转。空调控制器一旦切断电磁线圈电流,磁场消失,靠弹簧作用,驱动盘与带轮脱开,压缩机停止工作。

5. 汽车空调系统的控制

目前汽车空调控制系统有手动控制系统和自动控制系统两类。手动控制系统空调控制器不放置在网络上,当车辆在起动时,ST 切断继电器工作,切断空调控制器的供电,从而保证了起动时大电流的供应。鼓风机的风速控制是由调速电阻来实现的。除霜传感器向控制模块提供蒸发器表面温度,防止蒸发器出现结霜、结冰现象。空调控制器接收驾驶人的操作信号,对水阀、模式、内外和冷暖伺服电动机进行控制,从而实现驾驶人所需要的出风温度、出风方向和风速。汽车空调自动控制系统则是把制冷、采暖、新鲜空气有机地组合成一体,形成冷暖适宜的气流提供到车内,其温度、风向、风速等进行自动调节。

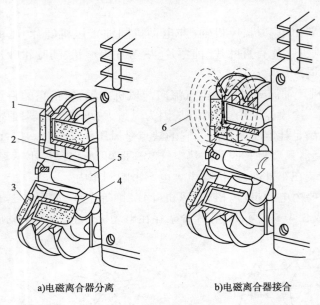

图 3-2-14 电磁离合器的结构
1-带轮;2-轴承;3-衔铁;4-电磁线圈;5-驱动轴;6-磁场

1)汽车空调系统的控制项目

为了使汽车空调系统完成其通风、调节温度和湿度等功能,必须对其进行多方面的控制。具体的控制内容和方法如下。

(1)控制外气引入量。目的是为了实现一定的换气量,并在要求快速制冷(最冷)和快速采暖(最热)时实现内气循环。可以通过控制内外气选择风门(气源风门)的开度实现。

(2)控制鼓风机的速度。目的是为了控制送风能力、送风距离和温度分布。可以通过对直流电动机(鼓风机电动机)调速实现,如改变电路中的电阻。

(3)控制制冷能力。制冷装置工作时必须把来自阳光的辐射热和车内乘员发出的热量转移到车外的大气中,与此同时,制冷装置工作时要防止蒸发器结冰。控制制冷能力可通过控制压缩机开、关实现。

(4)控制温度。控制温度是指控制出风口温度和车内温度,一般通过空气混合式或再热式的温控方式实现。

(5)配风控制。配风控制是指控制冷风、暖风出风口的转换,控制除霜和采暖的转换,一般通过转换风门实现。

2)汽车空调自动控制系统

以福田戴姆勒 H5 为例进行说明。

(1)自动空调控制器为液晶显示屏显示,空调按键如图 3-2-15 所示,功能见表 3-2-1。

学习模块3 商用车空调/加热系统的检修

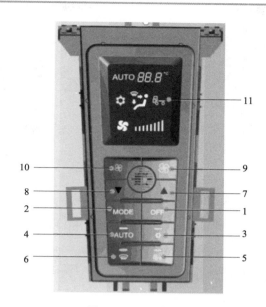

图 3-2-15 空调按键

空调按键功能　　　　　　　　　　　　　　　　　　　　表 3-2-1

序号	按键	功能
1	OFF 按键	空调关机
2	模式按键	模式切换按键(吹面、吹脚、吹面吹脚、吹脚除霜)
3	A/C 按键	A/C 指示开启,空调开始制冷
4	AUTO 按键	空调开机,进入自动模式
5	循环按键	内外循环切换
6	前除霜按键	LCD 开启,进入前除霜模式
7	温度增加按键	升高温度
8	温度减小按键	降低温度
9	风量增加按钮	增加风挡
10	风量减小按钮	减小风挡
11	液晶显示屏	显示

(2) 自动空调原理。

自动空调的控制模块安置在 I-CAN 网络上,将空调的信息传递给网络上的其他模块,并且也从其他模块来接收信号。当鼓风机需要高速运转时,空调控制模块直接对鼓风机进行控制,此时,鼓风机以高速运转。

如果不需要鼓风机高速运转,由模块来控制场效应管的搭铁控制,改变鼓风机转速。四个传感器分别提供车外温度、风道温度、蒸发器温度和阳光日照的信息,传递个空调控制模块,空调控制模块接收到这些传感器信号后,对压缩机、水阀、模式、内外和冷暖伺服电动机进行控制,从而向车厢内提供合适的出风温度、方向和风速。

① 自动空调压缩机控制。控制模块由 F/L560A 熔断丝向 F95A 熔断丝提供电源。模块 40 号针脚搭铁(图 3-2-16)。

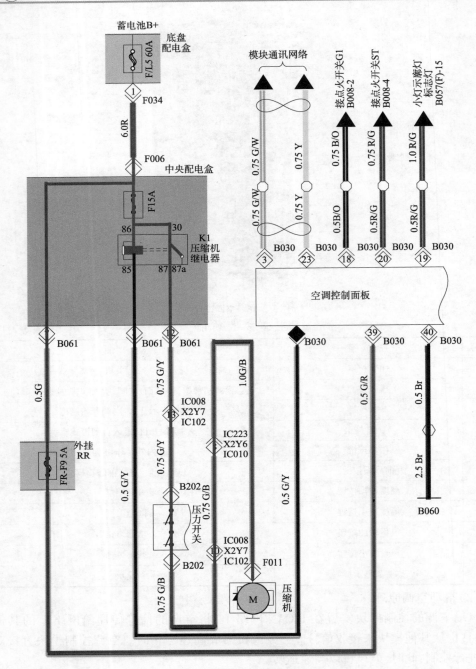

图 3-2-16 空调压缩机控制电路

当需要压缩机工作时,由 38 号针脚对 K1 压缩机继电器提供搭铁信号,使继电器触点闭合,制冷剂压力正常时,高低压压力开关闭合,F15A 向压缩机提供电源,压缩机工作。

② 自动空调鼓风机控制。高速挡由 F/L560A 提供电源给熔断丝 F3,空调控制面板对鼓风机高速继电器提供电源信号使触点闭合,鼓风机收到电源后由空调控制面板的 4 号针脚提供搭铁,鼓风机高速运转,如图 3-2-17 所示。

学习模块3　商用车空调/加热系统的检修

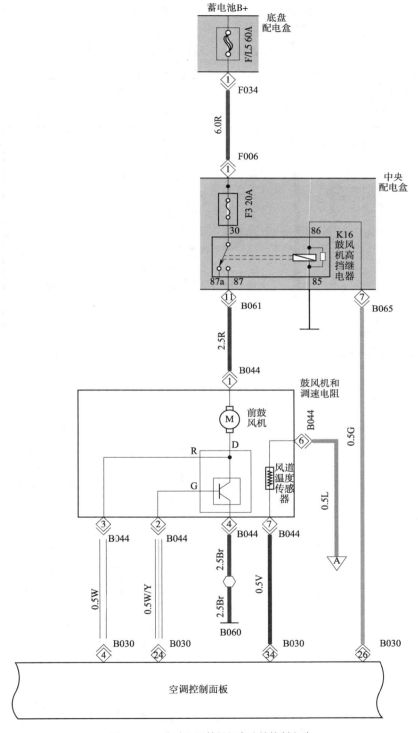

图3-2-17　自动空调鼓风机高速挡控制电路

非高速挡由F/L560A提供电源给熔断丝F3,空调控制面板对鼓风机高速继电器提供电源信号使触点闭合,鼓风机收到电源后由空调控制面板的 24 号针脚提供控制信号,改变场效应管电压,鼓风机被调速运转。

③自动空调伺服电动机控制电路如图 3-2-18 所示。

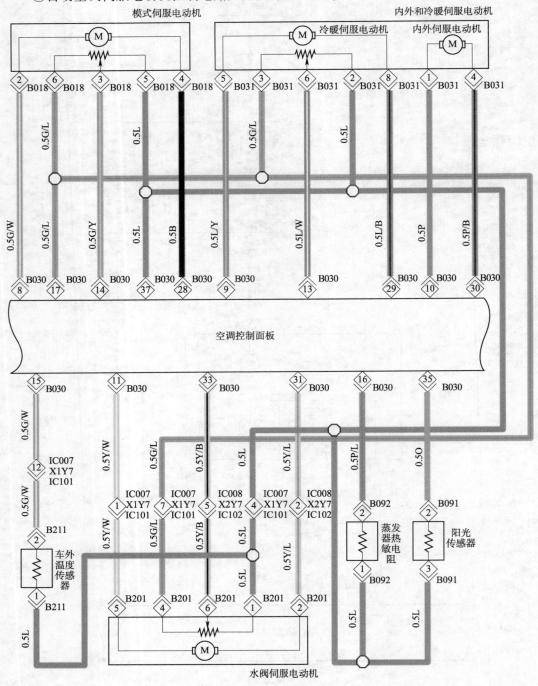

图 3-2-18　自动空调伺服电动机控制电路

④自动空调强冷开关。当驾驶人按下强冷开关后,空调控制器接收到开关信号,将鼓风机风速调至最大。由于空调系统工作,使中压开关处于闭合状态。而强冷开关结合给强冷继电器提供电源,吸合触点。使 ECM82 号端子与 43 号端子回路断路,ECM 接受此信号后,将散热风扇高速运转,帮助冷凝器快速冷却,从而实现强冷控制,如图 3-2-19 所示。

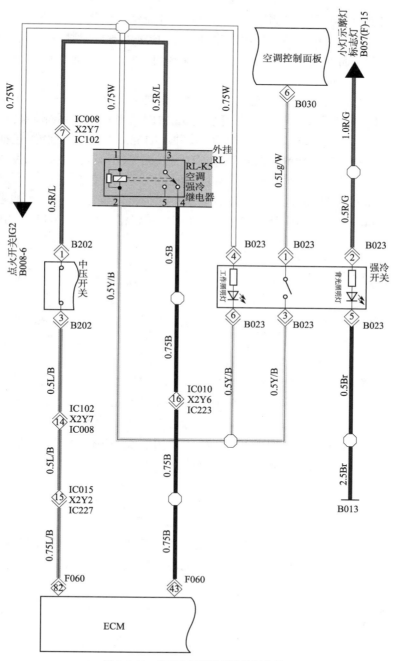

图 3-2-19　自动空调强冷开关控制电路

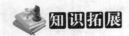

制 冷 剂

1. 制冷剂 R134a

在制冷系统中用于转换热量并且循环流动的物质称为制冷剂。

汽车空调是利用蒸气压缩制冷装置驱动其循环流动实现制冷的。液体制冷剂在蒸发器中低温下吸取被冷却对象的热量而汽化,使被冷却对象得到降温。然后,又在高温下把热量传给周围介质而冷凝成液体。如此不断循环,借助于制冷剂的状态变化,达到制冷目的。

汽车空调系统使用的制冷剂,通常用 R134a,英文字母 R 是 Refrigerant(制冷剂)的简称,其数字代号使用的是美国制冷工程师协会(ASRE)编制的代号系统。R134a 制冷剂的分子式为 CH_2FCF_3,是卤代烃类制冷剂中的一种。R134a 的热力学性能,包括分子量、沸点、临界参数、饱和蒸气压和汽化潜热等,具有无色、无臭、不燃烧、不爆炸、基本无毒、传热性能好的特性。因此,在换热器表面积不变的条件下,可减少传热温差,降低传热损失;当制冷量或放热量相等时,可减少换热器表面积。因为 R134a 本身与矿物油是非相容的,必须使用合成润滑油,如 PAG 类润滑油等。否则,系统将会损坏。R134a 的吸水性和水溶解性高。

2. 使用制冷剂的注意事项

(1)装制冷剂的钢瓶,应贮存在阴凉、干燥、通风的库房中,防止受潮而腐蚀钢瓶,在运输过程中要严防振动和撞击。

(2)要远离热源,不要把它存放在日光直射的场所或炉子附近。在充灌制冷剂时,对装制冷剂的容器加热,应在 40℃ 以下的温水中进行,而不可将其直接放在火上烘烤。否则,会引起内贮的制冷剂压力增大,导致容器发生爆炸。

(3)避免接触皮肤。因制冷剂在大气环境下会急剧蒸发,当其液体落到皮肤上时,会从皮肤上大量吸热而汽化,造成局部冻伤。尤其危险的是,当其进入眼球时,会冻结眼球中的水分,就有可能造成失明的重大事故。因此,在处理制冷剂时,应戴上眼镜和防护手套。若制冷剂触及眼睛,应尽快用冷水冲洗,不要用手或手帕揉眼,如有痛感时,可用稀硼酸溶液或 2% 以下的食盐水冲洗;如触及皮肤,应立即用大量清水冲洗,并马上涂敷凡士林,面积大时应立即到医院治疗。

(4)要避开明火。制冷剂不会燃烧和爆炸,但与明火接触时,会分解出对人体有害的气体(光气)。

(5)要注意通风良好。当制冷剂排到大气中含量超过一定量时,会使大气中的氧气浓度下降,而使人窒息。因此,在检查和添加制冷剂时,或打开制冷系统管路时,要在通风良好的地方进行操作。

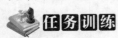

1. 制冷剂泄漏

汽车空调系统工作条件比较恶劣,极易造成部件、管道损坏和接头松动,使制冷剂发生泄漏,其泄漏的常发部位见表 3-2-2。

汽车空调制冷系统常发生泄漏的部位　　　　表 3-2-2

部　件	泄漏常发生的部位
冷凝器	冷凝器进气管和出液管连接处;冷凝器盘管
蒸发器	蒸发器进口管和出口管的连接处;蒸发器盘管;膨胀阀
储液干燥器	易熔塞;管道接头喇叭口处
制冷剂管道	高、低压软管;高、低压软管各接头处
压缩机	压缩机轴封;压缩机吸、排气阀处;前、后盖密封处;与制冷剂管道接头处

2. 汽车空调制冷系统常用的检漏方法

(1)检查油迹:如果制冷剂泄漏,就会带出一些冷冻油,所以系统中有油迹的地方一般都是泄漏的迹象。

(2)肥皂水检漏:肥皂水检漏是一种简便有效的方法;若零件、管路表面有油迹,要事先擦净。然后把肥皂液涂在受检处,若检查接头处,要整圈均匀涂上。仔细全面地观察,若有气泡或鼓泡,则可判为有泄漏。在制冷系统低压侧检漏,必须关机;在高压侧检漏时,可关机,也可不关机检查。关键是肥皂水的浓度要掌握好,太稀、太浓都不行。这种方法比较经济、实用,适用于暴露在外表,人眼能看得到的部位及周围有制冷剂气体的场合。但精度较差,不能检查微漏和压缩机、蒸发器、冷凝器等不便于涂抹肥皂液和不便观察的部位。

(3)使用电子检测仪检漏:使用电子检漏设备时,应该注意以下几点:

①将检漏仪电源接上,一般需要预热 10min 左右。

②大部分电子检漏仪有校核挡,在使用前应该确认校验正确,并使指示灯和警铃工作正常。

③将仪器调到所要求的灵敏度范围。

④检测时,将探头放到被检测的全方位,防止漏检。

⑤一旦查出泄漏部位,探头应立即离开,以免缩短仪器寿命。

(4)真空检漏:应用真空泵进行,真空度应达到 0.1MPa,保持 24h 内真空度没有明显变化即可。抽真空的目的有三个:一是抽出系统中残留的氮气;二是检查系统有无渗漏;三是使系统干燥。只有在系统抽真空后才能加注制冷剂。

(5)充氟检漏:充氟检漏在上述两步压力检漏后即可进行,即向系统充入制冷剂,并使其压力达到 0.1~0.2MPa 时,用电子检漏仪进行检漏。

3. 汽车空调制冷系统制冷剂的补充与排放

1)制冷剂的补充

如果汽车空调系统的制冷剂不足并非由于管道暴露于空气之中,或并非因大量泄漏而导致水分和空气进入空调系统,而是经过一段时间运行后,由于汽车振动等原因,使汽车空调系统的某些部位的接头松动,制冷剂泄漏,制冷效果变差。经过查漏、排漏后,不必排空旧的制冷剂、抽真空后再注入制冷剂,而是可以从低压侧向系统补充不足的制冷剂,具体步骤如下:

(1)开动汽车空调,使其运转几分钟。

(2)从视液玻璃窗口处检查制冷剂的流动情况。若气泡连续出现,则表明系统内缺少制冷剂。若气泡间断出现,需要再运转一会,观察气泡是否消失,若仍然有气泡,就表明系统缺少制冷剂。

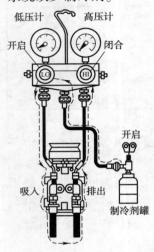

图3-2-20 低压端充注制冷剂

(3)将歧管压力计、制冷剂罐和系统连接起来,如图3-2-20所示。

(4)打开制冷剂罐上的阀,拧松歧管压力计上的中间软管接头,使制冷剂放出几秒,然后拧紧接头,以排出中间软管内的空气,防止它进入制冷系统。

(5)关闭手动高压阀,将制冷剂钢瓶直立,起动发动机,并稳定在快怠速位置上(六缸发动机为1600r/min,八缸发动机为1300r/min),打开空调,风速为高挡,这时应打开汽车门窗,让排气压力保持在1.55~1.68MPa,如果排气压力不够高,可挡住送至冷凝器的通风,使其压力升高。

(6)打开手动低压阀,让气态制冷剂从低压侧进入空调系统(注意吸入制冷剂压力不得超过0.35MPa),在补注时,应保持制冷剂罐竖立,以防止液态制冷剂进入系统,造成事故。

(7)待制冷剂达到规定量时关闭手动低压阀和制冷剂罐开关。从系统上卸下歧管压力计和制冷剂罐。

(8)停止发动机运行。

2)制冷剂的回收

由于修理或其他原因,需将系统内的制冷剂排放掉。根据现行国家标准,制冷剂只能回收不准排放到大气中,污染环境。回收制冷剂要有专用回收装置。回收后,根据国家相关规定进行净化再利用。

任务评价

汽车空调制冷系统检测与维修评价见表3-2-3。

汽车空调制冷系统检测与维修评价表　　　　　表3-2-3

序号	内容及要求	评分	评分标准	自评	组评	师评	得分
1	准备	10	(1)汽车进入工位前,准备好相关的器材(5分); (2)拉紧驻车制动器操纵杆,把变速杆置于空挡或P挡位置(5分)				
2	清洁	10	按要求清理工位				
3	空调制冷系统检查	10	检测点清晰,能够说明原因				
4	制冷剂回收、抽真空	10	抽真空操作规范,无疏漏步骤				
5	拆卸空调系统	10	拆装工艺正确,不野蛮操作				
6	零部件检测	5	零部件检测工艺正确,通用、专用工具使用规范,测量结果正确				

续上表

序号	内容及要求	评分	评 分 标 准	自评	组评	师评	得分
7	安装空调系统	10	安装工艺正确,紧固力矩正确				
8	系统抽真空	5	抽真空操作规范,无疏漏步骤				
9	制冷剂、冷冻机油加注	10	加注工艺正确、规范,加注量合适				
10	运行测试	10	运行中检测工艺正确,结论正确,能够说明原因				
11	安全文明生产	10	(1)结束后清洁(5分); (2)工量具归位(5分)				

指导教师总体评价:

指导教师_____
_____年___月___日

练一练

一、单项选择题

1. 抽真空的持续时间不少于( )min。
   A. 20　　　　　B. 25　　　　　C. 30　　　　　D. 35
2. 高压端加注制冷剂时,制冷剂贮罐应( )。
   A. 侧置　　　　B. 倒置　　　　C. 正置　　　　D. 没有要求
3. 使用电子检漏仪检漏时,其探头不得直接接触元器件或接头,并置于检测部位( )。
   A. 上部　　　　B. 中部　　　　C. 侧部　　　　D. 下部
4. 汽车空调储液干燥器的功用是( )。
   A. 防止系统中水分与制冷剂发生化学作用　B. 防止膨胀阀处结冰和堵塞
   C. 随时向系统补充制冷剂　　　　　　　　D. 以上答案全对
5. 制冷剂贮罐的存放温度不应超过( )。
   A. 40℃　　　　B. 50℃　　　　C. 60℃　　　　D. 70℃
6. 冷凝器将制冷剂热量散发到汽车外的空气中,使高温、高压的气态制冷剂冷凝成( )液体。
   A. 高压　　　　B. 低压　　　　C. 压力
7. 压缩机将压缩后的高温、高压( )制冷剂排出,送到冷凝器向外放热。
   A. 液态　　　　B. 气态　　　　C. 固态
8. 制冷压缩机主要是吸入低温( )的制冷剂蒸气。
   A. 高压　　　　B. 中压　　　　C. 低压
9. 自动空调在手动空调的基础上增加了( )。

A. AUTO 按键　　　B. 风挡除雾按键　　　C. 压缩机按键　　　D. 风速增大键
10. 自动空调鼓风机由（　　）来改变风速。
A. 调速电阻　　　B. 场效应管　　　C. 鼓风机电动机　　　D. 伺服电动机

二、多项选题

1. 汽车空调制冷系统工作时，制冷剂以不同的状态在密闭系统内循环流动，每一循环包括（　　）基本过程。
A. 压缩过程　　　B. 冷凝放热过程　　　C. 节流膨胀过程　　　D. 蒸发吸热过程

2. 汽车空调制冷系统主要由（　　）、冷凝器、储液干燥器、孔管或膨胀阀、高低压管路、鼓风机和控制电路等组成。
A. 空调压缩机　　　B. 散热器　　　C. 蒸发器　　　D. 空气压缩机

3. 压缩机吸入蒸发器中低温低压的（　　）制冷剂，将气态制冷剂压缩成高温高压状态并输入冷凝器。汽车空调制冷压缩机主要采用（　　）压缩机。
A. 液态　　　B. 气态　　　C. 斜盘式　　　D. 离心式

4. 膨胀阀又称节流阀，安装在蒸发器入口前，为制冷循环（　　）与（　　）之间的分界点。在膨胀阀前，制冷剂是（　　）；在膨胀阀后，制冷剂是低压、低温饱和液体和蒸气的雾状混合物。
A. 液态　　　B. 气态　　　C. 固态　　　D. 气液混合

5. 从高压侧向系统充注制冷剂时，发动机处于（　　）状态，更不可拧开歧管压力计上的（　　），以防止产生液压冲击。
A. 运转　　　B. 不运转　　　C. 手动低压阀　　　D. 手动高压阀

三、判断题

1. 汽车空调的取暖系统有两大类，分别是余热式和独立式。　　　（　　）
2. 压缩机输出端连接高压管路、冷凝器、储液干燥器和液体管路，并构成高压侧。　　　（　　）
3. 压缩机是空调系统高、低压侧的分界点。　　　（　　）
4. 压缩机吸收的是高温、低压的制冷剂蒸气。　　　（　　）
5. 风机作用是将蒸发器周围的冷风吹入车内，达到降温目的。　　　（　　）
6. 从汽车空调膨胀阀流出的制冷剂为低压气态。　　　（　　）
7. 汽车空调冷凝器安装时，从压缩机输出的气态制冷剂一定要从冷凝器下端入口进入。　　　（　　）
8. 制冷剂加注完成，在断开加注设备与制冷装置的连接后，应用检漏仪检测加注阀处（内有芯阀）有无泄漏。　　　（　　）
9. 空调压缩机不工作的原因可能是低压开关接通。　　　（　　）
10. 在使用气体泄漏测试仪（卤素检测仪）进行检漏时，应将探测头接触到部件表面进行检测。　　　（　　）

四、分析题

1. 简述汽车空调冷凝器的作用。
2. 简述空调制冷系统的工作原理。

3. 汽车空调系统主要检查方法有哪些?
4. 检漏工作注意事项有哪些?
5. 简述低压端加注制冷剂的步骤。

模块小结

　　本模块学习了汽车空调的暖风系统、电加热系统以及制冷系统的结构、原理和检修,随着电子技术的发展自动空调系统在商用车的应用越来越多,空调控制器接收驾驶人的操作信号,对水阀、模式、内外和冷暖伺服电动机进行控制,从而实现驾驶人所需要的出风温度、出风方向和风速。汽车空调自动控制系统则是把制冷、采暖、新鲜空气有机地组合成一体,形成冷暖适宜的气流提供到车内,其温度、风向、风速等进行自动调节。

学习模块 4　汽车车载网络系统

模块概述

随着汽车电气系统的发展，分布式的控制结构运用越来越多，各电控单元通过控制网络交换信息，即采用 CAN 总线控制。与普通电气系统相比，主要电气设备与操作不变，但线路与原理有根本性改变。CAN 总线各电气系统相对独立，各电气系统之间的关联要少得多，线路也要相对简单。因此，故障现象比较单一，CAN 总线电路的诊断也要相对容易。本学习模块主要是了解 CAN 总线原理、CAN 总线车辆各电气系统的原理图、CAN 总线各元件及其在车上的位置、通过故障现象迅速准确排除故障。

【建议学时】

16 学时。

学习任务 4.1　汽车车载网络基础知识

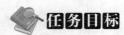

1. 了解车载网络系统的发展。
2. 掌握数据总线系统的构成及相关知识。
3. 熟悉商用车载网络系统的组成和特点。

汽车控制系统在经历了由机械式向电控式的进步后，正从早期由一个电子控制单元（ECU）控制一个工作装置或系统的单独控制系统向集中控制系统、控制器局域网络系统发展，出现很多新知识如 CAN、LIN、MOST 等。

任务准备

随着汽车三大系统（动力驱动系统、舒适系统、信息娱乐系统等）中各种电控系统的不断增加，采用常规的布线方式，即导线一端与开关相接、另一端与用电设备相通的方式，导致汽车上导线数目急剧增加。导线数量的增加造成：整个汽车的布线将十分复杂，显得很凌乱、占用空间大；增加的复杂电路也降低了汽车的可靠性；增加油耗，导线的质量占到整车质量的 4% 左右；电控单元多线束成本较高。为解决以上问题，车载网络（也称数据传输总线)技术应运而生。

1. 汽车数据传输总线概述

1) 简介

所谓数据传输总线，就是指在一条数据线上传递的信号可以被多个系统共享，从而最大限度地提高系统的整体效率，充分利用有限的资源。例如，常见的电脑键盘有 104 位键，可以发出一百多个不同的指令，但键盘与主机之间的数据连接线却只有 7 条，键盘正是依靠这 7 条数据连接线上不同的数字电压信号组合(编码信号)来传递按键信息的。将过去一线一用的专线制改为一线多用制，大大减少了汽车上导线的数目，缩小了线束的直径。当然，数据总线还将使计算机技术融入整个汽车系统之中，加速汽车智能化的发展。

在汽车上传统的信息传递方式是每项信息需独立的数据线完成，即有几个信号就要有几条信号传输线。例如，宝来轿车发动机电控单元 J220 与自动变速器电控单元 J217 之间就需要 5 条信号传输线。如果传递的信号项目越多，则需要更多的信号传输线。采用传输总线后，只需要 1 条或 2 条传输线即可，如图 4-1-1 所示。

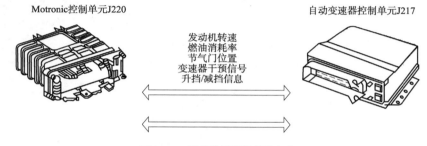

图 4-1-1 数字总线信号传递方式

总线系统上并联有多个元件，这就要求整个系统的布置满足以下要求：

(1) 可靠性高：传输故障(无论是由内部还是外部引起的)应能被准确识别出来。

(2) 使用方便：当某一个控制单元出现故障时，其余系统应尽可能保持原有功能，以便进行信息交换。

(3) 数据密度大：所有控制单元在任一瞬时的信息状态均相同，这样就使得两个控制单元之间不会有数据偏差。如果系统的某一处有故障，那么总线上所有连接的元件都会得到通知。

(4) 数据传输快：连成网络的各元件之间的数据交换速率必须很快，这样才能满足实时要求。

采用总线传输(多路传输)的优点如下：

(1) 简化线束，减轻质量，减少成本，减少尺寸，减少连接器的数量，如图 4-1-2 所示。

(2) 可以进行设备之间的通信，丰富了功能。

(3) 通过信息共享，减少传感器信号的重复数量。

2) 技术术语

(1) 局域网。

局域网是在一个有限区域内连接的计算机网络。一般这个有限区域具有特定的职能,通过该网络实现系统内的资源共享和信息通信。连接到网络上的节点可以是计算机、基于微处理器的应用系统或控制装置。局域网的数据传输速度一般在105kb/s范围内,传输距离在250m范围内,误码率低。汽车上的总线传输系统(车载网络)就是一种局域网。

a)无控制器局域网的车门控制　　　　　　b)带有控制器局域网的车门控制

图4-1-2　有传输总线和无传输总线的车门控制线束对比

（2）数据总线。

数据总线是指模块间运行数据的通道即所谓的信息高速公路,如图4-1-3所示。如果模块可以发送和接收数据,则这样的数据总线就称为双向数据总线。汽车上的信息高速公路实际上是一条或两条导线。

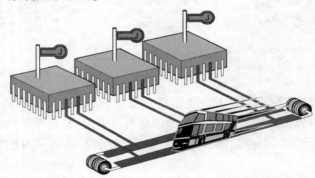

图4-1-3　数据总线

为了对抗电子干扰,双线制数据总线的两条线是绞在一起的。各汽车制造商一直在设计各自的数据总线,如果不兼容,就称为专用数据总线;如果是按照某种国际标准设计的,就是非专用的。但基本上都是专用的数据总线。

（3）模块/节点。

模块是一种电子装置,简单一点的如温度和压力传感器,复杂的如计算机(微处理器)。传感器是一个模块装置,根据温度和压力的不同将产生不同的电压信号。这些电压信号在计算机(一种数字装置)的输入接口被转变成数字信号。在计算机多路传输系统中的控制单元模块被称为节点。

（4）局域网的拓扑结构。

所谓拓扑结构,就是网络的物理连接方式。局域网的常用拓扑结构有三种:星型、环型、总线型。

①星型网络拓扑结构。星型网络是以一台中央处理器作为主机组成的网络,各入网机(终端)均与该中央处理器通过物理链路直接相连,因此,所有的网上传输信息均需通过主机转发,其结构如图4-1-4所示。

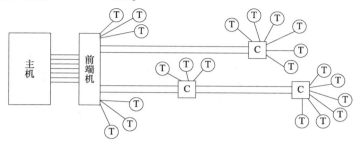

图4-1-4 星型网络拓扑结构
C(Concentrator)-集中器;T(Terminal)-终端

星型网络拓扑结构的特点:结构简单,通信功能简单,但中央处理器负载过重,线路利用率不高。

②环型网络拓扑结构。环型网络是通过转发器将每台入网计算机接入网络的,每个网络接口与相邻两个网络接口用物理链路相连,所有转发器组成一个拓扑为环状的网络系统,如图4-1-5所示。

环型网络拓扑结构的特点:实时性较高,传输控制机制较为简单,但一个节点出故障可能会终止全网运行,可靠性较差,网络扩充调整较为复杂。

③总线型网络拓扑结构。总线型网络即所有入网计算机通过分接头接入到一条载波传输线上,如图4-1-6所示。

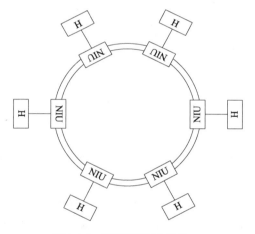

图4-1-5 环型网络拓扑结构
H(Host)-主机;NIU(Network Interface Unit)-网络接口部件

总线型网络拓扑结构的特点:信道利用率较高,但同一时刻只能有两处网络节点在相互通信,网络延伸距离有限,网络容纳节点数有限(受信道访问机制的影响)。它适用于传输距离较短、地域有限的组网环境。目前,局域网多采用此种方式。

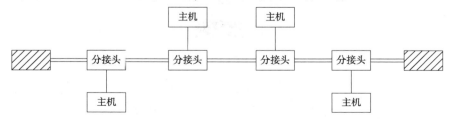

图4-1-6 总线型网络拓扑结构

(5)链路(传输媒体)。

链路指网络信息传输的媒体,分为有线和无线两种类型,目前车上使用的大多数链路都是有线网络。通常用于局域网的传输媒体有:双绞线、同轴电缆和光纤。

双绞线是局域网中最普通的传输媒体,一般用于低速传输,最大传输速率可达几Mb/s;双绞线成本较低,传输距离较近,非常适合汽车网络的情况,也是汽车网络使用最多的传输媒体。

同轴电缆可以满足较高性能的传输要求,连接的网络节点较多,跨越的距离较大。

光纤在电磁兼容性等方面有独特的优点,数据传输速度高,传输距离远。在车载网络上,特别在一些要求传输速度高的车载网络(如车上信息与多媒体网络)上,光纤都有很好的应用前景,但其受到成本和技术的限制,现在使用得并不多。

(6)数据帧。

为了可靠地传输数据,通常将原始数据分割成一定长度的数据单元,数据单元即称为数据帧。一帧数据内应包括同步信号(起始与终止)、错误控制、流量控制、控制信息、数据信息、寻址信息等。

(7)传输协议。

传输协议也称通信协议,是控制通信实体间有效完成信息交换的一组约定和规则。换句话说,要想交流成功,通信双方必须"说同样的语言"(如相同的语法规则和语速等)。

(8)传输仲裁。

当出现数个使用者同时申请利用总线发送信息时,传输仲裁是用于避免发生数据冲突的机构。仲裁可保证信息按其重要程度来发送。

(9)网关。

①网关的概念。网关是连接异型网络的接口装置,它综合了桥接器和路由器的功能,汽车网关主要能在 OSI 参考模型的物理层、数据链路层和应用层上对双方不同的协议进行翻译和解释。

例如,博世公司为奔驰 600SEL 等汽车开发的控制器区域网 CAN1.2 与 CAN2.0 协议之间的网关,是指为处理多个 ECU 之间的通信而提供的一种综合接口装置,如图 4-1-7 所示,实际上就是一个 Intel 的 16 位 80C196 单片微机。

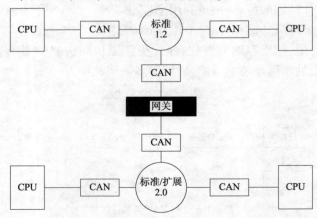

图 4-1-7　CAN1.2 与 CAN2.0 之间的网关

一个网关必须具备从一个网络协议到另一个网络协议转换信息的能力。对于两个网络之间的网关,起码应具备以下特性:尽量少的传输等待时间,信息丢失或超限差错最少,能处理总线出现的差错。

②网关的实质。由于电压电平和电阻配置不同,因此在不同类型的数据总线之间无法进行直接耦合连接。另外,各种数据总线的传输速率是不同的,决定了它们无法使用相同的信号。这时需要在这两个系统之间完成一个转换,这个转换过程是通过所谓的网关来实现的。可以用火车站作为例子来清楚地说明网关的原理,如图 4-1-8 所示。

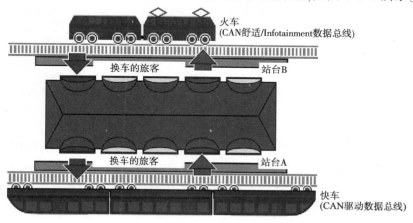

图 4-1-8　网关的原理示意图

在站台 A(站台即网关)到达一列快车(CAN 驱动数据总线,500kb/s),车上有数百名旅客。在站台 B 已经有一辆火车(CAN 舒适/信息数据总线,100kb/s)在等待,有一些乘客就换到这辆火车上,还有一些乘客要换乘快车继续旅行。车站/站台的这种功能,即让旅客换车以便通过不同速度的交通工具到达各自目的地的功能,与 CAN 驱动数据总线和 CAN 舒适/信息数据总线两个系统网络的网关功能是相同的。因此,网关的主要任务是使两个速度不同的系统之间能进行信息交换。

根据车辆的不同,网关可能安装在组合仪表内、车上供电控制单元内或在自己的网关控制单元内。由于通过各种数据传输总线的所有信息都供网关使用,因此网关也用作诊断接口。过去,通过 K 线来查询诊断信息;现在,很多车型是通过数据传输总线和诊断线来完成诊断查询工作的。

③网关"处理"内容。如图 4-1-9 所示,网关主要"处理"有关下面三部分的内容:从第一个网络读取所接收的信息、翻译信息、向第二个网络发送信息。图中翻译信息标识符的含义如下:CAN1.2 和 CAN2.0 的网关可用于两种情况,第一种是最简单的实施方式,即在两个网络之间不需要对信息标识符进行翻译,只是传送标准信息,也就是说,这时的网关只起到互联 CAN1.2 与 CAN2.0 并让这两个网络共享标准信息的任务;第二种

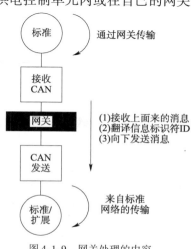

图 4-1-9　网关处理的内容

实施方式需要对信息标识符进行翻译,也就是说,两个网络有各自的信息标识符。例如,"发动机温度信息"在 CAN1.2 网络上具有专用的 11 位表转信息标识符,而在 CAN2.0 网络上却具有扩展的 29 位信息标识符,此时的网关需对这两种信息标识符通过计算或"查表"翻译。

3) 车载网络结构

在汽车内部采用基于总线的网络结构,可达到信息共享、减少布线、降低成本以及提高总体可靠性的目的。通常的汽车网络结构,采用多条不同速率的总线分别连接不同类型的节点,并使用网关服务器来实现整车的信息共享和网络管理,如图 4-1-10 和图 4-1-11 所示。

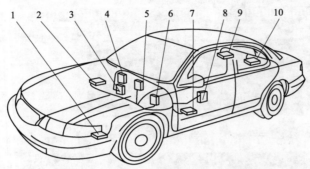

图 4-1-10　典型的车载网络结构

1-ABS 模块;2-动力系统控制模块(PCM);3-电子自动温度控制(EATC);4-集成控制板(ICP);5-虚像组合仪表;6-明控制模块(LCM);7-驾驶人座椅模块(DSM);8-驾驶人车门模块(DDM);9-移动电话模块;10-汽车动态模块

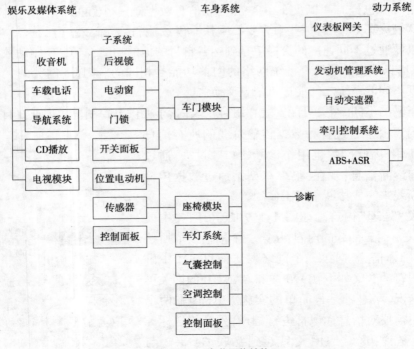

图 4-1-11　车载网络结构

动力与传动系统的受控对象直接关系到汽车的行驶状态,对通信实时性有较高的要求,因此使用高速的总线来连接动力与传动系统。传感器组的各种状态信息以广播的形式在高速总线上发布,各节点可以在同一时刻根据自己的需要获取信息。这种方式最大限度地提高了通信的实时性。

车身系统的控制单元多为低速电动机和开关量器件,对实时性要求低而数量众多,因而使用低速的总线连接这些电控单元。将这部分电控单元与汽车的驱动系统分开,有利于保证驱动系统通信的实时性。此外,采用低速总线还可增加传输距离、提高抗干扰能力以及降低硬件成本。

故障诊断系统是将车用诊断系统在通信网络上加以实现。

信息与车载媒体系统对于通信速率的要求较高,一般在 2Mb/s 以上,采用新型的多媒体总线连接车载媒体。这些新型的多媒体总线往往是基于光纤通信的,从而可以充分保证带宽和电磁兼容特性。

2. 典型车载网络原理

1) CAN 数据总线分类

汽车上使用多种 CAN 数据总线,第一种动力 CAN 数据总线,传输速率是 500kb/s,第二种是舒适 CAN 数据总线,传输速率为 100kb/s;目前所有车型都使用动力 CAN 数据总线。例如,某轿车的数据总线系统如图 4-1-12 所示。

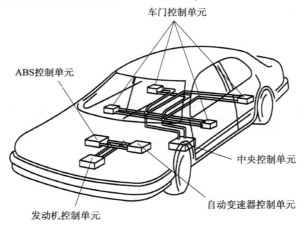

图 4-1-12 数据总线系统

通过带网关的组合仪表,舒适 CAN 数据总线和信息 CAN 数据总线也可以与动力 CAN 数据总线进行数据交换。

(1) 具体分类。

根据信号的重复率、产生的数据量和可用性(准备状态),CAN 数据总线系统分为如下三类:

① 动力 CAN 数据总线(高速):速率为 500kb/s,用于将驱动线束上的控制单元联网。

② 舒适 CAN 数据总线(低速):速率为 100kb/s,用于将舒适系统中的控制单元联网。

③ 信息 CAN 总线(低速):速率为 100kb/s,用于将收音机、电话和导航系统联网。

(2) 所有系统的共性。

各系统在数据高速公路上采用同样的交通规则,即"传输协议"。为了保证有很高的抗干扰性(如来自发动机舱),所有的 CAN 数据总线都采用双线式系统。

将要发送的信号在发送控制单元的收发器内转换成不同的信号电平,并输送到两条 CAN 导线上,只有在接收控制单元的差动信号放大器内才能建立两个信号电平的差值,并将其作为唯一经过校正的信号继续传至控制单元的 CAN 接收区。

信息 CAN 数据总线与舒适 CAN 数据总线的特性是一致的。

(3) 各系统的重要区别。

①动力 CAN 数据总线通过 15 号接线柱进行切断,或经过短时无载运行后切断。而舒适 CAN 数据总线由 30 号接线柱供电且必须保持随时可用的状态。

②为了尽可能降低对供电网产生的负荷,在 15 号接线柱关闭后,如果总系统不再需要舒适数据总线,那么舒适数据总线就进入所谓的"休眠模式"。

③舒适/信息 CAN 数据总线在一条数据线短路或一条 CAN 线断路时,可以用另一条线继续工作,这时会自动切换到"单线工作模式"。

④动力 CAN 数据总线的电信号与舒适/信息 CAN 数据总线的电信号是不同的。

2) CAN 的链路

CAN 数据总线是一种双线式数据总线,脉冲频率为 100kb/s(舒适/信息数据总线)或 500kb/s(动力数据总线)。舒适/信息 CAN 数据总线又称低速总线,动力 CAN 数据总线又称高速总线。

各个 CAN 系统的所有控制单元都并联在 CAN 数据总线上。CAN 数据总线的两条导线分别称为 CAN-High 和 CAN-Low 线,两条扭绞在一起的导线称为双绞线,如图 4-1-13 所示。

图 4-1-13　双绞线

控制单元之间的数据交换就是通过这两条导线来完成的,这些数据可能是发动机转速、油箱油面高度及车速等。

CAN 导线的基色为橙色。对于动力 CAN 数据总线来说,CAN-High 线上还多加了黑色作为标志色;对于舒适 CAN 数据总线来说,CAN-High 线上的标志色为绿色;对于信息 CAN 数据总线来说,CAN-High 线上的标志色为紫色。CAN-Low 线的标志色都是棕色。

3) 动力 CAN 数据总线

(1) 动力 CAN 数据总线的主要联网单元。

动力 CAN 数据总线的速率为 500kb/s,用于将动力 CAN 数据总线方面的控制单元联成网络。动力 CAN 数据总线的控制单元有:发动机控制单元、ABS 控制单元、ESP 控制单元、变速器控制单元、安全气囊控制单元、组合仪表。

与所有的 CAN 导线一样,动力 CAN 数据总线也是双线式数据总线,其脉冲频率为 500kb/s,因此也称为高速 CAN 总线。控制单元通过动力 CAN 数据总线的 CAN-High 线和 CAN-Low 线来进行数据交换。

控制单元循环往复地发送信息,信息的重复周期一般为 10~25ms。

(2)动力 CAN 数据总线上的信号电压变化。

以动力 CAN 数据总线为例,在静止状态时,这两条导线上作用有相同的预先设定值,该值称为静电平。对于动力 CAN 数据总线来说,这个值大约为 2.5V。静电平也称为隐性状态,与其相连接的所有控制单元均可修改它。

在显性状态时,CAN-High 线上的电压值会升高一个预定值(对动力 CAN 数据总线来说,这个值至少为 1V),而 CAN-Low 线上的电压值会降低一个同样值(对动力 CAN 数据总线来说,这个值至少为 1V)。于是在动力 CAN 数据总线上,CAN-High 线就处于激活状态,其电压不低于 3.5V(2.5V + 1V = 3.5V),而 CAN-Low 线上的电压值最多可降至 1.5V(2.5V − 1V = 1.5V)。

因此在隐性状态时,CAN-High 线与 CAN-Low 线上的电压差为 0V,在显性状态时该差值最低为 2V,如图 4-1-14 所示。

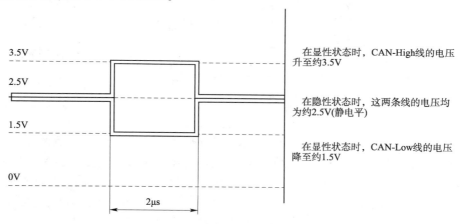

图 4-1-14　CAN 数据总线上的信号电压变化

4)舒适/信息 CAN 数据总线

(1)舒适/信息 CAN 数据总线的联网单元。

舒适/信息 CAN 数据总线的速率为 100kb/s,用于将舒适 CAN 总线和信息 CAN 总线方面的控制单元联成网络。舒适/信息 CAN 数据总线的控制单元有:全自动空调/空调控制单元、车门控制单元、舒适控制单元、多媒体和导航显示单元控制单元。

与所有的 CAN 导线一样,舒适/信息 CAN 数据总线也是双线式数据总线,其脉冲频率为 100kb/s,因而也称为低速 CAN 总线。

控制单元通过舒适/信息 CAN 数据总线的 CAN-High 线和 CAN-Low 线来进行数据交换,如车门开/关、车内灯开/关、车辆位置(GPS)等。

由于使用同样的脉冲频率,因此舒适 CAN 数据总线和信息 CAN 总线可以共同使用一对导线,当然前提条件是相应的车上有这两种数据总线。

(2)舒适/信息 CAN 数据总线上的信号电压变化。

为了增强抗干扰性且降低电流消耗,低速 CAN 与动力 CAN 数据总线相比就需做一些改动。

首先，由于使用了单独的驱动器（功率放大器），这两个 CAN 信号就不再有彼此依赖的关系。与动力 CAN 数据总线不同，舒适/信息 CAN 数据总线的 CAN-High 线和 CAN-Low 线不是通过电阻相连的。也就是说，CAN-High 线和 CAN-Low 线不再彼此相互影响，而是彼此独立作为电压源来工作。

另外，共同的中压也发生了变化，在隐性状态（静电平）时，CAN-High 信号为 0V，在显性状态时不小于 3.6V；对于 CAN-Low 信号来说，隐性电平为 5V，显性电平不大于 1.4V，如图 4-1-15 所示。

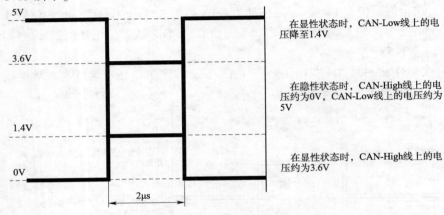

图 4-1-15　舒适/信息总线的信号变化

CAN-High 线和 CAN-Low 线上的数据传递由安装在收发器内的故障逻辑电路来监控，故障逻辑电路检验两条 CAN 导线上的信号，如果出现故障（如某条 CAN 导线断路），那么故障逻辑电路会识别出该故障，从而使用完好的那一条导线（单线工作模式）。

在正常的工作模式下，使用的是 CAN-High"减去"CAN-Low 所得的信号（差动数据传递），这样就可将故障对舒适/信息 CAN 数据总线的两条导线的影响降至最低（与动力 CAN 数据总线一样）。

5）CAN 数据总线上的阻抗匹配

控制单元信号在收发器内进行放大。收发器发送一侧的任务是将控制单元内 CAN 控制器的较弱信号进行放大，使之达到 CAN 导线上的信号电平和控制单元输入端的信号电平。

连接在 CAN 数据总线上的控制单元的作用就像是 CAN 导线上的一个负载电阻（因为装有电子元件）。这个负载电阻取决于连接的控制单元数量及其电阻值。

例如：发动机控制单元会在动力 CAN 数据总线的 CAN-High 线和 CAN-Low 线之间形成 66Ω 的电阻，所有其他控制单元均可在数据总线上产生 2.6kΩ 的电阻，如图 4-1-16 所示。

根据连接的控制单元数量，所有控制单元形成的总电阻为 53~66Ω。如果 15 号接线柱（点火开关）已切断，就可以用欧姆表测量 CAN-High 线和 CAN-Low 线之间的电阻了。

收发器将 CAN 信号输送到 CAN 数据总线的两条导线上，相应地，CAN-High 线上的电压会升高，而 CAN-Low 线上的电压会降低一个同样大小的值。对于驱动 CAN 数据总线来说，一条导线上的电压改变值不低于 1V；对于舒适/信息 CAN 数据总线总线来说，这个值不低于3.6V。

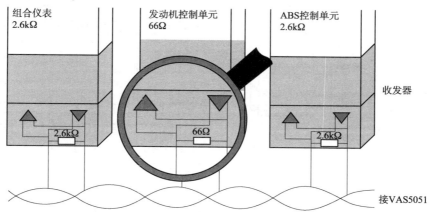

图4-1-16 数据总线的CAN-High线和CAN-Low线上的负载电阻

最初的数据总线的两个末端有两个终端电阻,如图4-1-17所示。

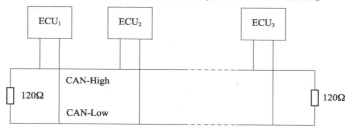

图4-1-17 最初数据总线的两个末端的终端电阻

舒适/信息CAN数据总线的特点是:控制单元内的负载电阻不是作用于CAN-High线和CAN-Low线之间,而是体现在每条导线对地或对5V之间。如果蓄电池电压被切断,那么电阻也就没有了,这时用欧姆表无法测出电阻。

6) CAN网络典型故障判断

可以利用示波仪判断CAN网络典型故障。

(1) CAN-L线断路故障(图4-1-18)。

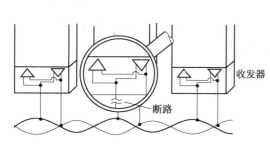
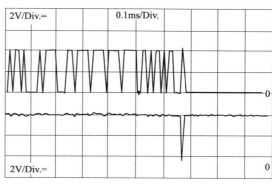

图4-1-18 CAN-L线断路故障

(2)CAN-H 线断路故障(图 4-1-19)。

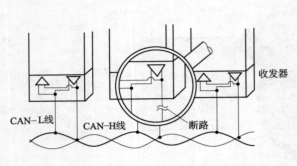 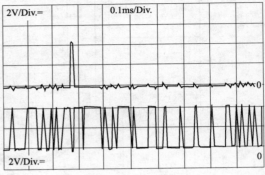

图 4-1-19　CAN-H 线断路故障

(3)CAN-L 线与蓄电池正极短路故障(图 4-1-20)。

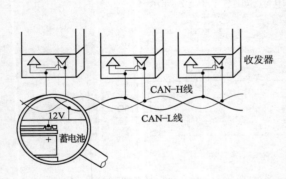 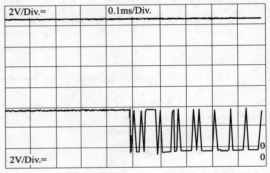

图 4-1-20　CAN-L 线与蓄电池正极短路故障

(4)CAN-L 线搭铁短路故障(图 4-1-21)。

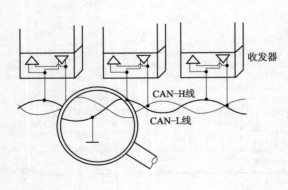 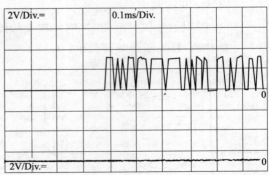

图 4-1-21　CAN-L 线搭铁短路故障

(5)CAN-L 线与 CAN-H 线短路故障(图 4-1-22)。
(6)CAN-L 线与 CAN-H 线反接故障(图 4-1-23)。

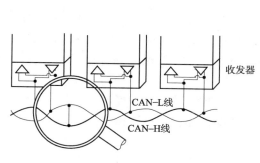 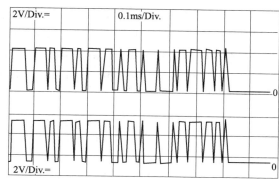

图 4-1-22　CAN-L 线与 CAN-H 线短路故障

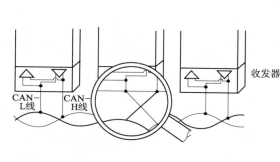 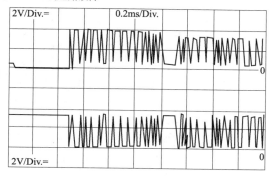

图 4-1-23　CAN-L 线与 CAN-H 线反接故障

LIN 局部连接网络

局部连接网络 LIN（Local Interconnect Network）是由 Audi、BMW、DaimlerChrysler、MotorolA. Volcano Communications Technologies（VCT）、Volkswagen 和 Volvo 等公司和部门（LIN 联合体）提出的一个汽车底层网络协议。LocalInterconnect（局部连接）表示所有的控制单元都装在一个有限的空间内（如车顶），它也被称为"局域子系统"。

车上各个 LIN 总线系统之间的数据交换是由控制单元通过 CAN 数据总线实现的。

LIN 总线系统是单线式总线,底色是紫色,有标志色。该线的横截面积为 $0.35mm^2$,无须屏蔽。该系统可使一个 LIN 主控制单元与最多 16 个 LIN 从控制单元进行数据交换。从某种意义上来讲,LIN 就是 CAN 的经济版通信网络,其可定位于低于 CAN 的通信层,其示意图如图 4-1-24 所示。

1. LIN 的特点

LIN 协议是以广泛应用的 SCI（UART）为基础定义的。它支持与这类产品的连接。

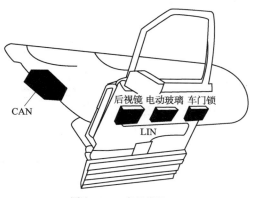

图 4-1-24　车门模块

LIN 采用单主/多从带信息标识的广播式信息传输方式,网络节点根据在通信中的地位分为主节点和从节点。为了降低成本,LIN 网络中,从节点的同步不需要固定的时间基准。LIN 物理层是根据汽车故障诊断系统标准 ISO9141 拟定的 12V 单总线(Single-Wire l2VBus),满足汽车环境的 EMC、ESD 和抗噪声干扰要求。LIN 提供了一种在不需要更高通信频带环境中应用的廉价高效的通信网络标准。

LIN 配置语言给出在开发中描述系统结构和系统特性(如节点、接口、延时等)的标准。按照这个标准,来自不同开发商的数据库、网络设备、网络分析/仿真工具可以互相兼容。

LINAPI 提供了应用程序与 LIN 通信系统软件的调用接口,这是一个比较简单但对提高系统设计效率非常有效的标准。

2. LIN 与 CAN 的比较

在车上网络中,LIN 处于低端,与 CAN 以及其他 B 级或 C 级网络比较,它的传输速度低、结构简单、价格低廉;在汽车上,与这些网络是互补的关系。由于汽车产品包括部件和整机,对价格和复杂性非常敏感,在汽车网络系统低端使用 LIN 会显现其必要性和优越性。

3. LIN 结构与协议

LIN 的网络结构如图 4-1-25 所示,网络由一个主节点和多个从节点构成,主节点可以执行主任务也可以执行从任务,从节点只能执行从任务。总线上的信息传送由主节点控制。

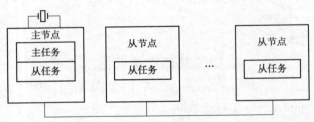

图 4-1-25 LIN 网络结构

LIN 网络中信息以帧为单位传输。每个帧包括 3 个字节的控制与安全信息以及 2 或 4 个或 8B 的数据,如图 4-1-26 所示,每个信息帧由主节点发出的一个 13bit 显性位(低电平)起始域开始,之后主节点接着发送同步域和标识符域(主任务);从节点发回数据域和校验域(从任务)。

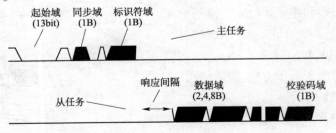

图 4-1-26 信息帧传送络式

LIN 系统中,除了主节点命名外,节点不使用任何系统结构方面的信息;这使 LIN 具有很多相关的优点。在 LIN 系统中,加入新节点时,不需要其他从节点作任何软件或硬件的改动。LIN 和 CAN 一样,传送的信息带有一个标识符,它给出的是这个信息的意义或特征,而不是这个信息传送的地址。

受单线传输媒体电磁干扰(EMI)的限制,LIN 最大位流传输速度为 29kbit/s;另一方面,为了避免与实际系统定时溢出时间发生冲突,最小位流传输速度限定为 1kbit/s。在实际应用系统中,建议支持 LIN 的元器件使用如下传输速度:低速使用 2400bit/s,中速使用 9600bit/s,高速使用 19200bit/s。

LIN 系统总线的电气性能对网络结构有很大影响。网络节点数不仅受标识符长度限制,而且受总线物理特性限制。在 LIN 系统中,建议节点数不要超过 16 个,否则网络阻抗降低,在最坏工作情况下会发生通信故障。LIN 系统每增加一个节点大约使网络阻抗降低 3%。

每个节点与总线的接口如图 4-1-27 所示。电源与 LIN 总线间二极管的作用是:当 VBAT 为低时(本地节点断电或断路等)防止 LIN 总线驱动节点的电源线(这将大大增加总线负载)。

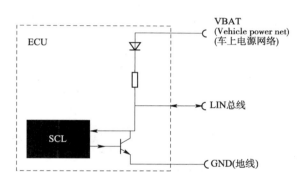

图 4-1-27 LIN 总线的接口

LIN 系统支持休眠工作模式。当主节点向网络上发送一个休眠命令时,所有节点进入休眠状态,直到被唤醒之前总线上不会有任何活动。这时总线处于隐性状态,节点没有内部活动,驱动器处于接收状态。

当总线上出现任何活动或节点出现任何内部活动时,节点结束休眠状态。当由于从节点内部活动被唤醒时,输出一个唤醒信号(WAKE—UP SIGNAL)唤醒主节点。主节点被唤醒后开始初始化内部活动,从节点要等到同步信号后才参与总线通信活动。

任务训练

在教学实验台或教学实验车上,根据实验指导书和维修手册,查找 CAN 系统模块的位置,观察总线驱动总线、舒适总线、信息娱乐总线的形式,进行测试。

在教学实验台或教学实验车上,教师设置故障,学生进行检测、分析和排除。

任务评价

汽车车载网络检修评价见表 4-1-1。

汽车车载网络检修评价表

表 4-1-1

序号	内容及要求	评分	评分标准	自评	组评	师评	得分
1	准备	10	(1)汽车进入工位前,准备好相关的器材(4分); (2)拉紧驻车制动器操纵杆,把变速杆置于空挡(3分); (3)套上三件套(3分)				
2	清洁	10	按要求清理工位				
3	CAN-L 线断路故障	20	使用工具、仪器设备正确,示波器反应正确波形,查找出原因				
4	CAN-H 线断路故障	10	使用工具、仪器设备正确,示波器反应正确波形,查找出原因				
5	CAN-L 线与蓄电池正极短路故障	10	使用工具、仪器设备正确,示波器反应正确波形,查找出原因				
6	CAN-L 线搭铁短路故障	10	使用工具、仪器设备正确,示波器反应正确波形,查找出原因				
7	CAN-L 线与 CAN-H 线短路故障	10	使用工具、仪器设备正确,示波器反应正确波形,查找出原因				
8	CAN-L 线与 CAN-H 线反接故障	10	使用工具、仪器设备正确,示波器反应正确波形,查找出原因				
9	安全文明生产	10	(1)结束后清洁(5分); (2)工量具归位(5分)				

指导教师总体评价:

指导教师_____
____年____月____日

练一练

一、单项选题

1.关于数据总线,甲说 CAN 是控制单元之间运行数据传递的通道。乙说 BUS 线既可以发送数据,又可以接收数据,你以为(　　)。

　　A.甲对　　　　B.乙对　　　　C.甲乙都对　　　　D.甲乙都不对

2.关于 LIN 数据总线,下列说法错误的是(　　)。

　　A.它是 CAN 总线下的子系统

　　B.它采用的是一种低成本的串行通信协议

　　C.它主要用于动力驱动系统

　　D.它在主、从设备之间只需一根数据传输线

3.在讨论 CAN—BUS 的基本结构时,甲认为每块控制单元内都增加了一个 CAN 控制器和一个 CAN 收发器。乙认为每块控制单元外部都连接了两条 CAN—BUS 双绞线,你认为(　　)。

A. 甲对　　　　　　B. 乙对　　　　　　C. 甲乙都对　　　　D. 甲乙都不对

4. 在 CAN 总线上的所有信息,都是通过(　　)数据线进行交换的。
   A. 一条　　　　　　B. 两条　　　　　　C. 三条　　　　　　D. 四条

5. 在讨论 CAN 数据总线采用双绞线的目的时,甲认为是为了增强导线的传输速度和方便导线的排制。乙认为是为了防止外界电磁波的干扰和向外辐射,你认为(　　)。
   A. 甲对　　　　　　B. 乙对　　　　　　C. 甲乙都对　　　　D. 甲乙都不对

6. 关于 CAN 数据总线,下列说法错误的是(　　)。
   A. 它是用于传输数据的双向数据线　　B. 有 CAN-HIGH 和 CAN-LOW 之分
   C. 在传输数据中,数据没有指定的接收器　D. 各控制单元都进行接受计算

7. 关于 CAN 网络,下列说法错误的是(　　)。
   A. 它是一种单一总线的通信网络
   B. 通信介质可为双绞式同轴电缆或光纤
   C. 在运行中,优先权较低的节点会主动退出发送
   D. 它的通信速率最高可达 1Mb/s

8. 关于 CAN 的网关,下列说法错误的是(　　)。
   A. 它是一种异型网络的接口装置
   B. 它可决定数据在不同网络之间的转换和传输
   C. 在 CAN 高速和低速之间设有网关
   D. 大众系列的网关是 J519 控制单元

9. 关于 CAN 总线网络,下列说法错误的是(　　)。
   A. 有高速和低速两条 CAN 总线
   B. 高速 CAN 总线的传输速率为 250kb/s
   C. 低速 CAN 的传输速率为 100kb/s
   D. 低速 CAN 总线可连接舒适系统

10. 按照系统的复杂程度、传输流量、传输速度、传输可靠性、动作响应时间等参量,将汽车数据传输网络划分为(　　)类。
    A. 2　　　　　　　B. 3　　　　　　　C. 4　　　　　　　D. 5

二、多项选择题

1. 汽车三大系统分别是
   A. 动力驱动系统　　B. 舒适系统　　　　C. 信息娱乐系统　　D. 排放系统

2. 控制器局域网络系统有(　　)发展。
   A. CAN　　　　　　B. BGT　　　　　　C. MOST　　　　　　D. LIN

3. 局域网的常用拓扑结构有(　　)。
   A. 无线型　　　　　B. 总线型　　　　　C. 环型　　　　　　D. 星型

4. 通常用于局域网的传输媒体有(　　)。
   A. 双绞线　　　　　B. 同轴电缆　　　　C. 光纤　　　　　　D. 铜线

5. 下列说法正确的是(　　)。
   A. 使用高速的总线来连接动力与传动系统

B. 车身系统的控制单元多为低速电动机和开关量器件

C. 故障诊断系统是将车用诊断系统在通信网络上加以实现

D. 信息与车载媒体系统对于通信速率的要求较高,一般在 2Mb/s 以上

三、判断题

1. CAN 数据总线系统由控制器、收发器、两个数据传输终端和两条数据传输线组成。（ ）

2. 每一个 CAN 节点上都接有一个控制单元,每一控制单元中均设有一个 CAN 控制器和一个 CAN 收发器。（ ）

3. CAN 有数据发送和接收两端,两端都接一个 60Ω 的电阻器。（ ）

4. 汽车上 CAN 数据传输线采用普通导线,分为 CAN 高位数据线和低位数据线。（ ）

5. 网关的作用是把不同的系统的识别信号和速率进行改变,能够让另一个系统接受。（ ）

四、分析题

1. 简述 CAN 总线数据传输原理。
2. 普通车系 CAN 总线系统设置了哪几个不同的区域?
3. 目前,常见 CAN 总线的拓扑方式有哪些?

学习任务 4.2　客车车载网络系统的检修

任务目标

1. 熟悉商用车载网络系统的组成和特点。
2. 掌握典型客车 CAN 总线常见问题及排查方法。
3. 能运用常用的检测仪表和工具对 CAN 网络典型故障进行判断。

任务导入

小王是一名汽车维修实习生,在维修大客车的电器时,查看电路手册发现其线路控制部分采用 CAN 总线技术,一时无从下手,师傅告诉他应从客车的网络系统开始学起。

任务准备

大客车的车身长度都在 9m 以上,动力装置后置,线路多而且复杂。发动机转速、车速传感器信号经常被其他的控制器使用,需要从组合仪表再并接出这些信号,带来重复和浪费。用 CAN 总线来替代原来贯穿前后的线束给汽车电气设计工程师带来了极大的方便。使用 CAN 总线可以简化线路结构,提高电气线路的可靠性,现在 CAN 总线已在汽车上广泛使用,CAN 总线控制技术的推广使用是客车行业发展的必然方向,国内客车使用的 CAN 总线产品主要由威帝及欧科佳提供,CAN 总线的组成及结构各有特点。CAN 总线系统是通过 CAN 总线网络技术对商用车(特别是长途客车和城市公交车)上装备的电子、电气设备进行控制的系统,如图 4-2-1 所示。该系统将全车电路系统优化成一个带中

央控制单元的数字电路系统,它是一个积木式的开放系统,可以根据不同的负载情况增加和减少输入输出控制单元的数量。这里,每个负载的功能是通过软件编程来确定并实现的,开关也不再被用来控制负载的电流,而只是被用来改变各控制单元输入端的状态。

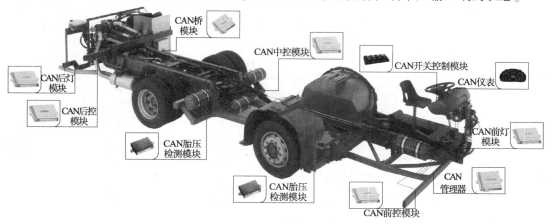

图 4-2-1 带 CAN 总线网络商用车

CAN 总线由传输媒体及一系列电控模块组成。传输媒体即双绞线,电控模块是特定的数据采集、显示控制单元。

通常一级 CAN 总线是一种高性价比的简易 CAN 总线。整个系统由总线处理器、总线仪表、总线管理器和桥模块(选配)组成。总线处理器可完成 50 多个数据量的采集,并能实现对缓速器、空气悬架、乘客门及车速灯等的控制,还能实现巡航定速功能;桥模块可接受发动机 ECU 发出的转速、油压、冷却液温度等数据;总线管理器除管理总线运行外,还包含行车记录仪功能;总线仪表为纯数字化仪表,可显示近 120 个数据量。

二级总线是基于 CAN 总线技术,专门为客车开发的一套汽车总线系统。整个系统由前控模块、后控模块、前灯控模块、后灯控模块、总线仪表、总线管理器和桥模块(选配)组成。三级总线是在一、二级总线基础上开发的功能相对比较完备的一套 CAN-LIN 混合总线系统。整个系统由开关模块、前控模块、后控模块、前灯控模块、后灯控模块、顶控模块、中控模块、总线仪表、胎压接收模块(选配)、总线管理器和桥模块(选配)组成。

整个总线系统可完成近 120 个数据量的采集,并能实现对缓速器、车身升降、随动桥、乘客门、灯光、刮水器、排气扇、空调、车内照明、油路、点火器、电视音响、铰接盘、发动机点火、发动机熄火等的控制,还能为发动机提供信号以实现巡航定速功能;桥模块可接受发动机 ECU 发出的转速、油压、冷却液温度等数据;总线管理器除管理总线运行外,还包含行车记录仪功能;总线仪表为纯数字化仪表可显示近 200 个数据量。

三级总线另一显著特点是动态资源配置,对于大多数开关型输入信号和输出信号,可通过软件设置而实现重定义。这样一来对不同的车型不必迁就一种定义,根据接线方便,对输入信号重新定义,实现信号的就近接入。

1. 系统主要模块及功能

1) 前控模块

前控模块的原理图如图 4-2-2 所示。

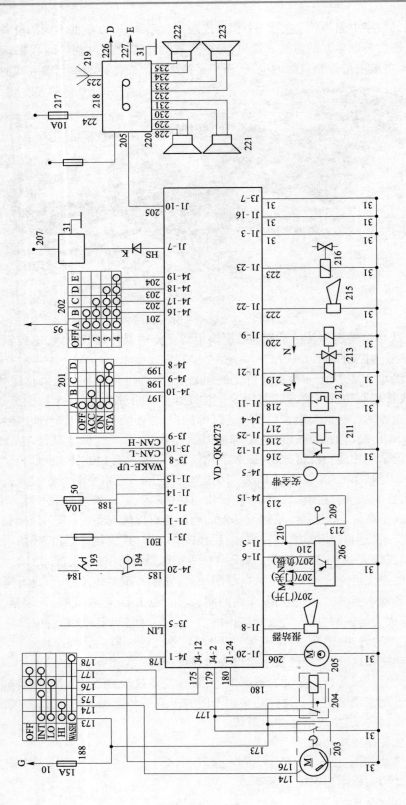

图 4-2-2 前控模块的原理图

其中,WAKE-UP 作为唤醒线,CAN 总线所有模块都有两个 WAKE-UP 引脚,模块内部是连接在一起的,前控模块为 WAKE-UP(J3-8)输出,其他模块为 WAKE-UP 的输入,连线时总线各模块的 WAKE-UP 都必须与前控模块连接在一起,当前控模块电源正常、钥匙 2 挡(ON 挡)开时,前控模块正常工作,WAKE-UP 输出(输出电压值约等于当前电源电压),总线其他模块收到 WAKE-UP 信号,模块被唤醒,在电源正常的情况下,各模块开始工作。

CAN 传输的两条信号线被称为 CAN-H 和 CAN-L,通电状态:CAN-H(3.5V)、CAN-L(1.5V)或 CAN-L(3.5V)、CAN-H(1.5V),断电状态:CAN-H、CAN-L 之间应该有 60Ω 电阻值。

前控模块 J3-5 为 LIN 接口,与开关模块的 LIN 接口对接,作用是 CAN 总线与开关模块的通信线,LIN 线工作电压为 +12V。前控模块主要功能是对电气喇叭、干燥器、钥匙点火、刮水器、车门、除霜器、暖风散热器、缓速器等客车前部电器的控制、其他总线模块的唤醒。

图 4-2-3 所示为喇叭控制原理图,J4-1 为喇叭控制信号,正控时其引脚电压等于当前电源电压,负控时引脚电压等于 0V,悬空时引脚电压范围为 2.25 ~ 2.3V。J1-22 为电喇叭开关控制输出,J1-23 为气喇叭开关控制输出。

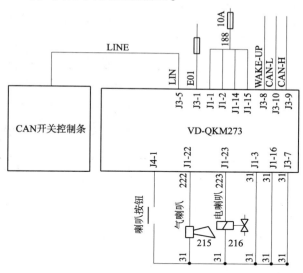

图 4-2-3 喇叭控制原理图

通过 CAN 开关条上的按钮控制电/气喇叭的转换工作。喇叭按钮通过触发前控模块的 J4-1,在前控模块的 J1-22 或 J1-23 上有电源输出。

当钥匙打到 ACC 挡时,触发前控模块(QKM273)的 J4-10,通过 CAN 在后控模块的 J1-5 有一正控的电源输出,电源总开关动作,整车电源接通。同理,当 ACC 在 ON/START 挡时,触发前控模块 J4-9/J4-8,在相应的模块上有电源输出。

空调控制系统的控制原理如图 4-2-4 所示。

空调起动开关信号(J4-14)正控时,引脚电压等于当前电源电压,当此脚有输入时,怠速提升才有输出。负控时,引脚电压等于 0V,悬空时引脚电压范围为 2.25 ~ 2.3V。

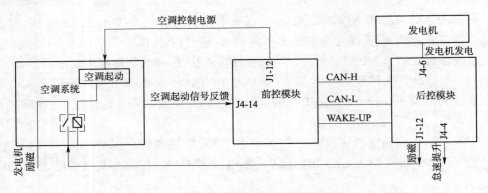

图 4-2-4　空调控制系统的控制原理图

空调控制电源是前控模块(J1-12)针:发动机起动后,发电机发电,给一信号触发后控模块(J4-6)针后,前控模块(J1-12)针和后控模块(J1-12)针才有输出,空调系统可以开始工作;打开空调后,空调系统内部的继电器工作,将有一励磁输出,空调发电机工作,空调制冷就可以起动,同时,空调系统反馈一信号给前控(J4-14)针,通过 CAN 总线在后控模块的(J4-4)针有输出,给发动机的怠速提升电磁阀,发动机的怠速将提升到适当的怠速以保证空调的制冷。

前门控制原理如图 4-2-5 所示。

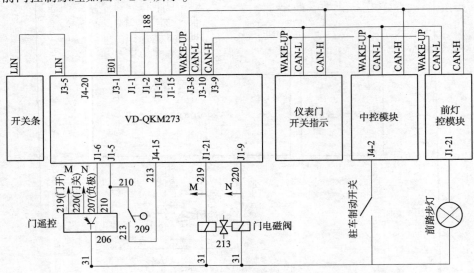

图 4-2-5　前门控制原理图

门开关电源(J1-5)通电状态;常电源线,此引脚输出电压等于当前电源电压,当车速大于 3km/h 时此引脚没有电压输出。

前门开:前门开关信号(J1-21)信号状态:正控时引脚电压等于当前电源电压,当有电压时,门打开。

前门关:前门关开关信号(J1-9)信号状态:正控时引脚电压等于当前电源电压,当有电压时,门关闭。负控时引脚电压等于 0V,悬空时,引脚电压范围为 2.25～2.3V。

工作方式:有两种控制方式,一种是遥控,一种是仪表板上的开关控制条。在使用遥控操作过程中,当只有驻车制动器手柄拉起时,遥控器 J1-6 针上才有电源输出,此时遥控才能控制门的开关。当使用仪表板上的开关控制条控制门开关时,只需要操作开关控制条上的按钮就可控制门的开关。

2) 后控模块

后控模块的主要功能是采集,包括车速、转速、冷却液温度、气压、油压、电压、挡位、冷却液液位、充电指示、缓速器指示、集中润滑、加速踏板、后舱门、发动机诊断、发动机维护、发动机等待起动、发动机停止、空气过滤告警、油压告警等输入信号,并将其发布在总线上。

根据在总线上接收的信息来输出,包括:空调怠速提升、总电源、缓速器 1 挡、缓速器 2 挡、缓速器 3 挡、缓速器 4 挡、起动保护、排气制动、空调励磁电源、油路吸合、怠速、诊断等输出量。

CAN 总线后控模块有两个 WAKE-UP 引脚,模块内部是连接在一起的,前控模块为 WAKE-UP 输出,其他模块为 WAKE-UP 的输入,连线时总线各模块的 WAKE-UP 都必须与前控模块连接在一起,当前控模块电源正常,钥匙 2 挡(ON 挡)开时,前控模块正常工作,WAKE-UP 输出(输出电压值约等于当前电源电压),总线其他模块收到 WAKE-UP 信号,模块被唤醒,在电源正常的情况下,各模块开始工作。

发动机熄火原理如图 4-2-6 所示。其中后熄火(J1-26/J1-13)发动机熄火控制信号,正控时引脚电压等于当前电源电压,负控时引脚电压等于 0V,悬空时,引脚电压范围为 2.25~2.3V。后熄火(J1-25)发动机熄火信号,正控时,引脚电压等于当前电源电压,负控时引脚电压等于 0V,悬空时引脚电压范围为 2.25~2.3V。

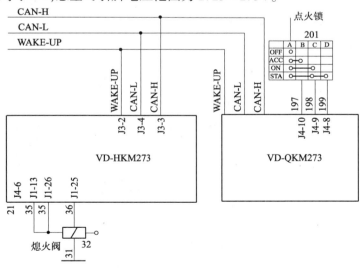

图 4-2-6 发动机熄火原理图

点火锁在 ON 挡位时即前控模块的 J4-9 触发,后控模块的 J1-25 有电源输出,发动机在待起动状态,当发动机起动时即 J4-8 有电源触发,后控模块的(J1-13/J1-26)有一电源输出,此时熄火阀在(J1-13/J1-26)、(J1-25)的电源作用下,熄火阀工作,当 J4-8 结束触发时,(J1-13/J1-26)无电源输出,J1-25 针的电源维持发动机正常转动,当 ON 挡退出时,前控模块的 J1-25 也就断开,电磁阀动作,发动机熄火。

起动保护电路如图 4-2-7 所示。

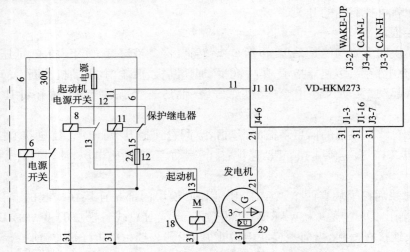

图 4-2-7　起动保护电路

发动机起动后,发电机中性点发出一触发信号给后控模块的 J4-6,此时在后控模块的 J1-10 针会有一个 24V 电源输出,给起动保护继电器,此继电器工作,常开触点吸合,常闭触点断开(图 4-2-6),继电器的常开触点吸合后,电源总开关在发动机工作状态下,始终有一个电源在供电,同时起动机上的电源线路被断开,避免了驾驶人的误操作而损坏起动机。

整车电源开关电路如图 4-2-8 所示。

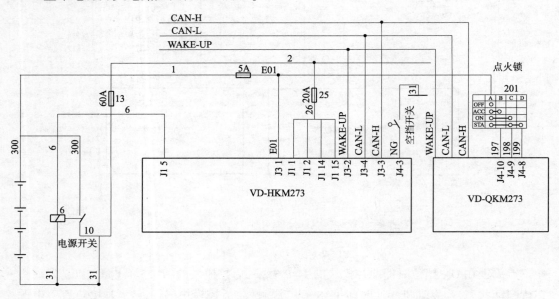

图 4-2-8　整车电源开关电路

当点火锁开关转到 ACC 位置时,前控模块的 J4-16 有电,经网络处理后,在后控模块的 J1-5 有一正控的电源输出给电源总开关的控制端,继电器吸合,整车供电。当钥匙控制断开 ACC 挡时,后控模块的 J1-5 将延时 5s 断开,确保整车 CAN 系统将整车的各种参数记忆后,再将整车电源断开。

3）中控模块

中控模块的主要功能是采集,包括:燃油、行车制动、驻车制动、气压 1 报警、气压 2 报警、ABS 工作、ABS 故障、ASR、中门状态、WC 水位、左后制动片、右后制动片、气压 1、气压 2、WC 水位等输入信号,并将其发布在总线上。

根据在总线上接收的信息来输出,包括:倒挡、侧位灯、中门踏步灯、侧左转向、中门开、燃油传感器电源、前门踏步灯、WC 电源、行李舱灯、侧右转向、中门关、ABS 电源、门电源等输出量。

4）顶控模块

顶控模块的主要功能是根据在总线上接收的信息来输出,包括:高位制动灯、路牌灯、后换气扇关、前换气扇关、右阅读灯、左阅读灯、右荧光灯、左荧光灯、前电视开关、前门踏步灯、示廓灯、后换气扇开、前换气扇开、低速指示灯、中速指示灯、前电视翻开、前电视收起、前门电源、中门电源、高速指示灯、后电视翻开、后电视收起、后电视开关等输出量。

5）前灯模块

前灯模块的主要功能是采集,包括:示廓灯、远光、近光、前雾、后雾、左转向、右转向等输入信号,并将其发布在总线上。根据在总线上接收的信息来输出,包括:左转向灯、左近光、左前雾灯、左远光、踏步灯、右近光、右前雾灯、右远光、右向灯、右转向灯等输出量。

6）后灯模块

后灯模块的主要功能是根据在总线上接收的信息来输出,包括:左转向灯、左侧转向灯、示廓灯、左倒车灯、左后雾灯、侧位灯、左制动灯、右转向灯、右侧转向灯、右倒车灯、右后雾灯、右后制动灯等输出量。

7）总线管理模块

总线管理模块的主要功能是管理 CAN 总线、记录行车数据、设置及修改 CAN 总线相关参数。

8）桥模块

桥模块的主要功能是实现车身内部 CAN 总线与发动机 ECM、自动变速器 TCM、GPS,等外部 CAN 总线基于 J1939 协议的数据通信,并能将冗余数据过滤,相当于 CAN 总线系统内外数据交换的网关。

9）LIN 总线开关模块

LIN 协议由欧洲汽车制造商协会设计,是一种低成本短距离低速网络。

利用 LIN 总线技术,实现数字传输。体积小、节省接线、美观实用、取代老式翘板开关。开示廓灯时,总线开关模块上的开关及标识处红色背光灯点亮,当按下开关模块按键时,会根据功能的不同而改变颜色(多为黄色和绿色)。

2. 客车 CAN 总线常见问题及排查方法

如果钥匙在 ON 挡,出现以下情况,具体可能存在的问题及对应的检查方法,见表 4-2-1。

客车 CAN 总线常见问题及检查方法 表 4-2-1

故障现象	可能存在的问题	对应的检查方法
远光灯(左、右)	打开远光灯开关时,仪表液晶屏显示相应的远光灯故障	检查远光灯灯丝是否断开,或者远光灯线束是否断路
近光灯(左、右)	打开近光灯开关时,仪表液晶屏显示相应的近光灯故障	检查近光灯灯丝是否断开,或者是近光灯线束否断路
转向灯(左前、右前、左后、右后)	打开转向灯开关时,仪表液晶屏显示相应的转向灯故障	检查转向灯灯丝是否断开,或者转向灯线束是否断路
倒车灯(左、右)	换入倒挡时,仪表液晶屏显示相应的倒车灯故障	检查倒车灯灯丝是否断开,或者倒车灯线束是否断路
示廓灯(左前、右前、左后、右后)	打开示廓灯开关,仪表液晶屏显示相应的示廓灯故障	检查示廓灯灯丝是否断开,或者示廓灯线束是否断路
制动灯(左、右)	踩下制动踏板时,仪表液晶屏显示相应的制动灯故障	检查制动灯灯丝是否断开,或者制动灯线束是否断路
前雾灯(左、右)	打开前雾灯开关时,仪表液晶屏显示相应的前雾灯故障	检查前雾灯灯丝是否断开,或者前雾灯线束是否断路
后雾灯(左、右)	打开后雾灯开关时,仪表液晶屏显示相应的后雾灯故障	检查后雾灯灯丝是否断开,或者后雾灯线束是否断路
仪表无反应,全车总线控制设备无动作	(1)钥匙 ON 挡接入到前控模块的线路出现故障; (2)前控模块与各模块连接的 WAKE-UP 唤醒线路故障; (3)未打开总电源开关	(1)检查是否是 ON 挡到前控模块的输入断路; (2)检查前控模块 WAKE-UP 唤醒线输出到各模块是否有 24V,同时检查线路是否接通; (3)检查手动电源总开关是否打开
仪表点亮,但全车总线控制无动作	CAN-L 和 CAN-H 线路故障	检测 CAN-H 和 CAN-L 之间的电压(2V)和电阻(60Ω)
仪表上灯能够点亮,但各表针均无反应,全车其他正常	仪表的 CAN-L 和 CAN-H 线路故障	检测 CAN-H 和 CAN-L 之间的电压(2V)和电阻(60Ω)
仪表不亮,其他控制模块正常	与仪表连接的 WAKE-UP 唤醒线路故障	检查仪表处 WAKE-UP 唤醒线是否有 24V
里程表指针无反应	(1)如果信号从 CAN 得到,则可能是 CAN-L 和 CAN-H 线路故障; (2)如果信号从传感器得到,仪表未指示里程传感器掉线,则可能是传感器故障或传感器到后控模块的线束短路	(1)检查桥模块与变速器 ECU 之间的 CAN 线是否松动或断路; (2)检查后控模块与传感器之间的线束,或者更换一只传感器

续上表

故障现象	可能存在的问题	对应的检查方法
转速表指针无反应	(1)如果信号从CAN得到,则可能是CAN-L和CAN-H线路故障; (2)如果信号从传感器得到,仪表未指示里程传感器掉线,则可能是传感器故障或传感器到后控模块的线束短路	(1)检查桥模块与发动机ECU之间的CAN线是否松动或断路; (2)检查后控模块与传感器之间的线束,或者更换一只传感器
冷却液温度表指针无反应	(1)如果信号从CAN得到,则可能是CAN-L和CAN-H线路故障; (2)如果信号从传感器得到,仪表未指示里程传感器掉线,则可能是传感器故障或传感器到后控模块的线束短路	(1)检查桥模块与发动机ECU之间的CAN线是否松动或断路; (2)检查后控模块与传感器之间的线束,或者更换一只传感器
故障现象	可能存在的问题	对应的检查方法
油压表指针无反应	(1)如果信号从CAN得到,则可能是CAN-L和CAN-H线路故障; (2)如果信号从传感器得到,仪表未指示里程传感器掉线,则可能是传感器故障或传感器到后控模块的线束短路	(1)检查桥模块与发动机ECU之间的CAN线是否松动或断路; (2)检查后控模块与传感器之间的线束,或者更换一只传感器
气压表无指示	如果仪表未指示气压传感器掉线,则可能是传感器故障或传感器到后控模块的线束短路	检查中控模块与传感器之间的线束,或者更换一只传感器
仪表显示模块掉线(前控、后控、中控、顶控、前灯、后灯、桥、胎压)	在仪表菜单的"模块温度"选项中,如果发现某已经安装的模块显示掉线,则表明该模块没有通信	检查该模块的电源线是否断路,或检查CAN通信线和WAKE-UP唤醒线是否断路
仪表显示某传感器掉线	搭铁不良或信号线接触不好	如果是外壳搭铁传感器,将传感器拧下重新拧紧,可解决外壳搭铁不良;如果是通过线路搭铁的传感器,可通过万用表测量线路是否断路;也可通过万用表检测信号线的通断

注:在检修线路时,不要带电插拔仪表和各模块的接插件。

3. 数据总线的故障处理方法

随着数据总线应用的不断增加,故障率也在不断提高,但就结构而言,故障为两类:

(1)控制单元故障(收发器故障、输出信号失真、硬件故障、发信息失控等)。

(2)线路故障(连接点故障、断路、短路、接反等)。

根据上述两类故障,检测方法为:

(1)插拔法:一根总线上多个控制单元故障,插拔顺序按优先顺序,常见的有气囊控制单元、ABS控制单元和自动变速器控制单元。

(2)颜色法：目测总线上高低线连接是否有问题。

(3)电阻法：主要针对驱动总线，看总线电阻是否为60～66Ω，也可测单个控制单元上的终端电阻，看其是否损坏。

(4)电压法：对于舒适系统，可测单根数据线电压，看其是否标准；对于驱动系统，除测单根导线外，还要测高低线的电位差。

(5)波形法，用来检测各类动态数据。

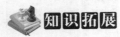

汽车MOST技术

多媒体定向系统传输(Media Oriented Systems Transport)简称MOST。BMW公司在新7系列车上设置了70多个运算装置，利用8种网络分别按这些运算装置的作用将其连接起来。其中，连接多媒体系统装置的网络选用了MOST。

MOST是采用塑料光缆(POF)的网络协议。将音响装置、电视、全球定位系统及电话等设备相互连接起来，给用户带来了极大的便利。在MOST中，不仅对通信协议给出了定义，而且也说明了分散系统的构筑方法。

MOST网络可以不需要额外的主控计算机系统，结构灵活、性能可靠和易于扩展。MOST网络光纤作为物理层的传输介质，可以连接视听设备、通信设备以及信息服务设备。MOST网络支持"即插即用"方式，在网络上可以随时添加和去除设备。MOST具有以下基本特征：

(1)保证低成本的条件下，达到24.8Mbit/s的数据传输速度。

(2)无论是否有主控计算机都可以工作。

(3)使用POF(Plastic Optical Fiber)优化信息传送质量。

(4)支持声音和压缩图像的实时处理。

(5)支持数据的同步和异步传输。

(6)发送/接收器嵌有虚拟网络管理系统。

(7)支持多种网络连接方式。

(8)提供MOST设备标准。

(9)方便简洁的应用系统界面。

通过采用MOST，不仅可以减轻连接各部件的线束的质量、降低噪声，而且可以减轻系统开发技术人员的负担，最终在用户处实现各种设备的集中控制。

1. MOST与3种数据对应

MOST的特点是：利用一个低价的光纤网络，可以传送下述3种数据：①同步数据——实时传送音频信号、视频信号等流动型数据；②非同步数据——传送访问网络及访问数据库等的数据包；③控制数据——传送控制报文及控制整个网络的数据。

MOST是以近于数字电话交换机等使用的"帧同步传送"技术为基础的，因此，通过简单的硬件就可以实现流动型数据的同步传送，只会产生完全可以预测到的最小限度的滞后。而与此相比，其他的网络协议对流动型数据的处理较为烦琐，在数据的滞后方面还有问题。

从拓扑方式来看,基本上为一个环状拓扑。这种拓扑的优点是:在增加节点时,不需要手柄及开关,而且媒体(光纤)没有集中在某特定装置的附近,可以节省光纤。从实际的装车情况来看,光纤正对着连接各电子设备的网络。此外的一个优点是:光纤网络不会受到电磁辐射干扰与搭铁环的影响。

MOST 利用一根光纤,最多可以同时传送 15 个频道的 CD 质量的非压缩音频数据。在一个局域网上,最多可以连接 64 个节点(装置)。

2. MOST 基本结构

1)MOST 节点结构

MOST 标准的节点结构模型如图 4-2-9 所示。MOST 网络可以连接基于不同内部结构和内部实现技术的节点。它的拓扑结构可以是环行网或星形网或菊花链。MOST 网络上的设备分享不同的同步和异步数据传输通道,不同类型的数据具有不同的访问机制。

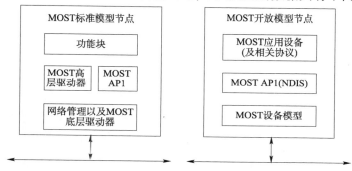

图 4-2-9　MOST 节点结构模型

MOST 网络有集中管理和非集中管理两种管理模式。集中管理模式中,管理功能由网络上的一个节点实施;当其他节点需要这些服务时,必须向这个节点申请。非集中管理模式中,网络管理分布在网络上的节点中,不需要这种中心管理。

一个 MOST 网络系统由以下三个方面决定:

(1)MOST 连接机制。

(2)MOST 系统服务。

(3)MOST 设备。

MOST 网络起动时,为每一个网上设备分配一个地址;数据传输时,通过同步位流实现各节点的同步。

2)MOST 设备

连接到 MOST 上的任何应用层部分都是 MOST 设备。因为 MOST 设备是建立在 MOST 系统服务层上的,它可以应用 MOST 网络提供的信息访问功能以及位流传送的同步频道和数据报文异步传送功能。它可以向系统申请用于实时数据传送的带宽,同时还可以以报文形式访问网络和发送/接收控制数据。MOST 网络中,在网络管理系统的控制下,这些设备可以协同工作,它们之间可以同时传送数据流、控制信息和数据报文。

如图 4-2-10 所示,逻辑上,一个 MOST 设备包括节点应用功能块、网络服务接口、发送/接收器以及物理层接口。一个 MOST 设备可以有多个功能块,如使用 CD,需要有"播放""停止"及"设置播放时间"等功能。这些功能,对于 MOST 设备来说是外部可访问的。

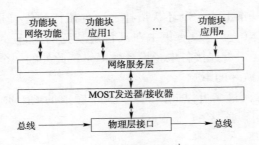

图 4-2-10 MOST 设备的逻辑结构

典型 MOST 设备的硬件结构如图 4-2-11 所示。其中 RX 表示输入信号,TX 表示发送信号,CTRL 表示控制信号。在一些简单的设备中,可以没有微控制器部分,由 MOST 功能模块(MOST 发送/接收器)直接把应用系统连到网络上。

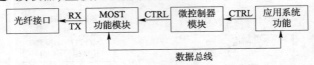

图 4-2-11 MOST 设备的硬件结构

3. MOST 在汽车上的应用

MOST 网络的特点非常适应汽车媒体设备应用环境的需要,所以汽车行业已经把 MOST 技术作为将来汽车上媒体系统的一个标准。汽车生产商采用 MOST 主要是由于其性能可靠、成本低、系统简单、结构灵活、数据兼容性好和良好的 EMI 性能。使用光纤可以减少 250m 的线束,减轻 4.5kg 质量。这种结构为将来可以随时加入新媒体设备节点的结构提供了基础,而且特别适合于车上媒体设备和信息设备的声控技术应用。随着车上信息设备的不断增加,驾驶中使用这些设备的情况越来越多,通过声控系统访问这些设备是最安全和最经济的方式,被认为是将来车上设备使用的首选人机接口方式。通过 MOST 网络把人机语音接口与车上媒体设备、通信设备以及其他信息设备连接,是实现这种车上设备语音访问技术的有效方式。图 4-2-12 所示是用 MOST 实现这种车上媒体设备、信息设备连接的示意图。

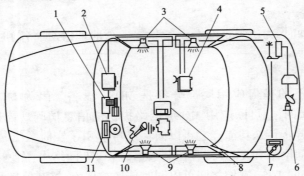

图 4-2-12 车上媒体设备、信息设备的 MOST 网络

1-计算机及键盘;2-显示器;3、9-音响;4-电视;5-无线信号发送接收器;6-卫星信号接收机;7-CD-ROM(电子地图等数据);8-车载电话;10-语音控制输入接口;11-CD(VCD)播放机

在教学实验台或大客车教学实验车上,根据实验指导书和维修手册,按照表 4-2-2 客车 CAN 总线常见问题作为项目,训练故障查找方法。

在教学实验台或教学实验车上,教师设置故障,学生进行检测、分析和排除。

汽车车载网络检修评价见表 4-2-2。

汽车车载网络检修评价表　　　　表 4-2-2

序号	内容及要求	评分	评 分 标 准	自评	组评	师评	得分
1	准备	10	(1)汽车进入工位前,准备好相关的器材(5分); (2)拉紧驻车制动器操纵杆,把变速杆置于空挡(5分)				
2	清洁	10	按要求清理工位				
3	远近光等不亮	20	使用工具、仪器设备正确,查找出原因				
4	转向灯不亮	10	使用工具、仪器设备正确,查找出原因				
5	仪表板灯不亮	10	使用工具、仪器设备正确,查找出原因				
6	里程表指针无反应	10	使用工具、仪器设备正确,查找出原因				
7	转速表指针无反应	10	使用工具、仪器设备正确,查找出原因				
8	冷却液温度表指针无反应	10	使用工具、仪器设备正确,查找出原因				
9	安全文明生产	10	(1)结束后清洁(5分); (2)工量具归位(5分)				

指导教师总体评价:

指导教师_____
_____年___月___日

练 一 练

一、单项选择题

1. CAN 总线分为(　　)级。
　　A. 一　　　　　　B. 二　　　　　　C. 三　　　　　　D. 四
2. 一级 CAN 总线处理器可完成(　　)多个数据量的采集。
　　A. 20　　　　　　B. 40　　　　　　C. 50　　　　　　D. 120
3. 三级总线仪表为纯数字化仪表可显示近(　　)个数据量。

  A. 100   B. 120   C. 150   D. 200

4. CAN 传输的两条信号线在断电状态：CAN-H、CAN-L 之间应该有（　　）Ω 电阻值。

  A. 30   B. 50   C. 60   D. 120

5. MOST 利用一根光纤，最多可同时传送（　　）15 个频道的 CD 质量的非压缩音频数据。

  A. 5   B. 10   C. 15   D. 20

二、多项选择

1. CAN 总线由（　　）组成。

  A. 双绞线   B. 数据采集   C. 显示控制单元   D. 油压传感器

2. 一级 CAN 总线整个系统由（　　）组成。

  A. 总线处理器   B. 总线仪表   C. 总线管理器   D. 桥模块

3. 二级总线系统由（　　）、总线仪表、总线管理器和桥模块（选配）等组成。

  A. 前控模块   B. 后控模块   C. 前灯控模块   D. 后灯控模块

4. 前控模块主要功能是对（　　）、车门、除霜器、暖风散热器、缓速器等客车前部电器的控制、其他总线模块的唤醒。

  A. 电气喇叭   B. 干燥器   C. 钥匙点火   D. 刮水器

5. 后控模块的主要功能是采集包括（　　）、油压等输入信号，并将其发布在总线上。

  A. 车速   B. 转速   C. 冷却液温度   D. 气压

三、判断题

1. 通常一级 CAN 总线可以进行动态资源配置，对于大多数开关型输入信号和输出信号，可通过软件设置而实现重定义。（　　）

2. 总线仪表为纯数字化仪表，可显示近 120 个数据量。（　　）

3. 二级总线是基于 CAN 总线技术，专门为货车开发的一套汽车总线系统。（　　）

4. 三级总线是在一、二级总线基础上开发的功能相对比较完备一套 CAN-LIN 混合总线系统。（　　）

5. 三级总线对于大多数开关型输入和输出信号，可通过软件设置而实现重定义。（　　）

四、分析题

在教学实验台或教学实验车上，根据学习的知识总结归纳常见故障的诊断排除方法。

模块小结

  CAN 总线解决了电器互联的问题，在 CAN 总线平台上所有的控制器都是一个 CAN 节点，每个节点或多或少的具备了以下功能：①数据采集、处理并传送到总线上；②从总线上采集数据，实现显示、记录和实现控制功能；③从总线上采集数据，处理并转发到其他的 CAN 或 LIN 总线。

  本模块介绍了车载网络系统的发展情况，数据总线系统的构成及相关知识；以大客车为例介绍了 CAN 总线的应用，以及常见问题及用于仪器设备排查故障的方法。

学习模块 5　商用车 CAN 控制组合仪表的检修

模块概述

CAN 总线控制系统的核心单元是其内部存储着整个系统的控制程序,可进行分析处理各种信息,发出指令,协调汽车各控制单元及电气设备的工作。组合仪表带有液晶显示屏和各种指示信号装置。它的仪表指针为数字化步进电动机驱动;带有 TFT 彩色液晶显示器,可作为倒车、车内监视器使用;符号片和仪表背光为高亮 LED 灯。仪表与中央处理器集成在一起。

本模块主要学习 CAN 总线仪表的组成、作用、基本原理、主要传感器及显示的内容,简单分析了常见故障及排除方法。

【建议学时】

8 学时。

学习任务 5.1　商用车 CAN 控制组合仪表的检修

任务目标

1. 了解 CAN 控制组合仪表的基本原理。
2. 掌握汽组合仪表中仪表、指示灯的含义。
3. 学会 CAN 控制组合仪表故障的检测方法。

任务导入

一辆陕汽德龙 F3000 商用车,发动机起动后,仪表油压表指针不动,需要进行检查维修。

任务准备

为了保证安全行车,驾驶人通过视觉与听觉获取道路和交通状况等车外信息的同时,也需要获得汽车本身的有关信息,以便作出正确判断,安全驾驶汽车。组合仪表安装在驾驶人前方的仪表台上,显示汽车各重要部位的状态参数及汽车运行参数,是驾驶人通过视觉了解汽车状态的必备部件之一,是汽车与驾驶人进行信息交流的窗口。

1. 汽车仪表系统概述

汽车仪表是车辆和驾驶人进行信息沟通的最重要、最直接的人机界面。汽车仪表按工作原理可分为机械式仪表、电气式仪表、模拟电路电子仪表和数字化电子仪表。传统仪表一般是指机械式仪表、电气式仪表和模拟电路电子仪表。

现代汽车最常用的是组合式仪表。图5-1-1为组合仪表的组成,组合仪表又分为可拆式和整体不可拆式两种。可拆式组合仪表的仪表、指示灯等组成部件如果损坏可以单独更换,而整体不可拆式仪表的仪表、指示灯等组成部件如果损坏就要更换总成,代价较高。

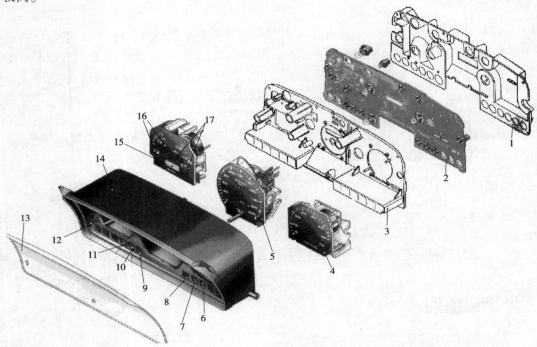

图5-1-1　组合仪表的组成

1-后盖;2-线路板;3-导光板;4-发动机转速表;5-车速里程表;6-冷却液不足警告灯;7-后窗除霜指示灯;8-前照灯指示灯;9-充电指示灯;10-机油压力报警灯;11-制动报警指示灯;12-数字时钟调整钮;13-透明护板;14-仪表框;15-数字时钟;16-燃油表及报警灯;17-冷却液温度表及警告灯

仪表板的显示装置有模拟式和数字式两种基本形式。模拟式显示装置中,通过指示器在固定的刻度盘前摆动来指示状态。指示器通常是一根指针,但也可以是液晶或图形显示器,数字式显示器则用数字代替指针或图形符号。数字式显示器更适合显示诸如里程等精确数据。仪表大部分都集中安装在驾驶室内转向盘正前方的专用仪表板上。

随着电子技术的发展,以及对汽车的信息化、智能化要求的不断提高,汽车仪表逐步向数字电路方向发展。数字仪表和传统仪表的基本区别就是各种信号都转化为数字信号传输、计算和处理,其仪表电路基本由集成数字电路组成。

数字仪表由实现汽车工况信息采集的传感器、单片机控制及信号处理的仪表控制单元和显示系统等组成。传感器将各种工况信号传输给仪表控制单元,这些工况信号中的模拟信号往往要经过 A/D 转换为数字信号后,再经过仪表控制单元的计算处理,然后输出对应的信号驱动步进电动机指示装置或利用显示设备以数字或图形显示出对应的示值。对于装备有多路传输系统的车辆,仪表只是该系统的一部分,用于仪表显示的信息往往也是发动机 ECU 所需要的,所以有的车辆的传感器信号送给发动机 ECU,然后再经过多路传输系统到仪表。

数字仪表具有自诊断功能,可以进行自检。若仪表发生故障,则其故障码会存放在组合仪表的电可擦写存储器里,用专用仪器可以读出故障码,便于维修人员迅速诊断故障。

电子仪表通过仪表中的微机和各种集成电路处理各种传感器的信号,然后以数字形式在真空荧光显示器显示出来,其组成可分为各种传感器、微机和集成电路以及真空荧光显示器等。图 5-1-2 所示为一种典型多功能仪表显示屏。

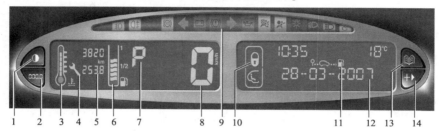

图 5-1-2 多功能仪表显示屏

1-夜晚驾驶按钮;2-计程里程表归零按钮;3-冷却液温度表;4-维护提示灯;5-计程里程表/总里程表;6-燃油表;7-自动变速器挡位显示;8-车速表;9-指示灯;10-电动中央门锁指示;11-仪表板电脑;12-信息区;13-显示器动能切换的控制钮;14-显示器功能调节钮

大多数电子仪表都有自诊断功能。每当点火开关控制"ACC"或"ON"挡时,仪表板便开始一次自检。检验时,通常是整个仪表板发亮。与此同时,各显示器的每段字段均发亮。在自检过程中,仪表功能标准符号一般都闪烁,检验完成时,所有仪表都显示出当时的读数。

若发现故障,便显示一个提醒驾驶人注意的代码。

2.汽车 CAN 总线系统仪表

CAN 总线是控制系统的核心单元,其内部存储着整个系统的控制程序,可进行分析处理各种信息,发出指令,协调汽车各控制单元及电气设备的工作。能接收开关控制信号;与 IOU 模块和其他 ECU 模块进行通信,采集模拟信号和脉冲信号;可接输出负载;与计算机连接进行程序下载,系统诊断。一般中央处理器控制单元可以是一个,也可以是多个,如 ACTIA 只有一个,而且与仪表模块集成。

图 5-1-3 是一种 CAN 总线控制系统的显示单元,带有液晶显示屏和各种指示信号装置。它的仪表指针为数字化步进电动机驱动;带有 TFT 彩色液晶显示器,可作为倒车、车内监视器使用;符号片和仪表背光为高亮 LED 灯。仪表与中央处理器集成在一起。在仪表背部接入仪表的有两个电源线,一个为仪表电源线,通电后,背光、指示灯、显示屏点亮;一个为唤醒线,通电后,指针、信号才会工作。

显示单元上主要有指针式仪表,包括车速表、转速表、冷却液温度表、油压表、气压表Ⅰ、气压表Ⅱ、电压表、燃油表。

图 5-1-3 CAN 总线仪表显示单元

指示图标包括指示报警（如冷却液温度报警，油压报警等）、操作（如左转向，右转向等）及状态（ABS 工作指示，缓速器工作指示）。

液晶显示屏上包括以下信息：

（1）时钟信息。

（2）累计里程和 2 个临时里程（又称短里程）。

（3）显示剩余油量、百公里油耗、发动机总油耗、单程油耗。

（4）显示发动机累计转数、发动机累计运转时间、临时发动机累计运转时间（又称短累计时间）。

（5）显示车内温度、车外温度、舱温等。

（6）显示报警（如冷却液液位报警、机油滤报警等）、操作（巡航、危险信号等）及状态（制动片磨损、制动灯故障等）。此处显示的报警、操作及状态为 LED 图标的补充。

（7）包含 3 路视频显示（倒车、中门、后门视频）。

图 5-1-4 所示为 CAN 总线组合仪表的外形图，仪表上警告灯和指示灯的符号和颜色与普通车基本一致，仪表上有发动机相关的冷却液温度表、机油压力表及转速表，还有电压表及车速表。其他气压表、里程表等在中央显示屏里，当钥匙转到 ON 挡时，才能显示出来。

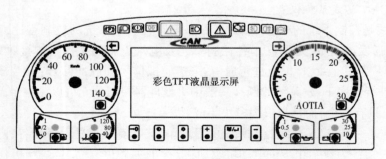

图 5-1-4 CAN 总线组合仪表的外形图

CAN 总线系统仪表组成：

（1）发动机转速表：发动机转速表信号取自发动机 ECU 从曲轴采集再转化的数字信号，通过 1 号通信线进行传递给处理器。这与普通电路车有很大不同。

一般车辆发动机转速表信号源主要有三种：信号取自点火系统初级电路的脉冲电压；

从交流发电机单相定子绕组取正弦交流信号;从安装在飞轮边缘上的转速传感器取信号。

图 5-1-5 所示为磁感应式转速传感器的结构原理图。它由永久磁铁 3、感应线圈 6、芯轴 5、外壳 2 等组成。

当飞轮转动时,齿顶与齿底不断地通过芯轴,空气隙的大小发生周期性变化,使穿过芯轴中磁通也随之发生周期性的变化,于是在感应线圈中感应出交变电动势。该交变电动势的频率与芯轴中磁通变化的频率成正比,也即与通过芯轴端面的飞轮齿数成正比。

磁感应式转速传感器输出的近似正弦波频率信号加在转速表线路,经电路处理后,输出具有一定的幅值和宽度的矩形波。由于输入的信号频率与通过芯轴的飞轮齿数成正比,因此信号的频率和幅值与发动机转速成正比。

(2)车速里程表:车速里程表信号取自变速器输出轴,由传感器产生模拟电信号给车速表和处理器,车速表工作模式与普通电路一样,处理器进行累计里程处理。车速与里程表速比参数与变速里程表传动比、差速器减速比、轮胎滚动半径有关。

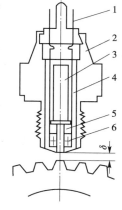

图 5-1-5　磁感应式转速传感器
1-接线片;2-外壳;3-永久磁铁;4-连接线;5-芯轴;6-感应线圈;δ-空气隙

新型汽车几乎都采用电子车速里程表,尽管所采用的电子车速里程表有多种形式,但最常用的电子车速里程表是接收安装在变速器上的车速传感器的速度信号。它主要由车速传感器、电子电路、车速表和里程表四部分组成,如图 5-1-6 所示。

电子车速里程表采用安装在变速器主传动输出端的车速传感器所输出的脉冲信号,通过导线输入车速里程表,脉冲信号正比于汽车行驶速度。如图 5-1-7 所示,它由一个舌簧开关和一个含有 4 对磁极的转子组成。转子每转一周,舌簧开关中的触点闭合 8 次,产生 8 个脉冲信号。

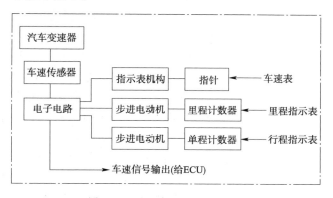

图 5-1-6　电子车速里程表的组成

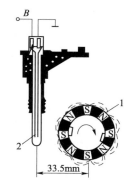

图 5-1-7　电子车速传感器
1-转子;2-舌簧开关

电子电路是将车速传感器送来的具有一定频率的电信号,经整形、触发后输出一个与车速成正比的电流信号。

(3)机油压力表:机油压力表指示发动机内润滑油的压力,其信号取自发动机 ECU 从传感器采集再转化的数字信号,通过 1 号通信线传递到处理器,由机油压力表指示。其传感器为装在发动机上的压变电阻。即为电控发动机的机油压力信号,当油压低时,模块会接通报警指示灯。

由装在发动机主油道中或粗滤器上的机油压力传感器和仪表板上的机油压力指示表组成。目前,很多车辆取消了机油压力表,而用机油压力报警装置代替机油压力表来监控机油压力。

许多机油压力表采用可变电阻式的油压传感器,即压敏电阻式油压传感器,安装在发动机主油道上,将机油压力信号转换为电流信号在机油压力表中指示出来。

(4) 气压指示:通对气压传感器将前、后制动管路气压转换为电信号输入处理器。处理器处理后,由显示屏指示。当气压过低时,处理器会接通气压报警蜂鸣。

(5) 冷却液温度表:冷却液温度表(水温表)用于指示发动机冷却液工作温度。它由装在汽缸盖上的温度传感器和装在仪表板上的冷却液温度表组成,指示发动机冷却液温度,其信号取自发动机ECU从传感器采集再转化的数字信号,通过1号通信线传递到处理器,由冷却液温度表指示。温度传感器内装有负温度系数的热敏电阻,其阻值随温度的升高而减小。

(6) 燃油量表:燃油表的作用是指示燃油箱内燃油的油位,即燃油箱内储存燃油量的多少,其传感器为通过油浮子控制的滑动变阻器。处理器接收到传感器电阻信号,由燃油表指示。

燃油量传感器均为可变电阻式,燃油量传感器组合在燃油泵总成内,如图5-1-8所示,其中有一个受装在油箱内的浮子杆控制的可变电阻;当燃油箱内的油位发生变化时,可变电阻的阻值相应发生变化,于是流过燃油表的电流也随之变化,从而燃油表指针的移动量或者条格的数量也随之变化。

(7) 电压表:直接指示整车电压。

(8) 信号指示区:组合仪表上有电喷发动机的发动机故障报警灯、左右转向指示灯、远光指示灯、冷却液温度过高和液位过低报警灯、机油压力过低报警灯、气压过低报警灯等信号指示灯和倒车指示,制动、驻车指示等,方便驾驶人对整车各系统的监控。

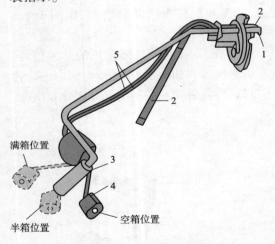

图5-1-8 燃油量传感器装置
1-进油管;2-回油管;3-滤清器;4-浮子;5-导线

(9) 气制动信号:由真空感应塞、制动灯、制动指示灯、制动故障报警灯、处理器和模块组成。

真空感应塞一般装后继动阀上,由真空感应塞将制动信号输入处理器,处理器再接通制动灯、制动指示灯。当气压过低时接通制动故障报警灯。

储气驻车制动信号由真空感应塞、驻车灯、驻车指示灯控制。真空感应塞一般装双向阀上。由真空感应塞将驻车信号输入处理器,处理器再接通驻车指示灯。

3. CAN 总线系统仪表功能与操作

以图 5-1-9 为例，CAN 总线仪表主要包括 8 块指针式仪表、由发光二极管（LED）点亮的图标、1 块液晶显示屏和 4 个按键。

其中，指针式仪表包括车速表、转速表、冷却液温度表、油压表、气压表Ⅰ、气压表Ⅱ、电压表、燃油表。

图标用于指示报警（如冷却液温度报警，油压报警等）、操作（如左转向，右转向等）及状态（ABS 工作指示，缓速器工作指示）。当气压Ⅰ、气压Ⅱ、油压、冷却液温度其中有一个告警图标亮时 STOP 也亮，提醒驾驶人立即停车。

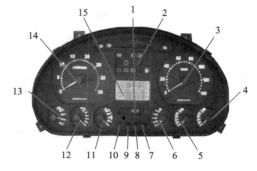

图 5-1-9 CAN 总线仪表
1-挡位；2-信号条；3-车速表；4-气压表Ⅱ；5-气压表Ⅰ；6-燃油表；7-S4；8-S3；9-S2；10-S1；11-冷却液温度表；12-油压表；13-电压表；14-转速表；15-液晶屏

当油量为满箱时，油量图标不指示，油量不足时油量图标亮起。

液晶显示屏上可以显示以下内容：
（1）显示时钟信息。
（2）显示累计里程和 2 个临时里程（又称短里程）。
（3）显示剩余油量、续驶里程和百公里油耗。
（4）显示发动机累计转数、发动机累计运转时间、临时发动机累计运转时间（又称短累计时间）。
（5）显示车内温度、车外温度、舱温等。
（6）显示报警（如液位报警、机油滤报警等）、操作（巡航、危险信号等）及状态（制动片磨损、制动灯故障等）。此处显示的报警、操作及状态为 LED 图标的补充。

当有报警、操作或状态产生时，液晶屏自动显示当前报警信息，一屏最多可显示三个报警图标，如有多于三个报警信息时可翻屏显示（由按键控制）。同时在时间区显示图标，代表报警、操作或状态的提示。

仪表板从左至右四个操作键分别为 S1、S2、S3、S4，基本功能如下：
（1）S1：设置键。
（2）S2、S3：功能键。
（3）S4：仪表背光调整。

按键操作如下：
（1）按 S1 键进入修改时钟状态，依次修改，正在修改的位以闪烁提示；当液晶屏上有报警时不可以修改时间。
（2）按 S2 或 S3 键有以下几点功能：正常状态下 S2 可向上翻屏，S3 可向下翻屏。在默认屏状态下如长时间按下 S2 键可清空里程 A，同时清空发动机短累计时间，长时间按下 S3 键可清空里程 B。在修改时钟状态下 S2、S3 可实现减一、加一功能。当有多个报警显示时选择 S2 键可向左移动屏上箭头，选择 S3 键可向右移动屏上箭头。
（3）选择旋钮 S4 可调整仪表背光的亮度。长时间同时按下 S2、S3 键可使所有仪表指针校准。

具有蜂鸣器报警提示的信号有:车速信号、转速信号、气压Ⅰ信号、气压Ⅱ信号、油压信号、冷却液温度信号、冷却液液位信号。

(1)车速信号:根据要求不同车速报警限值可设置,例如车速报警限值设为100km/h,当车速大于100km/h时(车速表指针指示高于100km/h),仪表蜂鸣器发出报警提示音。

(2)转速信号:根据要求不同转速报警限值可设置,例如转速报警限值设为2700r/min,当转速大于2700r/min时(转速表指针指示高于2700r/min),仪表蜂鸣器发出报警提示音。

(3)气压Ⅰ、Ⅱ信号:根据要求不同气压Ⅰ报警限值可设置,例如气压Ⅰ报警限值设为550kPa,当气压Ⅰ表指针指示低于仪表板5.5刻度(气压Ⅰ仪表板红区)时,仪表蜂鸣器发出报警提示音。

(4)油压信号:根据要求不同油压报警限值可设置,例如油压报警限值设为70kPa,当油压表指针指示低于表盘红区时,仪表蜂鸣器发出报警提示音。

(5)冷却液温度信号:根据要求不同冷却液温度报警限值可设置,例如冷却液温度报警限值设为103℃,当冷却液温度表指针指示高于表盘103℃刻度时,仪表蜂鸣器发出报警提示音。

(6)冷却液液位信号:当仪表液晶屏显示"冷却液液位"报警时,仪表蜂鸣器会发出报警提示音。

4.汽车仪表板上的显示图标

汽车仪表上的指示灯系统一般由光源、刻有符号图案的透光塑料板和外电路组成。指示灯的光源以前大多采用小的白炽灯泡,损坏后可以更换。目前,电子仪表上更多地采用体积小、亮度高、易于集成的LED作为光源。

目前,汽车仪表上的指示灯比较多,一般来说可分为三种类型:第一种是工作状态指示灯,如转向信号指示灯、前照灯远及近光指示灯、前雾灯指示灯等,一般颜色为绿色或蓝色;第二种是警告指示灯,如制动片磨损、燃油不足、清洗液不足等警告指示灯,这类灯光一般为黄色,用于警告驾驶人尽快进行处理,一般不影响行驶安全;第三种为报警灯,如机油压力低、液温高、充电系统故障及ABS故障等报警灯,一般采用红色,用于指示车辆某系统出现故障或异常情况,此类灯亮时驾驶人应高度重视。如果警告灯点亮却不进行相应处理,那么会对行车安全造成巨大影响,也会对车辆本身造成很大的伤害,因此必须要立即进行处理。

仪表报警指示灯符号及意义详见汽车使用维修手册。

5.CAN总线仪表常见故障及排除方法

CAN总线系统一般都能进行故障诊断,这是普通电路无法实现的,CAN总线系统既可以用仪表进行自我诊断,也可以外接诊断仪诊断。目前,部分只能用仪表进行自我诊断:可以实时对各控制模块的工作状态进行监控检测,可以对电气负载的短路和断路故障进行检测。如果发生故障,系统会实时显示报警信息,帮助驾驶人或维修人员及时排除故障,保证车辆的行驶安全。

(1)加电后仪表液晶屏不亮。

①检查电源是否正常。
②检查 WAKE-UP 线连接是否正确,是否有电压(WAKE-UP 电压等于电源电压)。
③检查 CAN-H、CAN-L 接线是否正常,它们之间是否有 60Ω 电阻值。

(2)仪表指针断电后不归零。可能出现的问题是仪表电源没有接常电源线。

(3)仪表指针不动。

可能出现的问题有:
①仪表不动,液晶屏没有显示,传感器坏或者线束错、接口松动。
②仪表不动,液晶屏显示、步进电动机损损坏。

(4)仪表指示灯不报警及常报警。

可能出现的问题有:
①报警信号线接错或断,仪表指示灯不亮或常亮。
②下限门槛值调整不对会出现不报警及常报警。

(5)发动机起动,冷却液温度表指针不动(此时冷却液温度信号通过 CAN 通信线取自发动机)。

正常工作时,发动机起动,冷却液温度表指针随着温度上升,指示当前冷却液温度值。

当冷却液温度表指针不动时,可观察其他取自发动机的参数是否正常,通常转速和油压参数也取自发动机,如只有冷却液温度表指针不动,需更换仪表模块,如果转速、油压表指针也不动,需要检查桥模块的电源线、CAN 线是否正常。

(6)发动机起动,冷却液温度表指针不动或冷却液温度表指示不准确(此时冷却液温度信号通过总线取自冷却液温度传感器)。

解决方法:断电,使用万用表测量冷却液温度模拟信号线对地之间的电阻值,如使用 VDO 传感器测到的电阻值范围应在 30.59 ~ 340.16Ω,如没有阻值,可先检查冷却液温度传感器接口线是否正确,是否有松动现象,如测到阻值,可根据正确的阻值范围和当前冷却液温度的值判断阻值是否正确,若阻值不正确,冷却液温度表指示就不能准确,出现这种情况时可更换传感器。

(7)发动机起动,油压表指针不动(油压参数通过总线桥模块取自发动机)。

正常工作时发动机起动,油压表指针上升,指示当前油压值。

当油压表指针不动时,可观察其他取自发动机的参数是否正常,通常转速和冷却液温度参数也取自发动机,如只有油压表指针不动,需更换仪表模块,如果转速表指针、冷却液温度表指针也不动,需要检查桥模块的电源线、CAN 线是否正常。

(8)车辆行驶,里程表指针不动。

①一种情况下,车速信号通过总线桥模块取自变速器 TCM,此种状态下可检查外部动力 CAN 通信线连接是否正常。

②另一种情况下,车速信号是来自里程传感器的脉冲信号,如发现里程表指针不动,可检查车速信号线是否接触良好,如判断不出可直接拔掉传感器,然后直接给车速信号线接脉冲,发现仪表指针移动,说明传感器损坏。

(9)发动机运转,转速表指针不动。

通常,转速都是通过总线桥模块取自发动机,发现转速表指针不动时,可观察其他取自发动机的参数是否正常,通常油压和冷却液温度参数也取自发动机,如只有转速表指针不动,可更换仪表模块。转速表指针、油压表指针、冷却液温度表指针都不动时,需要检查桥模块的电源线、CAN 线是否正常。

(10)气压表指针不动。

解决方法:断电,使用万用表测量气压 1 模拟信号线对地之间是否有阻值,气压 1 的阻值范围为 9～180Ω,如没有测到阻值,说明线束错,或接口松动,或者传感器坏,如测到阻值,但阻值不对,说明传感器坏。

6. CAN 总线仪表故障检查步骤

(1)检查仪表、总线模块是否有电,电压是否正常。

(2)通过总线仪表查看各模块是否工作正常:

①各总线模块是否在线。

②各总线模块是否有温度。

(3)检查故障所属模块 WAKE-UP(206)是否有电,电压是否为+24V。

(4)检查前控模块 WAKE-UP(206)是否有电,电压是否为+24V。

(5)检查与故障相关模块 CAN-H、CAN-L 接线是否正常。

断电后 CAN-H、CAN-L 线之间是否有 60Ω 电阻值;带电时是否符合 CAN-H(3.5V)、CAN-L(1.5V) 或 CAN-L(3.5V)、CAN-H(1.5V)。

(6)检查总线开关与前控模块之间的 WAKE-UP(206) 连接是否可靠,正常工作时电压应是+24V 左右;LIN 线连接是否可靠,正常工作时电压应是+12V 左右。

(7)检查总线模块的输入、输出线是否接错,存在短路、断路现象。

(8)检查总线模块输入的正、负控的定义是否与设计的相同。

(9)检查总线模块输出脚是否正常输出。

(10)注意总线模块接口定义及相关参数的修改。

(11)其他的检查与常规电路相同。

CAN 总线系统中故障主要为两类:电气负载故障和控制模块故障。

控制模块故障实际上是通过电气负载故障逐步检测到的,所以故障排除流程均是从电气负载故障开始排除。电气负载故障主要是车辆上的电气负载设备发生故障或者连接电气负载设备的线路发生故障,如各类灯光负载发生短路、断路,传感器或电气设备损坏。

知识拓展

发动机模式选择和车速里程表 K 值设置

以陕汽德龙 X3000 仪表为例:

额定工作电压+24VDC;校验电压+28VDC;励磁电流(蓄电池充放电电流):约为 150mA;常电模式下,静态功耗≤3mA;正常工作时,功率约为 15W。

标配组合仪表如图 5-1-10,有 6 个指针,47 个指示灯。

对于标配组合仪表(零件号:DZ97189584120/DZ97189584130),发动机模式和车速里程表 K 值设置流程如图 5-1-11 所示。

学习模块5 商用车CAN控制组合仪表的检修

图 5-1-10 标配组合仪表

1-转速表;2-车速里程表;3-燃油、尿素液位表;4-冷却液温度表;5,6-制动回路气压表;7-里程清零、界面切换按钮;8-菜单操作按钮;9-液晶显示屏;10-LED报警指示符区域

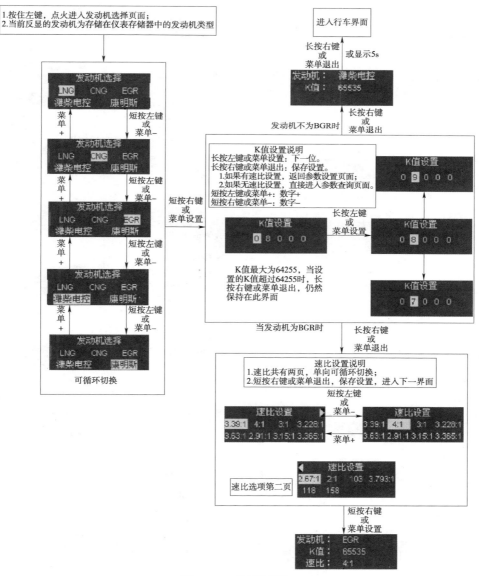

图 5-1-11 设置流程图

 **任务实施**

发动机起动后,油压表指针不动。因为油压参数通过总线取自发动机润滑系主油道油压传感器。

断电,可先检查油压传感器接口线是否正确,是否有松动现象,然后使用万用表测量油压模拟信号线对地之间的电阻值,测到的电阻值正常范围应在 10～180Ω,但实际测到阻值为无穷大,表明有断路的现象,更换传感器后,起动发动机运转正常。

 任务评价

商用车电气线路元件认识和检查评价见表 5-1-1。

商用车电气线路元件认识和检查评价表　　　　　　　表 5-1-1

序号	内容及要求	评分	评分标准	自评	组评	师评	得分
1	准备	10	(1)汽车进入工位前,准备好相关的器材(4分); (2)拉紧驻车制动器操纵杆,把变速杆置于空挡(3分); (3)套上三件套(3分)				
2	清洁	10	按要求清理工位				
3	实际实验车,打开点火开关,仪表、指示灯显示	50	认识仪表板中的仪表、指示灯,说明其各自的含义,正确每个1分				
4	气压表指针不动	20	分析、判断、排除故障正确				
5	安全文明生产	10	(1)结束后清洁(5分); (2)工量具归位(5分)				

指导教师总体评价:

指导教师_____
____年____月____日

练一练

一、单项选择题

1. 使用万用表测量油压模拟信号线对地之间的电阻值正常范围应在( )Ω。
   A. 1～18　　　　　B. 10～180　　　　　C. 200～400　　　　　D. 100～1800

2. 汽车仪表上的指示灯第一种是工作状态指示灯,一般颜色为( )色。
   A. 红　　　　　B. 绿　　　　　C. 黄　　　　　D. 黑色

3. 汽车仪表上的指示灯第二种是警告指示灯,一般颜色为( )色。
   A. 红　　　　　B. 绿　　　　　C. 黄　　　　　D. 黑色

4. 汽车仪表上的指示灯第三种为报警灯,一般颜色为( )色。
   A. 红　　　　　B. 绿　　　　　C. 黄　　　　　D. 黑色
5. 检查 CAN-H、CAN-L 接线是否正常,它们之间是否有( )Ω 电阻值。
   A. 30　　　　　B. 50　　　　　C. 60　　　　　D. 100

二、多项选择题

1. 汽车仪表按工作原理可分为( )形式。
   A. 机械式仪表　　　　　　　　B. 电气式仪表
   C. 模拟电路电子仪表　　　　　D. 数字化电子仪表
2. 数字仪表由实现汽车工况信息( )等组成。
   A. 采集的传感器　　　　　　　B. 单片机控制
   C. 信号处理的仪表控制单元式　D. 显示系统
3. 汽车 CAN 总线系统仪表显示单元上指针式仪表,包括( )、气压表 I、气压表 II、电压表、燃油表等。
   A. 车速表　　　B. 转速表　　　C. 冷却液温度表　　D. 油压表
4. 一般车辆发动机转速表信号源主要有( )。
   A. 取自点火系统初级电路的脉冲电压
   B. 从交流发电机单相定子绕组取正弦交流信号
   C. 从安装在飞轮边缘上的转速传感器取信号
   D. 取自蓄电池电压信号
5. 磁感应式转速传感器由( )等组成。
   A. 永久磁铁点火电路　　　　　B. 感应线圈发电机磁场电路
   C. 芯轴仪表电路　　　　　　　D. 外壳起动电路

三、判断题

1. 数字仪表具有自诊断功能,可以进行自检。若仪表发生故障,则其故障码会存放在组合仪表的电可擦写存储器里,用专用仪器可以读出故障码,便于维修人员迅速诊断故障。　　　　　　　　　　　　　　　　　　　　　　　　　　　　　　( )
2. 商用车发动机转速表信号源取自从安装在飞轮边缘上的转速传感器信号。
　　　　　　　　　　　　　　　　　　　　　　　　　　　　　　　　　　( )
3. 舌簧式车速传感器由一个舌簧开关和一个含有 4 对磁极的转子组成。转子每转一周,舌簧开关中的触点闭合 4 次,产生 4 个脉冲信号。　　　　　　　　　( )
4. 断电后 CAN-H、CAN-L 线之间有 60Ω 电阻值;带电时符合 CAN-H(3.5V)、CAN-L(1.5V) 或 CAN-L(3.5V)、CAN-H(1.5V)。　　　　　　　　　　　　　( )
5. 采用 CAN 总线仪表如果发生故障,系统会实时显示报警信息,帮助驾驶人或维修人员及时排除故障,保证车辆的行驶安全。　　　　　　　　　　　　　( )

四、分析题

说明下列故障的诊断方法。
(1)发动机起动,冷却液温度表指针不动或冷却液温度表指示不准确。
(2)发动机起动,油压表指针不动。

(3)车辆行驶,里程表指针不动。
(4)发动机运转,转速表指针不动。
(5)气压表指针不动。

模块小结

本模块学习了商用车 CAN 控制组合仪表的结构、基本原理、显示内容及故障排除方法。CAN 总线控制组合仪表具有:美观大方,显示内容灵活设计;数字化显示汽车动态参数,准确无误;液晶被动式显示更适合于人眼视觉的要求;工作电压低,微功耗;显示内容丰富,可作为综合信息显示屏,显示发动机、ABS、车身电气等运行状态等特点,在汽车上应用越来越广。

学习模块6 商用车车身中央控制单元(CBCU)的检修

模块概述

车身中央控制单元(简称CBCU)在目前许多商用车电气设备上得到广泛应用,与传统的开关、熔断丝、继电器所组成的电气控制系统不同,装备了车身中央控制单元与CAN总线的仪表以后增加了很多自动化的功能,例如:中央控制单元可以自动诊断并显示电路存在的故障(故障类型:开路、短路、过载)、电路过载或短路时自动切断故障电路并在故障消除后自动恢复供电。取代了传统的闪光器、二合一控制器、断丝报警器等。本模块主要是以典型车的车身中央控制单元的功能、结构、原理、检修为例进行分析,其他车型基本类同。

【建议学时】

8学时。

学习任务6.1 商用车车身中央控制单元(CBCU)的检修

任务目标

1. 了解车身中央控制单元的功能。
2. 熟悉车身中央控制单元的组成。
3. 掌握车身中央控制单元的原理。
4. 能够利用车身中央控制单元对常见故障进行维修。

任务导入

一辆欧曼GTL商用车,主车右侧后制动灯时亮时不亮,需要对制动灯控制系统进行全面检查。

任务准备

商用车电气系统采用车身中央控制单元后,替换了传统的继电器和熔断器,代替了中央电器装置板的功能,其控制方式发生根本性变化,如图6-1-1所示。

CBCU为整个系统的控制核心,一方面负责对车身电器的控制,另一方面负责与组合仪表(简称 CMIC)、其他 CAN 总线设备交换信息,如图 6-1-2 所示。设计人员可以通过更改程序实现复杂的逻辑控制,例如,可以实现起动保护功能(发动机运转后切断起动电路),或是不同开关的互锁。CBCU 输入端可以通过程序设定高电平(24V)有效信号或低电平(搭铁)有效信号。输出端同样可以设定高电平有效或低电平有效,输出端可检测负载,可实现短路保护(相当于自恢复熔断器),闪光装置的负载检测(缺灯或短路)。CBCU 还可进行故障自检,信息在组合仪表(CMIC)中部信号板上方的小液晶屏显示。自检工作在打开钥匙时进行,或点击菜单翻页开关,翻到故障页面查看故障(如后雾灯故障),故障会依次显示,每条故障显示时间约 3s,可点击菜单确认开关显示下一条故障。

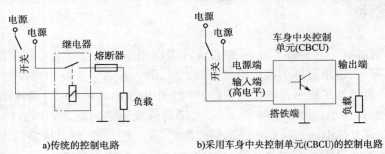

图 6-1-1 两种控制电路的区别

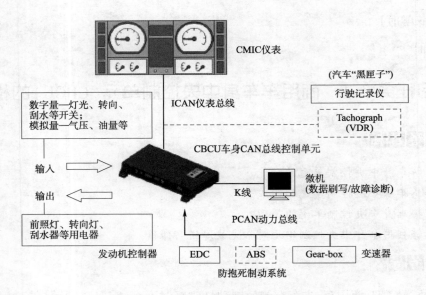

图 6-1-2 车身中央控制单元系统结构简图

CAN 总线通信线路有两组 CAN 通信网络,如图 6-1-3 所示。I-CAN 为仪表总线,连接 CBCU 和组合仪表,用于仪表系统的信号传输,也可以连接行驶记录仪。P-CAN 为动力总线连接 CBCU 和发动机 ECU、ABS 控制器、自动变速器等,用于动力系统的信号传输。仪表总线和动力总线通信速率和通信内容均不同,两者不能直接相连,两者间的信息交换是通过集成在 CBCU 内的网关完成的。

通信网络的一个功能是信息共享,CMIC 为 CAN 总线组合仪表,表上只连接电源和 CAN 通信线,其上显示的冷却液温度、油压、发动机转速信号通过 CBCU 调用发动机 ECU 的数据(传统的仪表需单独接一组传感器),油量、气压信号来自 CBCU(模拟信号采集)。通信网络的另一个功能就是交互控制。在诊断板下方(副驾驶左侧发动机罩上方)有 2 个 CAN 总线分线器,需要外接的 CAN 总线设备(如 ABS 等)通过这 2 个分线器连接到 CAN 总线上。K 线连接到诊断接口,与发动机 ECU 的 K 线并联,用于数据刷写或故障诊断。

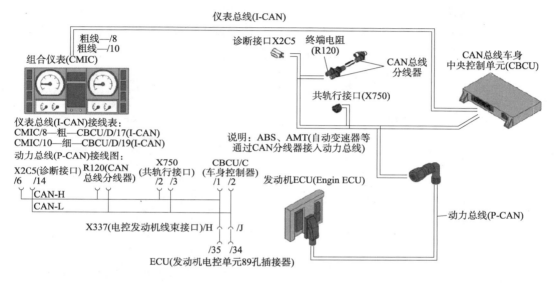

图 6-1-3 CBCU 通信总线连接图

需要注意的是,如果新更换了 CBCU 且未刷数据,或 CBCU 与 CMIC 间的 CAN 总线连接出现错误,均会导致 CMIC 没有显示,初学者可能会出现仅测量电源正常就断定是 CMIC 损坏的误判断。

1. 车身中央控制单元(CBCU)功能介绍

(1)输入性处理和输出控制:通过程序来设定哪个信号输入引脚的信号在什么样的条件下去控制哪个功率输出引脚。

功率输出管脚可以连接灯光、电动机、电磁阀、大功率的继电器。

(2)信号转发:将输入信号(开关信号、模拟信号、频率信号)或信号处理后的结果通过 CAN 总线转发给其他控制单元或设备,如发动机控制器、变速器控制器、ABS 控制器、仪表、门控制器等。

(3)电路状态监控:车身中央控制单元可以监控与其连接的功率输出电路的状态,(开路、短路、过载),并输出检测结果。

(4)控制 CAN 总线仪表:车身中央控制单元可以通过 CAN 总线控制 CAN 总线仪表实现复杂的显示功能。

2. 车身中央控制单元电路的原理

当装备了中央控制单元之后,灯光照明通过开关和中央控制单元来控制,中央控制单元替代了继电器和熔断丝,接插件都连接在一个位置,车身电路极大地简化,并且中央控制单元具备自动检查电路的能力,当灯光或传感器电路出现故障之后,仪表板上的液晶显示屏会准确地显示故障位置,使维修人员可以快速准确地找到故障位置。

开关输入信号分为高控和低控两种,在车身中央控制单元的输入信号中这两种情况都存在,如危机报警开关输入到车身中央控制单元的信号就是高控,喇叭按钮信号就是低控。

如图6-1-4所示,信号输入属于高控,24V电源经过开关流入CBCU引脚,CBCU通过功率输出引脚控制危险报警灯亮,危机报警开关信号属于高控。

如图6-1-5所示,信号输入属于低控,CBCU信号输入引脚经过开关(如喇叭)闭合搭铁,信号输入引脚处的电压小于1V,CBCU通过功率输出引脚控制喇叭响,喇叭按钮信号属于低控。

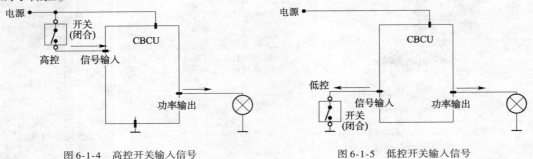

图6-1-4　高控开关输入信号　　　　　　图6-1-5　低控开关输入信号

3. CBCU的说明

(1)仪表总线I-CAN与动力总线(P-CAN)互不相连,仪表总线仅连接CBCU与仪表(CMIC),动力总线连接诊断接口、共轨行接口、发动机ECU、ABS电控单元、AMT(自动变速器)等,其中ABS和AMT属于选装件,需要加装时才通过CAN分线器挂接到CAN网络上,当需要增加这些设备时就在CBCU上刷写相应的EOL数据(开启ABS、AMT等功能)。

(2)终端电阻(120Ω)的作用是防止发生信号反射,在发动机ECU内已内置电阻。

(3)CAN总线的粗线为CAN-H,细线为CAN-L。当CAN总线呈逻辑1状态时两线电压均约为2.5V;当CAN总线呈逻辑0状态时,粗线电压约为3.5V,细线电压约为1.5V,两线电压差约为2V。粗线表示黄线,细线表示绿线,不涉及线径问题。

(4)CBCU每一个模拟输入量都有独立的搭铁回路,防止受到整车电路干扰,不得使用靠外壳搭铁的传感器,这些传感器有气压传感器、燃油传感器和车速传感器(脉冲信号,但信号搭铁为独立的)。如果接了外壳搭铁的传感器,将会出现打开前照灯、空调等大功率设备时仪表指示发生变化。

(5)CBCU的信号输入端有11.6V左右端口虚电压,能够检测到高电平(24V)、低电平(搭铁)和悬空3种状态,对输入端口的测试建议用万用表电压挡(内阻较大)或汽车用的二极管指示灯(点亮电流小)测试,用灯泡测量将无法观察到其端口状态,并会给CBCU输入一个低电平输入信号。

(6)CBCU裸机无法与CMIC通信,其信号输入与控制输出间也没有任何逻辑联系,必须刷写主机厂编制的 EOL 数据(内含车辆的控制策略、参数设定、功能开放等信息)。

(7)CBCU 安装在中央电器板下方横置的电器板上,共有 CBCU/A~CBCU/F 6 个插接器,如图 6-1-6 所示。其中 B、C、D 3 个插接器外形较为特殊,插接时需按照从 B 至 D 的顺序进行,拔除时需按照从 D 至 B 的顺序进行。插接器上有一个活动的锁止杆并有限位舌限位,插接时需将限位舌按下,然后将锁止杆扳开并将插接器对准插槽,最后将锁止杆扳回至限位舌弹起,实现插接器的插接及锁紧。因为锁止杆开全时会达到右边的插接器的位置,所以强调插拔顺序。在插拔时需关闭电源,如果出现插拔困难请勿强行插拔,应检查锁止杆的位置是否正确。

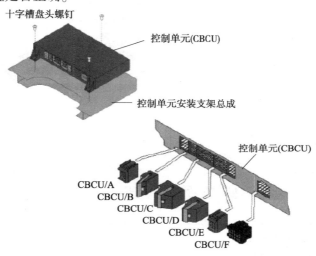

图 6-1-6　CBCU 插接器插接示意图

4. CBCU 各针脚的输入/输出

车身中央控制单元共有 149 根针脚,其功能见表 6-1-1。

车身中央控制单元各针脚的功能　　　　　　　　表 6-1-1

功　　能	数量	描　　述
供电	6	连接到蓄电池正极,用于向控制单元的功率输出模块供电,并供电给控制单元内部电路
搭铁	8	连接到蓄电池负极,用于控制单元内部电路的负极回路
主唤醒	1	连接到钥匙开关 ON 挡,用于在打开钥匙开关时唤醒控制单元,关闭钥匙开关时使控制单元休眠(这时只有控制单元的一小部分电路在随时待命,这样很省电)
开关信号输入	50	(1)连接到各控制开关、机械结构的限位开关或到位开关、其他控制单元的功率输出脚(取高/低电平信号); (2)在这 50 根针脚中有 5 根是带有控制单元唤醒功能的,当 5 根中的任何一根有高电平信号输入时,即使主唤醒针脚没有高电平信号输入,车身控制单元也会被唤醒(例如:用于示廓灯开关或前照灯开关信号输入的针脚)
模拟量信号	6	连接到各传感器或需要测量电压或电阻的电路中

续上表

功　能	数量	描　　述
传感器接地回路	4	注意！(专供传感器搭铁) 在命名上虽然称为传感器搭铁,但和一般的搭铁不同,专用于连接传感器的搭铁。如果直接将传感器的搭铁端连接到车身搭铁,当有大功率电器工作时信号会受到干扰(仪表出现指示不准)
频率信号输入	2	发动机转速和车速信号输入
功率输出	32	(1)25路大电流,24V输出到灯泡/电磁阀; (2)6路小电流,24V输出到继电器; (3)1路功率可调,24V输出,用于仪表和面板开关照明
传感器供电输出	3	(1)2路,8V传感器电源; (2)1路,5V电源
CAN总线接口	6	(1)(信息CAN)2路; (2)(动力CAN)1路
其他接口		(1)1路　K-线接口(ISO9141); (2)1套　菜单旋钮接口(3个针脚)

5. CBCU针脚功能详细介绍

车身中央控制单元(CBCU)有6组接插件从左到右分别是：A、B、C、D、E、F,如图6-1-7所示。

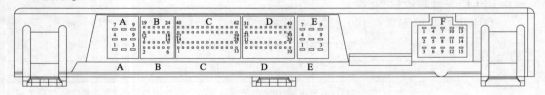

图6-1-7　CBCU的供电电源针脚

1) CBCU的供电电源。

车身中央控制单元(CBCU)工作时需要6组供电。每组供电为其对应的输出端提供电源。

连接到电源正极的针脚分别为插件A中的2和8号脚、插件E中的2号和8号脚、插件F中的6和12号脚,如图6-1-8所示。

连接到电源负极(接地)的针脚分别为插件A中的3号脚、插件B中的7号和8号脚、插件C中的42和43及44号脚、插件E中的1号脚、插件F中的9号脚,如图6-1-9所示。

2) CBCU唤醒路线——点火开关ON挡位给F插头第5号针脚供应电源进行上电,如图6-1-10所示。

学习模块6 商用车车身中央控制单元(CBCU)的检修

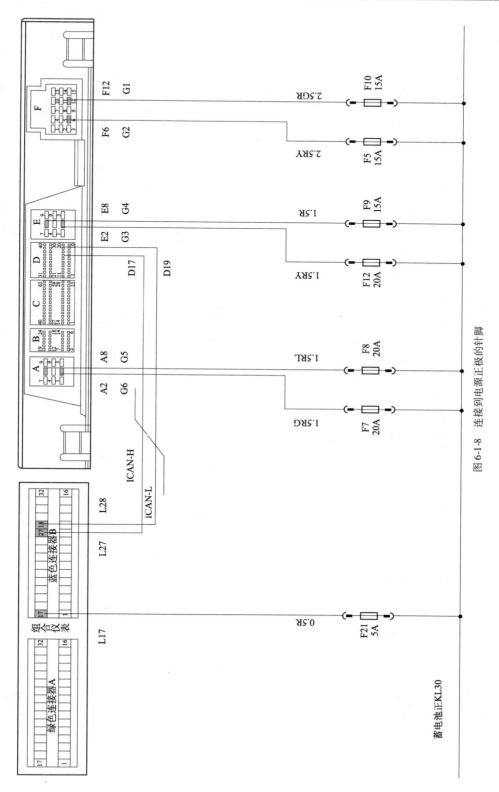

图 6-1-8 连接到电源正极的针脚

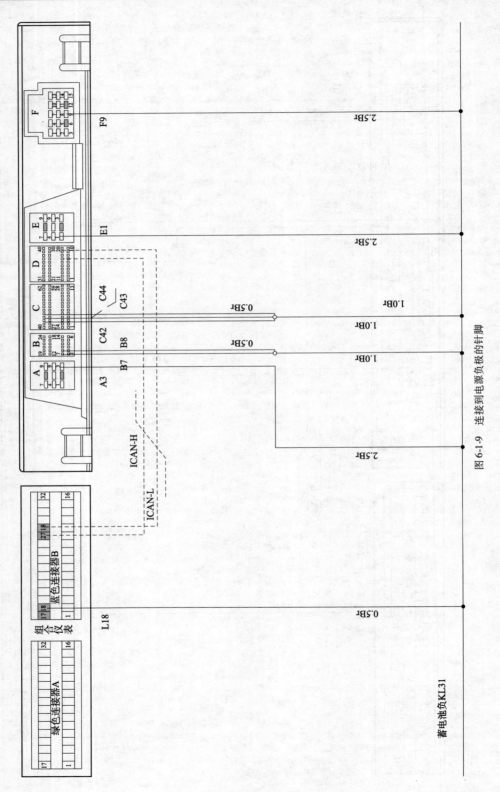

图 6-1-9 连接到电源负极的针脚

学习模块6 商用车车身中央控制单元(CBCU)的检修

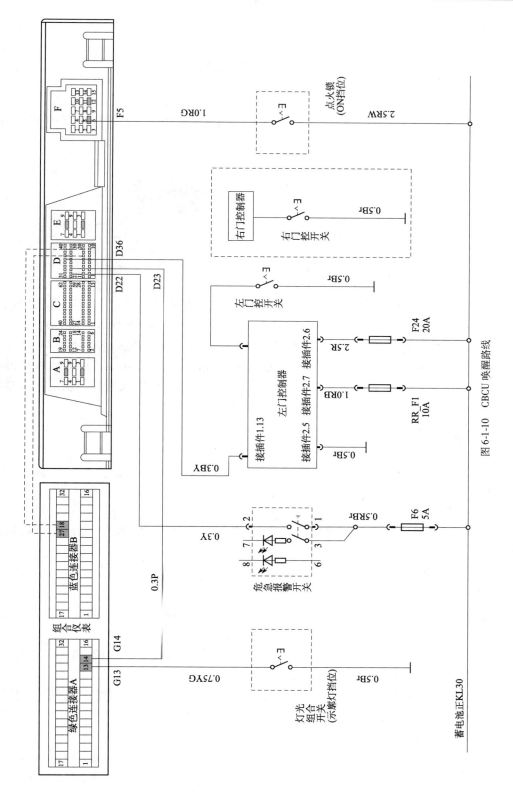

图 6-1-10 CBCU 唤醒路线

举例分析 CBCU 控制方法

以欧曼 GTL 配潍柴国四博世 EDC17CV44 为例。

1. 控制策略

驾驶人踩下制动踏板,信号反馈给 ECU,经过 CAN 通信信息将制动信号发送给 CBCU,CBCU 输出高端给制动灯,如图 6-1-11 所示。

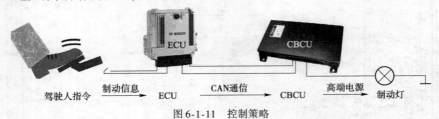

图 6-1-11 控制策略

2. 具体线路走向

如图 6-1-12 所示,当驾驶人踩下制动踏板后,ECU 的 K68 与 K41 号(主制动针脚)导通,ECU 接受到来自驾驶人的制动指令,ECU 通过 CAN 通信(CAN 高 K54 和 CAN 低 K76 针脚)发送制动数据信息给 CBCU,CBCU 的 CAN 通信线路 CAN 高为 C 插头 1 号对应 ECU 的 K564,CAN 低 C 插头 2 号对应 ECU 的 K76 号针脚。当 CBCU 接收来自 ECU 的指令,CBCU 作出响应输出高端制动灯,CBCU 的 E 插头 4 号针脚输入的高端供给主车制动灯,CBCU 的 C 插头 52 号针脚输出的高端供应挂车制动灯。

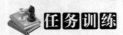

欧曼 GTL 制动故障排查

1. 主制动灯故障

(1)仪表显示:主制动灯故障。

(2)故障原因:主制动灯或者线路短路,主制动灯或者线路断路,主制动灯或者线路功率不符合。

主制动灯控制电路如图 6-1-13 所示。

(3)检修步骤:

①连接解码器,从数据流中查看制动信号输入情况,有制动信号说明制动开关线路正常,不正常,检查制动开关以及线路。

②踩下制动踏板,断开 CBCU 的 E 插头 4 号针脚,测量 CBCU 侧的 E4 电压,电压为 24V,说明 CBCU 前部输入信号正常,故障在于 CBCU 输出高端部分。

③检查 E4 针脚输出的灯泡负载,42W(左 21W,右 21W),发现线路连接器连接不良。注意:过载长时间工作容易烧坏 CBCU 内部。

④维修更换后,故障解除。

注意:仪表显示主制动灯故障,证明输入电路部分正常,问题出现在 CBCU 的输出部分。主制动灯任意一路出现短路情况,CBCU 保护切断 E4 针脚电压输出,直至故障排除。

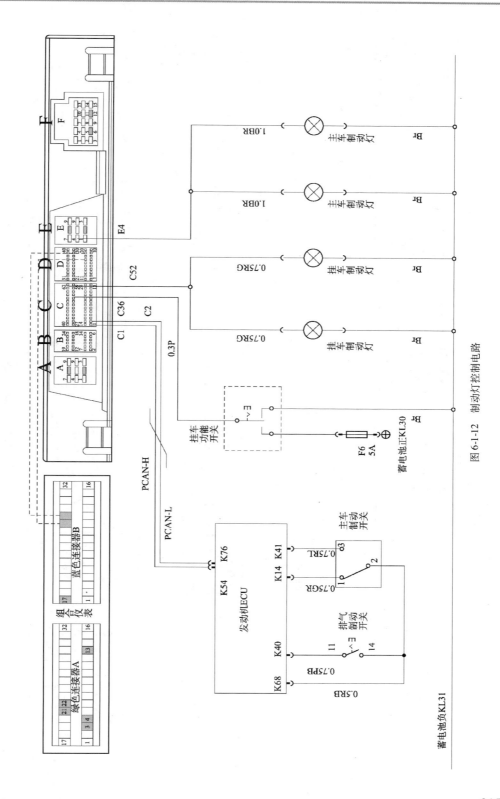

图 6-1-12 制动灯控制电路

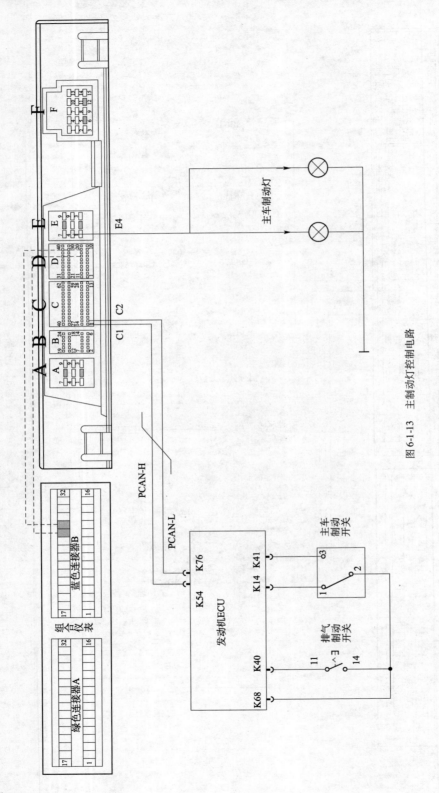

图 6-1-13 主制动灯控制电路

2.挂车制动灯故障

(1)仪表显示:挂车制动灯故障。

(2)故障原因:挂车制动灯或者线路短路,挂车制动灯或者线路断路,挂车制动灯或者线路功率不符合。

挂车制动灯控制电路如图6-1-14所示。

(3)检修步骤:

①连接解码器,从数据流中查看制动信号输入情况,有制动信号说明制动开关线路正常,不正常,检查制动开关以及线路。

②踩下制动踏板,观看主制动灯是否亮,亮说明CBCU前部信号线路均正常,故障出现在挂车制动系统。

③踩下制动踏板,断开CBCU的C插头52号针脚,测量CBCU侧的C52电压,电压为24V,说明CBCU前部输入信号线路正常,故障在于CBCU输出高端部分。

④检查C52针脚输出的灯泡负载,42W(左21W,右21W)。注意:过载长时间工作容易烧坏CBCU内部。

注意:仪表显示主制动灯故障,证明输入电路部分正常,问题出现在CBCU的输出部分。挂车制动灯任意一路出现短路情况,CBCU保护切断C52针脚电压输出,直至故障排除。

教师通过实验台或实验车,分别设置主制动灯、转向灯、照明灯故障,学生进行检测排除。

 任务评价

商用车车身中央控制单元(CBCU)的检修评价见表6-1-2。

商用车车身中央控制单元(CBCU)的检修评价表 表6-1-2

序号	内容及要求	评分	评分标准	自评	组评	师评	得分
1	准备	10	(1)汽车进入工位前,准备好相关的器材(4分); (2)拉紧驻车制动器操纵杆,把变速杆置于空挡(3分); (3)套上三件套(3分)				
2	清洁	10	按要求清理工位				
3	工具、安全	10	工具准备齐全,安全检查到位				
4	主制动灯故障	20	检测点清晰,能够说明原因				
5	转向灯故障	20	检测点清晰,能够说明原因				
6	照明灯故障	20	检测点清晰,能够说明原因				
7	安全文明生产	10	(1)结束后清洁(5分); (2)工量具归位(5分)				
指导教师总体评价:							
				指导教师_____ ____年___月___日			

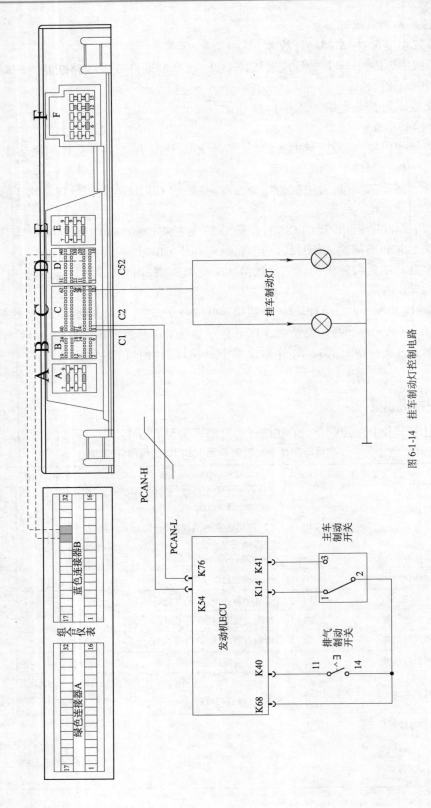

图 6-1-14 挂车制动灯控制电路

练一练

一、单项选择题

1. 当 CAN 总线呈逻辑 1 状态时两线电压均约为（　　）V。
   A. 1.5　　　　　B. 2.5　　　　　C. 3.5　　　　　D. 5.0
2. 当 CAN 总线呈逻辑 0 状态时,粗线电压约为（　　）3.5V,细线电压约为（　　）1.5V。
   A. 1.5　　　　　B. 2.5　　　　　C. 3.5　　　　　D. 5.0
3. 驾驶人踩下制动踏板,信号反馈给 ECU,经过 CAN 通信信息将制动信号发送给（　　）,控制动灯亮。
   A. CBCU　　　　B. 制动灯开关　　C. 压力传感器　　D. 点火开关
4. 气压传感器、燃油传感器和车速传感器可以采用（　　）。
   A. 外壳直接搭铁　　　　　　　B. 独立的搭铁回路
   C. A、B 两者都可以　　　　　　D. A、B 两者都不可以
5. 说明它们的含义：CBCU（　　）、CMIC（　　）、I-CAN（　　）、P-CAN（　　）
   A. 仪表总线　　　　　　　　　B. 动力总线
   C. 车身中央控制单元　　　　　D. 组合仪表

二、多项选择题

1. 商用车用 CAN 总线通信线路有（　　）。
   A. 仪表总线　　　B. 动力总线　　　C. 舒适总线　　　D. 排放总线
2. 通信网络的一个功能是（　　）。
   A. 信息共享　　　B. 交互控制　　　C. 动力传递　　　D. 舒适性提高
3. 车身中央控制单元（CBCU）功能有（　　）。
   A. 输入性处理和输出控制　　　B. 信号转发
   C. 电路状态监控　　　　　　　D. 控制 CAN 总线仪表
4. 下列说法正确的是（　　）。
   A. 仪表总线 I-CAN 与动力总线（P-CAN）互不相连
   B. 终端电阻（120Ω）的作用是防止发生信号反射,在发动机 ECU 内已内置电阻
   C. CAN 总线的细线为 CAN-H,粗线为 CAN-L
   D. CBCU 每一个模拟输入量都有独立的搭铁回路,防止受到整车电路干扰
5. 下列说法正确的是（　　）。
   A. 当 CAN 总线呈逻辑 1 状态时两线电压均约为 2.5V
   B. 当 CAN 总线呈逻辑 0 状态时,粗线电压约为 3.5V,细线电压约为 1.5V
   C. 粗线表示黄线,细线表示绿线,不涉及线径问题
   D. CBCU 安装在中央电器板下方横置的电器板上有 6 个插接器,其拔出和安装按相同的顺序进行

三、判断题

1. I-CAN 为仪表总线,连接 CBCU 和组合仪表,用于仪表系统的信号传输,也可以连接行驶记录仪。（   ）

2. P-CAN 为连接 CBCU 和发动机 ECU、ABS 控制器、自动变速器等,用于动力系统的信号传输。（   ）

3. 仪表总线和动力总线通信速率和通信内容相同,两者可以直接相连。（   ）

4. 网关的作用是将通信速率和通信内容不相同的信息可以通过网关交换。（   ）

5. K 线连接到诊断接口,与发动机 ECU 的 K 线并联,用于数据刷写或故障诊断。（   ）

四、分析题

结合实验车和电路图,分析车身中央控制单元的控制原理。

模块小结

本模块学习了 CBCU 作为整个系统的控制核心,一方面负责对车身电器的控制,另一方面负责与组合仪表(简称 CMIC)、其他 CAN 总线设备交换信息,CBCU 替换了传统的继电器和熔断器,代替了中央电器装置板的功能。实际上 CBCU 的功能远不止这些,设计人员可以通过更改程序实现复杂的逻辑控制。CBCU 输入端可以通过程序设定高电平(24V)有效信号或低电平(搭铁)有效信号。输出端同样可以设定高电平有效或低电平有效,输出端可检测负载,可实现短路保护(相当于自恢复熔断器),闪光装置的负载检测(缺灯或短路)。CBCU 还可进行故障自检,信息在组合仪表(CMIC)中部信号板上方的小液晶屏显示。

学习模块 7　商用车多媒体与定位系统的检修

模块概述

汽车多媒体是在传统的汽车音响的基础上增加了视频信号源(AV 功能)，即 VCD 影碟机或 DVD 影碟机，增加了显示器，同时将车载导航、定位系统及车联网相结合。车联网是基于车载设备，通过移动通信网络，结合后台业务系统，向车主提供驾驶所需的包括车载通信、导航定位、交通信息、车况信息、车辆安防、娱乐应用等综合性服务的一个系统。本模块主要是介绍了汽车多媒体系统的结构、基本原理，同时结合某一车型介绍了车联网系统。

【建议学时】

8 学时。

学习任务 7.1　商用车多媒体与定位系统的检修

任务目标

1. 熟悉汽车多媒体系统的结构和特点。
2. 能够分析汽车声像系统的组成及工作原理。
3. 能够确定汽车声像系统基本故障并采取维修措施。
4. 掌握 GPS 与车联网系统的基本结构。

任务导入

小张驾驶过许多不同类型的车辆，发现不同的车型、不同的年代的车载多媒体系统结构与功能是不相同的，特别最近接触到大型商用车，发现其安装车联网系统，非常想了解其结构、功能和使用方法。

任务准备

汽车多媒体是在传统的汽车音响的基础上增加了视频信号源(AV 功能)，即 VCD 影碟机或 DVD 影碟机，同时增加了显示器。由于 VCD 和 DVD 兼容 CD 功能，所以 CD 唱机无须安装。

1. 汽车音响

1) 汽车音响的组成

汽车音响主要组成：①主机(音频、视频信号源)，包括调谐器、磁带放音机、CD唱机、MP3、VCD影碟机、DVD影碟机、传声器等；②音频处理电路，包括信号源选择、前置放大、音量音调调节、响度控制等；③功率放大器，它为各信号源所共用；④扬声器系统，包括2～6只扬声器，其布置方式通常为仪表台内的左前、右前和两前门护板内的左中、右中以及后行李舱内的左后、右后；⑤显示器(多媒体)、电源及供电电路等。如图7-1-1所示。

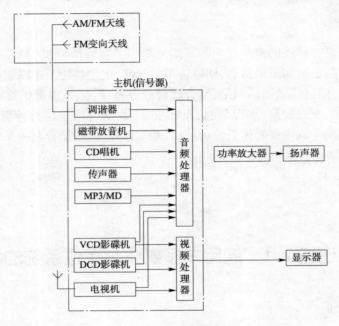

图 7-1-1 汽车音响的基本组成

(1) 主机。

主机又称信号源，是汽车多媒体系统的节目源，它包括汽车收音机(调谐器)、磁带放音机、CD唱机、车用VCD影碟机或DVD影碟机等。目前，普通中低档车用视听系统的信号源主要是车用收放音机、VCD影碟机，高档汽车视听系统的信号源主要是收音机、车用DVD影碟机，还可以选择MP3和MD唱机。

(2) 功率放大器。

功率放大器简称功放，其主要作用是将来自音源的节目信号或前级弱信号进行电压放大和功率放大，然后推动扬声器还原出声音。

按功能不同，功放可包括前置放大器、功率放大器和环绕声放大器三部分。

按使用元器件的不同，可分为电子管功率放大器、晶体管功率放大器和集成电路功率放大器三种类型。

①前置放大器又称前级放大器，它连接信号源及控制信号的开关，并对各种节目进行必要的处理和电压放大。前置放大器与信号源之间还要设置各种均衡电路，用于实现前、后级的阻抗匹配和频率补偿。

②功率放大器主要对前置放大器送来的电信号进行不失真的电流和电压放大,形成强有力的信号去推动扬声器发声。功率放大器主要包括以下几部分:

a. 等响度控制电路。它的作用是对小信号中低频和高频部分进行补偿,以弥补人耳的不足;而在大信号重放时,等响度控制电路不起作用。

b. 音量控制。用以调节重放音量的大小。调节方法有手动电位器、电子音量控制和伺服电动机等,带动音量旋钮控制音量。

c. 功率放大。把前置放大器送来的信号进行电流和电压放大,以推动扬声器发出声音。

d. 保护电路。由于功率放大器工作在大电流和高电压状态,重放中可能会出现过电流、过电压和过热等情况,此保护电路可自动进行断电,以保护放大电路和扬声器不受损坏。

③环绕声放大器主要包括环绕声处理电路和环绕声放大器两部分。环绕声能使听众更具有临场感,使人在欣赏音乐时有被声音围绕的感觉。

(3) 扬声器。

扬声器又称喇叭,它是能把电信号转换成声音的电—声转换器件,是汽车多媒体系统的终端元件。扬声器的数量、口径和安装位置由汽车舒适性的要求而定,但是为了能欣赏立体声,车内至少需要装用两只扬声器。高档汽车多媒体系统为了达到车内逼真的移动影院效果,一般在汽车的两侧车门和后部设置多个音箱,以具有多声道输出功能。

扬声器主要指主扬声器、环绕扬声器等,主扬声器通常由低音扬声器、中音扬声器、高音扬声器和分频网络组成。汽车音响一般采用电动式、外磁式圆形或椭圆形扬声器,大多采用 4Ω 扬声器。

高档汽车通过音箱主机箱体或低音炮箱体内自带的功率放大器,将音频信号进行放大处理,然后由音箱本身还原出声音来。

(4) 显示器。

车载显示器是视听系统必不可少的组成之一,车载显示器有彩色显像管式和液晶显示器两种,目前大部分 VCD 或 DVD 影碟机使用的显示器一般均为液晶超薄显示器,而大型客车也有使用电视机。

(5) 其他设备及附件。

汽车音响声音处理设备主要有均衡器、声音处理器和电子分频器等,其他的附件有电源分配器、熔断器、线材和连接器等。

2) 汽车音响的特点

(1) 具有抗干扰性强的电路。因为汽车发动机点火装置及其他电气都使用同一个汽车蓄电池,对 AM/FM 接收会产生很大的干扰。所以,必须采用抗干扰性强的电路和元器件,一般汽车音响系统的电源扼流圈、外壳采用全密封的搭铁铁机壳进行隔离。

(2) 具有抗振、防尘措施。由于汽车在各种路面上行驶,对汽车音像系统振动很大,因此要求元器件焊接、装配要牢固,引脚尽量折弯焊接。机座、音箱要紧固。汽车 CD 机和影碟机的防振系统多采用超级悬架系统,包括拉簧、气囊及带 TPE 硅油减振器等。高级 CD 机采用电子防振系统,当记忆缓冲区内的读数降低时,先进的电子防振设计会自动启动双速读数系统,做出比正常速度快两倍的读数反应,以减低噪声。即使连续振动,仍可避免跳线出现,营造出纯美的音色。汽车行驶时,尘埃很多,音像系统装置需密封起来,防止或减少尘埃的影响。

(3)有较高的接收灵敏度。汽车驾驶室有屏蔽作用,加上汽车飞速行驶,有时离发射台很远,故要求 AM 广播的接收灵敏度要小于 50mV,FM 大于 3mV,AM 的 AGC 范围要求大于 40dB,能承受 1V 大信号输入而不产生失真。

(4)具有数字调谐技术的调谐器。调谐器可自动进行扫描搜索、自动搜索存储。调谐器有数十个预设,不但有自动存储寻找节目的功能,还有人工调谐、寻找检索和预检索等功能。

(5)有逻辑电控机芯。采用逻辑电控机芯,可使磁带放音机芯实现微处理器控制自动化。使用轻触键盘控制,操作轻便容易,避免了用力过猛造成的机芯损坏。使选曲、快进、暂停、倒退更为方便。

(6)有收、放音自动转换电路。当其放音结束后,整机能自动转换到收音状态。这是在放音机芯上安装了一只微开关,其作用是当机芯处于放音状态时,微开关接通总电源(触点)与放音电路,电控机芯开始放音。当放音磁带全部走带完毕时,机芯的一张力测试杆弹起,促使微动开关断开放音电路,并同时给收音电路供电。这样整机就处于收音状态。

(7)特有的防盗功能。一般汽车音像系统多采用防盗拆装面板和设置密码方式防盗,也有使用电脑记忆保安卡片 KEYCARD 防盗。

(8)汽车音响是汽车多媒体信息中心(播放 VCD、DVD、CD、MD、MP3 等多媒体,发布导航、电话、交通管理与路况等信息)的主要组成部分。

3)汽车音响的结构与原理

(1)汽车收音机。

汽车收音机是汽车多媒体的信号源之一,其主要功能是接收广播电台发送的调频和调幅广播信号,并对广播信号进行处理得到音频信号。汽车收音机与普通收音机不同,主要是汽车收音机内部不包括低频功率放大器、扬声器、天线等,汽车收音机实质上是一个调谐器。

①汽车收音机的组成。

调谐器是汽车音响的信号源之一,它的主要任务是接收广播电台发送的调幅和调频广播信号,并对其进行处理得到音频信号。调谐器与普通收音机相似,在电路结构上的差别在于:调谐器不包括低频功率放大器和扬声器系统。如果调谐器与低频功率放大器、扬声器组合成一个单元,则称为接收机。另外,调谐器在性能指标上一般比普通收音机要高,结构也与普通收音机有所不同。

调谐器通常由高频放大器、本机振荡器、混频器、中频放大器、检波器等组成。它的输入来自天线的射频信号,而输出则是解调后的音频信号,此音频信号经共享的功放电路放大后,推动扬声器还原成声音。汽车收音机(调谐器)可分为接收调幅广播信号的调幅调谐器(即 AM 调谐器)和接收调频信号的调频调谐器(即 FM 调谐器)。但实际上它们往往并不单独设置,而是组合在一起组成调幅/调频调谐器(称为 AM/FM 调谐器)。

调谐器的电路框图如图 7-1-2 所示,图中上部是调幅接收电路,下部是调频接收电路。

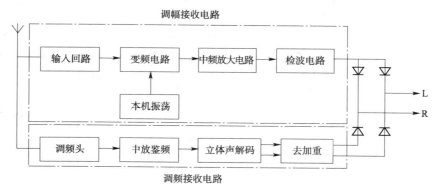

图 7-1-2　调谐器的工作原理框图

汽车音响调谐器按调谐方式分类,可分为手动调谐和数字(自动)调谐两种。按调谐器的结构分类,调谐器可分为以下三种:

a. 普通手动调谐式汽车音响。FM 波段的高放、本振和混频都在一个屏蔽盒里,称为 FM 调频头。调频头输出 10.7MHz 的中频信号,中频放大电路及鉴频电路做在主电路板上,AM 波段有关组件焊接在主电路板上。通常以手动方式选择电台。

b. 数字调谐式汽车音响。通常是把 AM 收音电路和 FM 收音电路分别做在两个屏蔽盒里,采用数字调谐器显示电台信息,调谐过程有手动和自动方式。

c. 新型集成度更高的机型。AM 和 FM 处理电路采用单片集成电路,将其做在一个屏蔽盒里,作为一个组件,数字显示电台信息,采用数字存储方式自动调谐和记忆电台。

不管什么方式的调谐器,输出的都是经过解调的 AM 和 FM 音频信号,其中调频输出的是立体声的左(L)和右(R)双声道音频信号。

②汽车音响调幅接收电路。

普通超外差式收音机(简称调幅收音机)电路工作框图如图 7-1-3 所示,它由输入回路、变频电路、中放电路、检波电路、音量音调控制电路和功放电路组成。汽车音响的调幅接收电路通常还有一级高频放大电路及独立的本机振荡和混频电路,而不包括音量音调控制和功放电路。图中各点信号波形反映了不同功能电路对信号的处理过程。

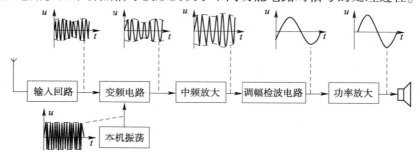

图 7-1-3　调幅收音机电路框图与信号

a. 输入电路。输入电路是指从天线到第一个放大器之间的电路。输入电路的作用是把天线上接收到的各种高频(电台)信号输送到选择回路,由选择回路选择出所要接收的电台信号,送到下一级(变混)电路,并过滤掉其他不需要的各种信号。

　　b. 变频电路。超外差收音机的特点就是具有变频电路,它的作用是把输入电路选出的不同频率的电台信号变为固定频率的中频(465kHz),并且变换的只是载波的频率,而信号的包络线(音频信号)与原高频信号的包络线不变。对变频电路的要求包括变频增益、选择性、失真、稳定性、频率覆盖、噪声电平和统调等方面。

　　c. 中频放大电路。中放电路是固定的中频频率放大器,位于变频输出和检波电路之间。中放电路的作用是从变频后的混频信号中选出465kHz的中频信号并进行放大,并将放大后的信号送往检波级。中频放大级直接影响到收音机的灵敏度、选择性、失真度和自动增益控制等性能指标。

　　d. 调幅检波电路。调幅检波是指把音频信号从中频载波上分离出来的过程,检波电路又称幅度检波器。检波器的种类很多,现代收音机中最常用的是二极管检波器。对检波器的要求主要是检波效率高和非线性失真小。

　　③调频接收电路。

　　调频收音机电路框图及信号波形的变化如图7-1-4所示,通过输入回路调谐选出所需要的调频信号,经高频放大级放大后,由变频电路转换成频率固定的中频信号,我国规定调频中频是10.7MHz。变频的过程只是改变了信号的载波频率,而没有改变原来调制信号的内容。

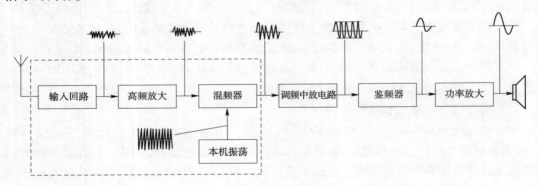

图7-1-4　调频收音机电路框图及波形图

　　④调频头。

　　调频头电路由天线输入回路、高频放大电路、混频器和本机振荡电路组成。汽车音响调频接收的高放、本振和混频部分都在一个铁屏蔽盒中,称为调频头。调谐器输出的是10.7MHz的中频信号。目前,汽车音响从中频放大到音频输出的信号处理部分都已实现了集成化。

　　⑤调频中放电路。

　　调频中放电路的作用是对10.7MHz的中频信号进行选频和限幅放大,应有较高的增益和良好的选择性、稳定性,并具有较宽的频带和良好的限幅特性。

　　⑥鉴频器。

鉴频器又称调频检波器或频率检波器,它是一个频率—电压变换器,其作用是将频率变化的信号转化为电压变化的信号,即从 10.7MHz 的中频调频波中取出音频信号。如果接收的是立体声信号,鉴频器解调出的是立体声复合信号。

(2) 汽车用 CD 唱机。

汽车碟片机使用的音源有 CD、MD、MP3、VCD、DVD 等,使用的是数字技术。CD 唱机是基础产品。汽车 CD 激光唱机与普通激光唱机结构基本相同,由激光拾音器拾取 CD 唱片上的数字信号,送入信号处理系统进行解调和纠错,经数模变换为模拟音频信号输出。较高档的汽车 CD 唱机可以兼容 MD 和 MP3。

① 汽车用 CD 唱机的结构。

CD 唱机(激光唱机)由光学系统、机械系统和电信号处理系统三大部分组成。光学系统用来拾取 CD 唱片上的各种信号,机械系统用来完成 CD 唱片的运转及激光拾音器的循迹运动,电信号处理系统用来处理各种电信号。CD 唱机的结构框图如图 7-1-5 所示。

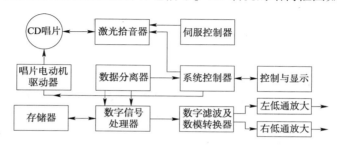

图 7-1-5　CD 唱机结构框图

为了确保拾取信号的精确,还要配置有精密机械结构和伺服系统。这一切都在唱机所带的微处理器的控制下进行,可以实现放音、暂停、快进、快退、编程放音、自动选曲、一曲或多曲重放多种功能,操作方便,使用灵活。

② 工作原理。

CD 唱机的数字信号是以凹坑或镜面的形式记录在 CD 唱片上。重放时,激光拾音器从唱片上拾取信号:首先拾音器向唱片发射激光束,激光束穿过透明的片基后聚焦到信息面上,原来直径为 1.0mm 的激光束经片基折射(折射率为 1.5)后,到达信息面时就变成直径为 1.0μm 的光点,如图 7-1-6 所示。然后再由唱片反射层反射回来,通过检测反射光强弱,就可知光点处是凹坑还是镜面,从而读取唱片上记录的数字信号。例如,当激光束照射到凹坑时,由于反射光的衍射,造成反射光量少,此时光电二极管输出为低电平;当激光束照射到镜面时,反射光量较多,光电二极管输出为高电平。反射光的衍射示意图如图 7-1-7 所示。

因此,激光拾音器发出的激光束通过扫描唱片上的凹坑或镜面,便可获得强弱不同的反射光束,此光束照射到拾音器的光检测器上,通过光检测器,把反射光束的强弱变化转换成高频电信号。高频电信号送到射频放大器进行整形、放大,然后输出 EFM 信号到数字信号处理器进行 EFM 译码、CIRC 插补等处理,还原出 16 位数字音频信号,经 D/A 转换器及低通滤波器后,便可获得模拟的音频信号。

另外,数字信号处理器还提供串行子码资料,经系统微处理器处理后,对 CD 唱机进行相应控制和显示。数字信号处理器外接 RAM(随机存取存储器)的作用是对资料排序及去抖晃处理。经 EFM 解调后的数字信号首先要存入 RAM,然后才进行数据处理。RAM 除了将纠错处理所需资料的进行交织排列外,还起着资料缓冲的作用。

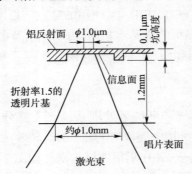

图 7-1-6 汽车用 CD 唱机的激光拾音器从唱片上拾取信号

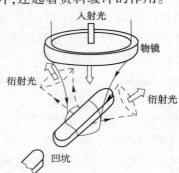

图 7-1-7 反射光的衍射示意图

4)汽车音响的防盗解码

(1)汽车音响防盗方法。

为了防止汽车多媒体主机被盗,在多媒体主机上设置了防盗技术,主要有两种方法:一是在主机上设置防密码,即主机被盗后,若不能输入密码或密码输入错误,则汽车多媒体主机不能进入工作状态;另一种方法是防盗面板法,即如果将多媒体主机上的防盗面板拆下带走,主机就无法操作使用,起到了防盗的目的。目前,汽车音响防盗广泛采用的是在多媒体主机上设置防盗密码的方法。

(2)汽车音响防盗功能。

汽车中、高档音响系统都具备多种防盗功能,一旦出现音响系统被盗或在使用和维修过程中拆下蓄电池电源线、蓄电池严重亏电、音响熔断器烧断等使系统非正常断电的现象,音响系统就会锁止,必须按照正确步骤输入正确密码后,系统才能正常工作。如果多次输入错误密码,将会导致音响被永久锁止。所以一旦音响系统被锁,首先要找到音响密码,然后按照正确步骤输入密码。

如果是在音响面板上或后车门三角窗等处发现如下标志:ANTI-THEFT、CODE. SE-CUR-ITY,则说明该车音响具有防盗功能。

音响锁住时的显示。汽车多媒体主机被锁时,多媒体主机不能工作,并在显示屏上会有所反应,不同的汽车多媒体主机,其显示内容不同。常见显示内容如下:SE. HELP、SAFE. CODE. COD. LOCK、INOP、Errl、红色防盗灯连续闪烁等。若音响面板上的液晶显示屏上显示"CODE"或"……"等符号,则表示音响已被锁住,需要解码,即需要输入正确的密码进行解码后,才能恢复正常的使用。

(3)避免无意中锁住音响。

在进行维修时,若不知道音响密码,千万不要断开蓄电池的电源线。

在使用和维修过程中,如果发生以下情况,具有防盗功能的汽车音响防盗系统就会工作,自动锁死音响。

①更换蓄电池或拆下蓄电池的电源线后,主机断电后未能及时提供存储保持电源。

②蓄电池严重亏电,不能维持汽车音响的存储保持电压。

③音响的电源熔断器因故熔断或拔下了音响熔断器。

④音响电源电路有断线处,使音响无存储保持电压。

⑤拔下音响电源插接器,音响电源断开等。

⑥音响被盗。

(4)汽车音响解码方法。

①汽车音响密码的获取方法。

汽车音响密码的获取方法较多,主要有在原车上查找和用读码器读取法两种方法。在原车上查找。在购买新车时,要注意夹在音响使用手册中的密码卡。必须使用数据编程器来读出音响里面 EEPROM 原来的密码数据,加以换算,得到正确的密码。

②汽车音响防盗系统的解码方法。

音响防盗系统解码方法主要有硬解码法、软解码法、断电法、综合法四种类型。

a. 硬解码法,即更换某些音响防盗集成块(EEPROM),重新设定新的防盗密码。此方法适合于固定密码解码。

b. 软解码法,即输入通用码来解码。当音响系统电源接通后,输入车型音响系统的通用防盗密码。此方法不需要更改电路,主要适合可变密码解码。目前,已有很多这些密码的相关资料。在已知音响密码的情况下,输入正确的密码,即可解码。在不知道本机密码的情况下,可以输入该系列音响的通用密码进行解码。

c. 断电法,即对于某些机型,只需切断音响防盗集成块的电源便可解码。采取使防盗系统集成块失效的方法消除防盗功能,此方法可能会造成系统损坏。

d. 综合法,即同时使用硬解码法和软解码法。

目前,高级汽车的音响基本上都配备了防盗功能,若由于某种原因(如拆除蓄电池电源线)令音响系统锁死,则必须输入正确的密码使其恢复。在获知原车密码的情况下,可按动音响面板键盘进行输入,如果原车密码丢失,可利用专用音响解码器读出原车密码或将其修改来完成解码的工作。

2. 汽车导航系统

1) GPS 定位系统的定义

GPS 定位系统指利用卫星,在全球范围内实时进行定位、导航的系统,简称 GPS (Global Positioning System)。GPS 定位系统功能必须具备 GPS 终端、传输网络和监控平台三个要素,这三个要素缺一不可。通过这三个要素,可以提供车辆防盗、反劫、行驶路线监控及呼叫指挥等功能。

GPS 全球定位系统是美国国防部于 1973 年 11 月授权开始研制的海陆空三军共用的美国第二代卫星导航系统,是在子午仪卫星导航系统的基础上发展起来的,它汲取了子午仪系统的成功经验。和子午仪系统一样,GPS 定位系统由空间部分、地面监控部分和用户接收机三大部分组成。

2) GPS 定位系统的构成

(1)空间部分(太空部分)。

GPS定位系统的空间部分由24颗GPS工作卫星所组成,这些GPS工作卫星共同组成了GPS卫星星座,其中21颗为可用于导航的卫星,3颗为活动的备用卫星。这24颗卫星分布在6个倾角为55°的轨道上绕地球运行。每颗GPS工作卫星都发出用于导航定位的信号。GPS用户正是利用这些信号来进行工作的。可见,GPS定位系统卫星部分的作用就是不断地发射导航电文。

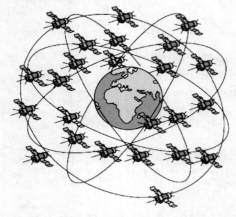

图7-1-8　GPS全球定位系统

如图7-1-8所示,GPS目前总共由24颗卫星组成,并均匀分布在六个轨道上。这种布置在理论上可以使地球上的每一点都至少与四个卫星进行无线联系。要想精确定位,至少需要接收到三个卫星的信号。

24颗GPS卫星在离地面20200km的高空上,以12h的周期环绕地球运行,使得在任意时刻,在地面上的任意一点都可以同时观测到4颗以上的卫星。

由于卫星的位置精确可知,在GPS观测中,可得到卫星到接收机的距离,利用三维坐标中的距离公式,利用3颗卫星,就可以组成3个方程式,解出观测点的位置(X、Y、Z)。考虑到卫星的时钟与接收机时钟之间的误差,实际上有4个未知数,X、Y、Z和钟差,因而需要引入第4颗卫星,形成4个方程式进行求解,从而得到观测点的经纬度和高程。

事实上,接收机往往可以锁住4颗以上的卫星,这时,接收机可按卫星的星座分布分成若干组,每组4颗,然后通过算法挑选出误差最小的一组用作定位,从而提高精度。

由于卫星运行轨道、卫星时钟存在误差,大气对流层、电离层对信号的影响,以及人为的SA保护政策,使得民用GPS的定位精度只有100m。为提高定位精度,普遍采用差分GPS(DGPS)技术,建立基准站(差分台)进行GPS观测,利用已知的基准站精确坐标,与观测值进行比较,从而得出一修正数,并对外发布。接收机收到该修正数后,与自身的观测值进行比较,消去大部分误差,得到一个比较准确的位置。实验表明,利用差分GPS,定位精度可提高到5m。

(2)控制部分。

GPS定位系统的控制部分由分布在全球的由若干个跟踪站所组成的监控系统所构成,根据其作用的不同,这些跟踪站又被分为主控站、监控站和注入站。主控站的作用是根据各监控站对GPS的观测数据,计算出卫星的星历和卫星钟的改正参数等,并将这些数据通过注入站注入卫星中去;同时,它还对卫星进行控制,向卫星发布指令,当工作卫星出现故障时,调度备用卫星,替代失效的工作卫星工作;另外,主控站也具有监控站的功能。监控站设有GPS用户接收机、原子钟、收集当地气象数据的传感器和进行数据初步处理的计算机。监控站的主要任务是取得卫星观测数据并将这些数据传送至主控站。注入站的作用是将主控站计算出的卫星星历和卫星钟的改正数等注入卫星中去。这种注入对每颗 GPS 卫星每天进行一次,并在卫星离开注入站作用范围之前进行最后的注入。

(3)用户部分(地面接收)。

GPS 定位系统的用户部分由 GPS 接收机、数据处理软件及相应的用户设备(如计算机、气象仪器等)所组成。它的作用是接收 GPS 卫星所发出的信号,利用这些信号进行导航定位等工作。

以上三个部分共同组成了一个完整的 GPS 定位系统。

3)全球定位系统的种类与特点

随着全球定位系统的不断改进,硬、软件的不断完善,其应用领域正在不断地开拓,已遍及国民经济各种部门,并开始逐步深入人们的日常生活。

美国 GPS(全球定位系统)是美国历经 20 年,耗资超过 300 亿美元建立的全球卫星定位系统,是一个全天候、实时性的导航定位系统,也是目前世界上应用最广泛、技术最成熟的导航定位系统。

欧洲伽利略定位系统是欧盟一个正在建造中的卫星定位系统,有"欧洲版 GPS"之称。伽利略定位系统预计总共发射 30 颗卫星,其中 27 颗卫星为工作卫星,3 颗为候补卫星。卫星轨道高度约 2.4 万 km,其精度将比 GPS 更为精准。

俄罗斯格洛纳斯系统由 24 颗卫星组成,尽管其定位精度比 GPS、伽利略定位系统略低,但其抗干扰能力却是最强的。该系统额定 24 颗卫星已全部在轨工作,另有 4 颗在轨备份,从而实现全球覆盖。

中国北斗卫星导航系统是中国正在实施的、自主发展、独立运行的全球卫星导航系统。北斗卫星导航系统由空间段、地面段和用户段三部分组成,预计由 30 颗以上卫星组成。与美国 GPS 系统、俄罗斯格洛纳斯系统、欧洲伽利略系统相比,把短信和导航相结合是中国北斗卫星导航系统的独特发明。一般来讲,世界上其他的全球卫星导航系统只是告诉用户什么时间、在什么地方,而北斗系统除此之外还可以将用户的位置信息发送出去,使用户想告知的其他人获知用户的情况。

4)汽车 GPS 系统

汽车 GPS 导航系统是在 GPS 的基础上发展起来的一门新技术,具有以下基本特点:全天候、全球性的精确测定汽车的三维位置,即经度、纬度和高度的能力,不受天气变化、地理环境和时间的影响;测量快捷,只需几秒就可准确定位;隐蔽性强,不产生无线电干扰,在测量定位时,只接收卫星信号而不发射任何信号。

将全球定位系统(GPS)技术与其他技术相结合,使汽车 GPS 导航系统具有定位、报警、指挥调度、车辆跟踪等多种功能。

车用 GPS 全球卫星定位装置由 GPS 接收天线和 GPS 接收机组成,GPS 天线是工作频率为 1575.42MHz 的圆环型微带有源天线,其增益按系统总体增益分配确定。GPS 接收机采用 8 通道(或 12 通道)GPS 接收机。如图 7-1-9 所示,GPS 接收器根据从 4 个或更多 GPS 卫星(三维定向)所接收无线电波的时间差,来计算汽车的三维位置(纬度/经度/高度)。如果仅能够接收到来自三个 GPS 卫星的无线电波,GPS 接收器只能计算出二维位置(纬度/经度),而高度位置是由先前从 4 个或更多 GPS 卫星(二维定向)所接收无线电波所计算出来的。

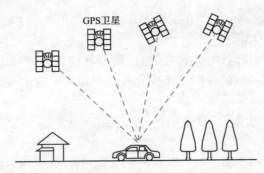

图 7-1-9　GPS 确定汽车的位置

(1) 汽车导航系统的特点。

①由于导航系统采用了检测精度高、工作稳定性较好的角速度传感器,能实现实时位置测定。

②装备 CD-ROM 只读存储器,采用声控进行导航,使系统具有自动检索功能。

③采用 CPS 全球定位系统及先进的检测手段和传播技术,引入了具有自动修正车辆位置的地图匹配技术,实现了自动修正车辆位置的功能。

④导航系统正在实现与地面交通管理网络的联机,加快了未来交通向智能化发展的速度。

(2) 汽车导航系统的功能。

①具有路线检索功能。该系统可以实时获得汽车自身所在位置和目的地的坐标,以及全部行驶的直线距离、速度、时间及前进方向。还可以直接输入地名、经纬度、电话号码等,进行路线检索,快捷提供一条到达目的地的最佳路线。

②具有瞬时再检索功能。当最佳路线行不通时,系统可以进行瞬时自动再检索,重新提供出新的行车路线。因为该功能是在行驶中进行的,因此要求检索快速,所以 CPU 应具有高速运算能力。

③提供丰富的菜单和记录功能。为检索方便,整个系统必须建立十分丰富的地名索引,可以用街道、胡同、门牌号数、电话号码检索。大约应记录 1000 万件住所地名,30 万人口以上城市的电子地图应分十层表示。电话号码可根据不同局号、类别应记录 100 万件以上,还应留有用户自行设置电话号码的地址空间,供用户随时调用存取。

④可以新增兴趣点。由于城市处于不断的建设和发展中,新的建筑物和道路会不断增多,这就需要能够不断更新电子地图,可以将新的目标点或路线增加到电子地图上。这些新增的兴趣点与原有点一样,均可套用电子地图的各项功能。

⑤提供实时语音提示。为使驾驶人事先了解行驶中前方路面变化情况,系统应在适当时刻作出语音提示,一般道路在 300～700m 之前,高速公路按当前行驶速度在 2000m、1000m、500m 之前,分别向驾驶人说明前方路面情况及可更改的方向、十字交叉路口名称、高速公路分支点、进出口、禁止左拐、禁止驶入的单行线等提示,同时可进行中英文两种语音切换。配备语音识别单元,可以实现语音检索,例如用会话形式呼出"××区××街道××胡同",电子地图上立即显示出汽车位置、到达目的地的时间、前进方向等信息。

⑥提供交叉路口全画面的扩大图。系统通过开窗程序自动表示交叉路口全画面,扩

大十字路口周围建筑物和交通标志,这是汽车导航中的一项最主要功能。凡行驶在十字路口前300m处、高速公路进出口前300m处,系统自动显示扩大了的十字路口附近的全画面图,指示汽车位置、交叉点的名称、到交叉点的距离、拐弯后的道路名称及方向等。

⑦具有扩展功能。系统设有多种扩展接口,可以与交通管理部门、邮电部门、建筑部门的VICS、ATIS、ⅡS联网,以便及时了解路面车辆情况。

VICS专门收集和处理各方面交通信息和停车场空缺的信息,并不断生成新的信息,通过多路调频发射、一般道路上设置的远红外光标发射和高速公路上设置的无线电波光标发射这三种手段提供道路实时交通信息,然后由VISC专用接收机接收,在电子地图上分三层显示,第一层用文字表示,第二层用图形表示,第三层用图形表示。地图画面上用红色和橙色线路的亮灭表示道路的堵塞和拥挤状况,用绿色线路表示通畅的路线。帮助行驶车辆回避堵塞和拥挤的路段,实现自动选择道路和无阻挡行驶。交通信息通信系统框图如图7-1-10所示。

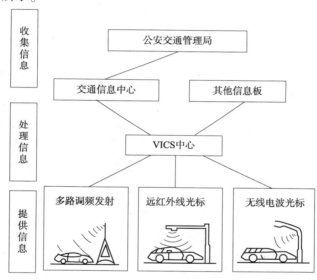

图7-1-10　交通信息通信系统框图

⑧导航系统和娱乐系统部件共用。许多导航部件可与娱乐设备集成为一体,导航系统中的导航信号接收机、控制系统、存储器、可视显示设备、声音设备可同时支持导航和娱乐。

集成收放机可由AM/FM收音机、GPS、蜂窝电话和寻呼信号共用。CD-ROM、硬盘或内存卡可用来作为外部存储器,同时,CD-ROM播放器可用来存储数字地图库和导航软件,也可播放音乐;内存卡可作为导航系统的存储设备,也可用于其他的移动办公设备。显示监视器可用于导航地图显示和商业TV台。扬声器可用于聆听引导指令、普通AM/FM广播和免提蜂窝电话。

(3)汽车导航系统的组成。

汽车导航系统的组成如图7-1-11所示,主要由CD-ROM驱动器、GPS接收天线、GPS接收机、计算机、液晶显示器、位置检测装置等组成。系统的工作原理如图7-1-12所示,系统根据 GPS 全球卫星定位装置确定绝对位置,根据方向传感器确定相对位置,根据轮速传感器确定车辆行驶距离,由 CD-ROM 驱动器读取电子地图数据,经过导航计算机计算出车辆所在位置的准确经度和纬度以及速度和方向,并在显示器上显示出来,同时,可以通过语音电路实现语音导航和语音提示。

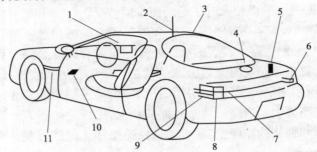

图 7-1-11　汽车导航系统的组成

1-可视显示器;2-RF 天线;3-罗盘;4-GPS 接收天线;5-陀螺;6-GPS 接收机;7-CD-ROM 驱动器;8-导航计算机;9-RF 调制解调器;10-扬声器;11-轮速传感器

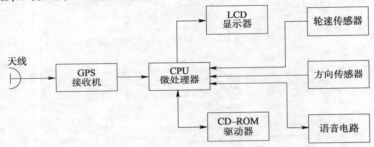

图 7-1-12　汽车导航系统的工作原理

汽车 GPS 导航系统结构及工作原理:

①方向传感器。方向传感器包括罗盘传感器、轮速传感器和陀螺仪。罗盘传感器是一个利用电磁感应原理工作的地磁矢量传感器,通过检测地球的磁场确定汽车的绝对行驶方向。轮速传感器与 ABS 系统中的轮速传感器共用,可以通过检测左右车轮转速传感器的输出脉冲差确定汽车转弯方向上的变化。陀螺仪通过检测汽车转向角速度确定汽车行驶方向。

②GPS 信号接收机。汽车 GPS 系统的 GPS 信号接收机,能够对 GPS 卫星进行搜索、捕捉。当捕捉到卫星后,即对信号进行牵引和跟踪,并将所接收到的 GBS 信号进行变换、放大和处理,以便测量出 GPS 信号从卫星到接收机的传播时间,解析出 GPS 卫星所发送的导航电文,实时地计算出 GPS 信号接收机自身所在的经度、纬度和高度。

GPS 信号接收机主要由天线单元和接收单元两部分组成。天线单元是由接收天线和前置放大器组成。汽车 GPS 导向系统中的 GPS 信号接收机的天线通常采用全向振子天线、小型螺旋天线或微带天线。其作用是将卫星来的无线电信号的电磁波能量变换成接收机电子器件可摄取应用的电流。接收单元是由信号波道、存储器及计算与控制部分组成。

③导航计算机。导航计算机能够根据GPS全球卫星定位装置接收到的卫星信号、方向传感器信号和存储器中的地图数据,经过计算处理和综合的图像协调,再通过显示器显示车辆的行驶信息,并以闪光标识表示出汽车的实时位置,指示出汽车应该的行驶方向及不断地显示当前距目的地的距离。通过检索键还能极方便地找到目的地及最佳行车路线。

④LCD显示器。用来显示位置路况等视频图像信息,也可选用CRT或TV显示。

⑤电子地图。电子地图即地图CD,储存着丰富的城市地图、全国的公路网图,以及加油站、便利商店、政府机关、旅游景点、餐馆、停车场等信息。

⑥CD-ROM驱动器。CD-ROM驱动器的作用是读取电子地图数据,并快速发送到ECU进行处理。为了使LCD显示效果连续,同时保持声响与音像的同步,汽车GPS导航系统采用了4倍速650MB的CD-ROM驱动器。

⑦RF调制解调器与RF天线。RF调制解调器与RF天线的功能是接收主控中心发出的信息,并同时控制汽车,以实现汽车动态导航。通过RF调制解调器建立与VICS(交通信息控制系统)的联系,以获取交通堵塞、道路故障、道路施工、停车场情况及交通规则变化等实时交通信息,使驾驶人做出快速反应,改变行驶路线,以解决交通拥挤与堵塞问题。

(4)汽车导航系统的分类。

①按汽车导航系统功能分类,可分为单一功能的导航系统和多功能的导航综合系统。汽车导航综合系统综合了汽车导航、监控、防盗、旅游、交通控制与调度等系统。

②按车辆信息是否实时返回控制中心分类,可分为汽车开环导航系统和汽车闭环导航系统。

汽车开环导航系统:从控制中心或电台、卫星传感器等得到定位、方位、方向等信息,根据这些信息和电子地图,可以定出起点到终点最短行驶距离,但汽车的信息不能返回控制中心。车辆无法获得前方道路的交通信息,控制中心无法获得车辆行驶信息。

汽车闭环导航系统:车辆可以不断向控制中心返回行车实时信息。控制中心可以对车辆进行调度,使车辆在最短时间到达目的地;车辆可以将行驶状况报告控制中心,使控制中心了解出现的问题和车辆方位,以便营救。

③按有无引导功能分类,可以分为无引导功能的导航系统和有引导功能的导航系统。无引导功能的导航系统只是简单的电子地图,无引导功能。驾驶人可以从车上的CD-ROM存储器中调出本国城镇的方位、主干道、高速公路、桥梁等交通信息,也可以通过键盘方便地找到目的地,以及行驶路线的各种信息,帮助驾驶人选择行车路线。

有引导功能的导航系统分为内部信息导航系统和无线电导航系统。内部信息导航系统利用车上的方向传感器检测汽车行驶方向和方位,无线电导航系统利用定位卫星或地面无线电检测汽车行驶方向和方位。内部信息导航系统分为地磁导航系统和惯性导航系统,无线电导航系统分为GPS导航系统和固定电台导航系统,固定电台导航系统又分为中心电台导航系统和路边电台导航系统。

地磁导航系统:利用地磁传感器(罗盘)检测汽车行驶方向,利用车速传感器检测行驶距离,利用计算机计算出汽车的行驶轨迹以及到达目的地的方向、剩余距离等,并在显示器上显示出来。

当汽车行驶在地下隧道、高架桥下、高层楼群、高山群间、密集森林等地段,与GPS卫星失去联系,信号中断的瞬间,可自动导入自律导航系统。此时,导航计算机根据轮速传感器检测汽车行驶的速度,进而根据车速和时间求出前进距离,方向传感器检测车辆行驶角速度变化值,进而确定行驶方向及其变化。当汽车行驶在沟状山道、发夹式弯路、环状盘形桥、雪道原地打滑、轮渡过河等地段时,这些曲线距离与卫星导航的经纬度坐标产生了误差,通过陀螺传感器的检测和微处理器的运算才能得到汽车正确的位置。

惯性导航系统:利用陀螺仪检测汽车行驶方向,其他设备及功能和地磁导航系统一样。

GPS导航系统:利用GPS信息接收装置接收定位卫星发射的导航信息,经过计算机计算处理后,可以得到汽车行驶的方位、速度、到达目的地的直线距离和已行驶里程。

中心电台导航系统:是一个集导向、车辆监控、防盗等功能为一体的综合系统。一般以几十到几百千米为半径设一个中心站,除接收CPS信息外,还收发各个车辆的导航、防盗等综合信息,可以显示任意一个车辆的实时轨迹。较大的系统设一个中心站,下设若干个子站,每个子站带若干个车辆,以扩大监控范围和导航的车辆数。

路边电台导航系统:是一个集交通控制和导航为一体的综合系统。在高速公路的路边,每隔几百米到几千米设一个小功率电台,每到一个电台,汽车上的小功率收发机和交通控制中心交换一次信息,达到交通控制与导航的目的。

(5)汽车导航系统的诊断与修复。

①导航系统DVD读出故障;导航系统不能启动或没有可行的输入目标。

导航系统DVDROM数据的处理是一个相当复杂的技术过程,不能和音乐CD直接比较。因此,数据面的指印或积灰会导致读盘故障。只有光盘的外部边缘或中心孔可以触碰。应该用一块软布从中心孔向外部边缘轻轻地擦去数据面上的指印或灰尘。然后,导航功能应该恢复正常。在这种情况下,不必更换设备。

②暂时性的导航系统DVD读出故障。

在外界温度低或空气湿度非常大的情况下,在导航系统DVD激光头上可能产生露珠。在这种情况下,系统将需要稍长的时间来计算路线。在结露的情况下,音响系统不能聚焦激光读取光盘数据。一旦受热,露珠将在短时间内蒸发,系统也将再次正常运行。

③导航系统偏离道路。

有时,GPS卫星也可能发送错误的数据或变化的信号值,也会由于多路径接收情况造成反射,导致GPS接收故障。

④无法选择预期目的地,或者在路线指导过程中系统暂时偏离道路。

导航系统可能偏离道路,例如,客户使用了新建的道路,但它还未更新到导航系统DVD上。在停车库中或者在隧道或峡谷中行驶,也可能出现这种暂时性的偏离道路情况。因为这种情况下导航系统无法正确接收卫星信号,而且停车库是非数字化区域。故障的其他原因可能是使用了陈旧的DVD数据盘。

⑤客户没有得到所需的导航路线指南。

对于初次使用导航系统的客户来说,如驾驶人选择了一个著名的目的地,他期望系统给出的路线与他平时使用的路线完全一样。但是,实际上这是不必要的。导航系统使用复杂的数学算法计算出一条可能和客户预期有差别的路线。然而,系统将提供几种不同的路线计算选项:推荐的路线、优先选择高速公路、无通行费路线、选择最短的可行路线、个人设置路线选项。有关到达目的地的路程和时间的路线计算结果,取决于所选择的路线选项。

⑥输入的目的地(街道名称)与邮政编码不匹配。

在使用邮政编码选择目的地时,系统将只列出那些带有选定的邮政编码的街道作为目的地,可能会发生客户输入了错误的邮政编码的情况。在这种情况下,导航单元在地址目录表中将找不到选择的街道,因此,无法提供路线指南。在与客户交谈时,请在"必须确认预期目的地的邮政编码正确"下面画线。另一种方法是,城市名称也以字母数字方式输入(请注意:在大城市中,同样的街道名称可能被用在不同的行政区)。

⑦导航系统路线指南中断。

这可能是由于导航 CD/DVD 的积灰或光盘划伤,使导航系统无法读出所需的数据。

⑧自刻录的导航 DVD 引起的导航系统故障。

由于市售的 DVD 质量不同和采用的刻录标准不同(DVD-R/DVD-RW/DVD+R/DVD+RW/DVD-RAM),导航数据不能 100% 地被存储在自刻录的光盘上,导航模块无法正常读取数据。只有原版的 DVD 数据盘才能使路线计算结果更为安全可靠,从而有完美的导航效果。

 知识拓展

车联网系统

随着技术和生活水平的提高,以往简单的车载音响已经不能满足人们对娱乐和工作的需要。同时车联网技术作为新兴的车辆智能管理系统,凭借着强悍的功能,受到越来越多人的关注。

车联网是基于车载设备,通过移动通信网络,结合后台业务系统,向车主提供驾驶所需的包括车载通信、导航定位、交通信息、车况信息、车辆安防、娱乐应用等综合性服务的一个系统。而厂家也可以通过这个系统实时监控车辆运行情况,及时发现问题并告知用户。

以陕汽天行健车联网系统进行说明。

天行健系统由车载智能终端、管理网站和云储存三部分组成。通过 CAN 总线、发动机 ECU 和车辆传感器等采集车辆运行数据,并将数据传输到数据库进行处理,最后通过电脑 PC 端或者手机 APP 展现在用户面前,实现车辆运营全过程透明管理。

天行健车联网系统还可以采集运输过程中驾驶人的不良驾驶行为,比如:空挡滑行、紧急制动、猛踩加速踏板等影响油气耗、驾驶安全的行为,对于监管危险品运输非常有作用,进一步保证危险品运输过程中的安全。

1)界面介绍(图 7-1-13)

该系统采用按键与触摸相结合的操作方式,电源开关与音量大小集成在一个旋钮上,左侧可以通过插入 U 盘读取音频、视频文件,导航地图可存入 SD 读取。屏幕右侧为静

音、菜单等按键,需要使用导航可通过下方的导航快捷键进入。6.2in 触摸屏幕方便驾驶人操作,系统主页面采用 12 图标设计,左侧为日期显示。

2) 车辆医生(图 7-1-14)

车辆医生,顾名思义是对车辆进行诊断,触按检测按键系统会对车辆机油压力、发动机系统、加速踏板等进行检测。根据检测的状态进行打分,满分为 100 分,驾驶人可以从屏幕看到实时检测状态。

 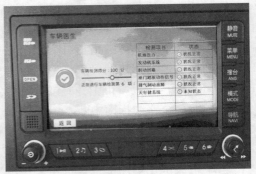

图 7-1-13　界面介绍　　　　　　　　　图 7-1-14　车辆医生界面

3) 故障提醒(图 7-1-15)

该功能可以对车辆的故障进行提醒,并记录故障发生的时间、类型,将过去车辆所显示的单纯故障码转化为具体故障名称,方便驾驶人读取,为驾驶人维修车辆提供便利。另外,系统内还带有清除功能,可以将车辆的故障码清除。以后车辆再有故障码,驾驶人在维修车辆后可以自行清除,不用在借助专业的车辆检测仪,比较方便驾驶人使用。

4) 维修服务(图 7-1-16)

图 7-1-15　故障提醒界面　　　　　　　图 7-1-16　维修提示界面

该菜单下为陕汽的车辆保修指南,里面记录车辆的一些车辆维护事项,相当于过去的服务手册,提升用户如何维护车辆。并且带有维护提醒设置,用户可根据自己的使用情况设定维护间隔里程,提醒需要进行维护的行驶里程,有了该功能用户可以在设定好维护间隔里程后,根据系统提示对车辆进行维护,免去车主记录维护里程的麻烦。

5) 系统设定(图 7-1-17)

系统设定里有 7 个选项,车辆配置主要显示本车的类型,行驶记录打印与驾驶人头顶的行驶记录仪连接,按下打印键后行驶记录仪会打印车辆之前的行驶信息。该菜单下的胎压监测可以提供车辆轮胎的胎压,但需要另行安装胎压传感器才能使用。

6) 专业监测(图 7-1-18)

可以说天行健系统是一个随车携带的一个电脑检测仪,该项可以提供车辆实时显示诸如车速、发动机转速、机油压力等情况,车辆的运行参数一应俱全,让你实时了解车辆的状况。后面的页面为扩展功能,需要更多的传感器才能实现数据的显示。

图 7-1-17　系统设定界面　　　　　图 7-1-18　专业检测界面

7) 卫星状态(图 7-1-19)

主要显示系统与卫星的连接状态,可以实时提供车辆所处的地理位置以及车辆速度。

8) 专用导航

用 SD 卡下载专用地图后可使用该功能,免除了车主再选用导航仪的麻烦,地图与车辆质保同期,提供免费升级服务,超过期限后需要支付相关的费用后方可继续升级地图。

9) 倒车影像(图 7-1-20)

该系统还支持倒车影像功能,在挂倒挡时自动进入该界面,这次拍摄的车辆没有连接摄像头,所以没有图像出现,需要使用该功能的用户可自行购买摄像头安装。

图 7-1-19　卫星状态界面　　　　　图 7-1-20　倒车影像界面

10) 娱乐天地(图 7-1-21)

为驾驶人提供了收音机、音频、视频三种娱乐方式,在有调频信号的地方可以听收音机,音频、视频需要用户自己下载相关的文件用 U 盘与系统连接才能使用。

11)运营管理(图7-1-22)

图7-1-21　娱乐天地界面　　　　　　图7-1-22　运营管理界面

该功能可以为用户提供油耗统计服务,单趟燃耗为用户设定的单趟运输车辆油耗的情况。油耗分析可以按日期统计,分析当前日期下的车辆燃油消耗情况,有助于车主分析车辆的燃油消耗走势,相对来说对于车管更加便利。

车联网系统集成了多项功能,通过CAN总线、发动机ECU和车身传感器等广泛采集车辆运行数据,可实现远程管理、远程监控等多项内容,对于物流公司更加方便管理车辆。车载端的车联网系统集成娱乐、导航、检测仪,更加方便驾驶人行车使用。相信在不久的将来,智能车载系统功能会越来越丰富,中国的汽车将全面进入智能化时代。

任务训练

汽车音响的检修

1. 音响检修应注意的事项

(1)弄清所修汽车音响使用的电源电压:目前,汽油车音响都使用12V直流电压供电,但也有柴油车音响使用24V直流电压供电,例如东风、江淮柴油车等。

(2)搞清汽车音响外引线。多数汽车音响外引线一般有4根,黑色的是搭铁线,红色的是正电源线,其余两根分别是左、右声道扬声器引线,这类机型为立体声汽车音响。但也有少数机型只有一路输出,用一只扬声器。还有少数机型有4根引线,这类机型也为立体声,但其功放电路部分为两路BTL连接方式,扬声器的两端子应接在BTL的输出端,故共有4根引线。检修时应注意上述各种连接线的区别。

(3)了解汽车音响的故障率分布。汽车音响的故障中,有90%左右是功放集成电路损坏,前置均衡放大器损坏较少,收音部分故障率较低。

(4)临时外接线要绝缘。

(5)注意紧固螺钉的位置。

(6)及时掌握整机电流大小。开机时,最好在电源回路串入电流表,以便及时掌握电流是否正常,避免造成元件损坏。

(7)切忌随便更换熔断丝。更换的熔断丝决不可超过原来的规格。否则,重新通电后就有可能烧坏机内尚未损坏的元件。

(8)切忌带电焊接。

（9）不要随便调整可调元件。切忌随便调整汽车音响内的有关电感线圈或半可调电阻、中频变压器磁芯等。在没有准确判断出故障之前，若随便调整机内电感线圈、半可变电容、半可调电阻，将会使本来无故障的电路失调而导致故障的进一步扩大，或给判断故障增加难度。因为在无仪器的情况下，有些器件是很难调准的。非调整不可时，可先记下原来的位置然后再调整，若调整无效时，应及时恢复到原来的位置。

（10）按正确顺序进行检测。对于同时存在多种故障的汽车音响，应首先检查整机的供电电路，再逐步检修功放电路，待功放电路正常后，再根据故障现象，采取有针对性的修理措施。检修顺序一般为：电源电路→功放电路→收音或放音电路。

（11）不要让导电物落入机内。

（12）拆卸组件注意事项。拆卸修理时，事先留心并记下所拆构件的位置和拆卸顺序，并注意避免损坏构件，以保证还原后能恢复其原有的装配精度。

（13）查找假焊元件时注意的问题。当怀疑元件的接点是否有假焊时，只能轻轻晃动，不能用力过猛，以免晃断元件和损坏外印制电路板。

（14）烙铁不要在印制电路板的某点停留时间过长。

（15）更换大功率元件应注意的问题。更换功放集成电路或某些大功率元件时，要按原安装放置垫圈和绝缘垫片等，不得随意减少，以防发生击穿和影响散热效果。更换发热的大功率电阻时(例如指示灯限流电阻等)要按原样进行安装，不得随意贴近印制电路板或靠近其他元器件。

（16）元器件端子的处理。更换上的元器件，在焊入印制电路板之前，必须将其端子刮净后镀上锡。有的元器件出厂时已镀过锡，因长期存放氧化，故应重新镀锡。

（17）更换大功率晶体管及厚膜块时，要装上散热片。如果大功率晶体管对底板不是绝缘的，切记装上绝缘片。

（18）对于应修理与代换的元器件，要注意图样上标有"！"符号的元件参数，对其主要参数应充分留有余量。

（19）维修过程中，一般不要轻易改动原机电路，避免给以后的维修工作带来不便。对于一些没有代换元件的集成电路和功率放大模块等，如果采用外贴元件修复或分立元件代换，要经过反复试验，确保其能正常工作，且稳定可靠。

（20）采用临时性措施修复故障时，要首先向用户声明，并在电路中做好明显的记号，等条件成熟后要及时复原。

2. 音响元件故障的特点与原因

（1）电位器开关故障的特点。电位器开关故障主要有：音量控制电阻片太脏、开关触点烧断、同轴内塑料环碎裂。

汽车收音机中的电位器是较容易损坏的元件之一，特别是带开关的音量及音调电位器。此故障的主要表现是接触不良、转轴断裂等。电位器内部接触不良，可先滴入少量润滑油并旋动几次试一试，如果仍接触不良，则为膜片与触点磨损太多，应换新件。

（2）微型动力电动机故障的特点。汽车音响微型动力电动机在日常维修中的实际应用不仅有正反转之分，而且还存在稳速方式不同的区别，其中有机械稳速电动机和电子电路控制稳速电动机。电子电路控制稳速电动机有时会因稳速电路上元件损坏而造成放音变调,而机械稳速电动机却没有这种现象,因此,机械稳速电动机较优于电子电路控制稳速电动机,但多数音响基本安装的都是电子电路控制稳速电动机。

(3)选台调谐器故障特点。选台调谐器应用在普通型汽车音响中,基本有两种类型:调容型、调感型。

汽车音响选台虽然有上述两种类型,但共同存在拉绳围绕刻度盘整周传动过程,这主要是为指针能够在选台指定具体位置设置。正是由于拉绳走向的改变及受力的不同等缘故,日常维修会经常遇到拉绳挣断现象,这时调容和调感选台调谐器存在不相同的一面。一般调容选台调谐器在出现拉绳挣断以后便失去选台能力,而调感选台调谐器在出现拉绳挣断以后还可通过直感继续完成选台。

(4)放音磁头故障的特点。在日常维修中较少遇到磁头损坏现象,常见的故障有:磁头脏、磁头体与固定片断裂、磁头放音位置(角度)偏移(固定螺钉松)等。当出现上面这些故障时,磁头基本是可以修复的,无须更换。

注意:汽车音响放音磁头的设计均是按机型电路的要求不同而选用不同阻值的,如随意进行更换,将影响到放音的音质。虽然在一些普通型机器上,更换磁头后音质没有明显的改变,但是,如果更换一些高档机器上的磁头,其音质变化就会明显地表现出来。这主要是因为更换的磁头阻值不同所造成的。所以,当磁头没有出现磁头内电路烧断、磁头两面磨成一道沟现象时,是无须更换磁头的。

 任务评价

商用车车联网系统的检修评价见表7-1-1。

商用车车联网系统的检修评价表　　　　表7-1-1

序号	内容及要求	评分	评分标准	自评	组评	师评	得分
1	准备	10	(1)汽车进入工位前,准备好相关的器材(4分); (2)拉紧驻车制动器操纵杆,把变速杆置于空挡(3分); (3)套上三件套(3分)				
2	清洁	10	按要求清理工位				
3	工具、安全	10	工具准备齐全,安全检查到位				
4	查找功能菜单	20	功能菜单正确				
5	正确进行操作	20	操作方法正确				
6	分析定位原理	20	对定位能够进行说明				
7	安全文明生产	10	(1)结束后清洁(5分); (2)工量具归位(5分)				
指导教师总体评价:							

指导教师_____
____年___月___日

练一练

一、单项选择题

1. 我国规定调频中频是(　　)MHz。
   A. 4.2　　　　　B. 6.5　　　　　C. 8.9　　　　　D. 10.7
2. 定位系统指利用卫星,在全球范围内实时进行定位、导航的系统,简称(　　)。
   A. GPS　　　　B. ABS　　　　C. EPS　　　　D. EPS
3. GPS定位系统的空间部分由(　　)颗GPS工作卫星所组成,这些GPS工作卫星共同组成了GPS卫星星座。
   A. 12　　　　　B. 24　　　　　C. 36　　　　　D. 48
4. 要想精确定位,至少需要接收到(　　)个卫星的信号。
   A. 1　　　　　B. 2　　　　　C. 3　　　　　D. 4
5. 定位卫星以(　　)h的周期环绕地球运行,使得在任意时刻,在地面上的任意一点都可以同时观测到4颗以上的卫星
   A. 6　　　　　B. 8　　　　　C. 12　　　　　D. 24

二、多项选择题

1. 汽车多媒体是在传统的汽车音响的基础上增加了(　　)。
   A. 视频信号源(AV功能)　　　　B. 显示器
   C. 导航　　　　　　　　　　　　D. 定位
2. 汽车音响主要由主机(音频、视频信号源),包括(　　)等。
   A. 调谐器视频信号源(AV功能)　　B. MP3
   C. DVD影碟机　　　　　　　　　　D. 传声器
3. 音频处理电路,包括(　　)等。
   A. 信号源选择　　B. 前置放大　　C. 音量音调调节　　D. 响度控制
4. 功率放大器按功能不同,功放可包括(　　)等。
   A. 前置放大器　　B. 功率放大器　　C. 环绕声放大器　　D. 空间放大器
5. 功率放大器按使用元器件的不同,可分为(　　)等。
   A. 电子管功率放大器　　　　　　B. 晶体管功率放大器
   C. 集成电路功率放大器　　　　　D. 空间放大器
6. 主扬声器通常由(　　)组成。
   A. 低音扬声器　　B. 中音扬声器　　C. 高音扬声器　　D. 分频网络
7. 汽车音响一般采用(　　)等。
   A. 电动式　　B. 外磁式圆形　　C. 椭圆形扬声器　　D. 4Ω扬声器
8. 汽车音响调谐器按调谐器的结构分类,可分为(　　)等。
   A. 普通手动调谐式汽车音响　　　　B. 数字调谐式汽车音响
   C. 新型集成度更高的机型　　　　　D. 手动与数字结合式汽车音响
9. 汽车碟片机使用的音源有(　　)等。

A. CD　　　　　　B. MD　　　　　　C. MP3　　　　　　D. DVD
　10. 汽车GPS导航系统方向传感器包括(　　)等。
　　A. 罗盘传感器　　B. 轮速传感器　　C. 陀螺仪　　　　D. 时空传感器

三、判断题

1. 中国北斗卫星导航系统是中国正在实施的、自主发展、独立运行的全球卫星导航系统。
(　　)

2. 北斗卫星导航系统由空间段、地面段和用户段三部分组成，预计由20颗以上卫星组成。
(　　)

3. 由于导航系统采用了检测精度高、工作稳定性较好的角速度传感器，能实现定时位置测定。
(　　)

4. 汽车导航系统的具有路线检索功能。(　　)

5. 电子地图即地图CD，储存着丰富的城市地图、全国的公路网图，以及加油站、便利商店、政府机关、旅游景点、餐馆、停车场等信息。
(　　)

6. 导航系统能实现实时位置测定。(　　)

7. 当新的建筑物和道路不断增多时，由于电子地图不能添加新的目标点或路线，这就需要更换电子地图。
(　　)

8. 当最佳路线行不通时，系统可以进行瞬时自动再检索，重新提供出新的行车路线。
(　　)

9. 凡行驶在十字路口前1000m处，高速公路进出口前1000m处，系统会自动显示扩大了的十字路口附近的全画面图。
(　　)

10. 无线电导航系统包括GPS导航系统和中心电台导航系统。(　　)

四、分析题

1. 简述汽车多媒体系统的组成与原理。
2. 简述汽车GPS系统的组成与原理。

模块小结

　　本模块介绍了汽车多媒体系统，包括汽车音响系统、视频信号源(AV功能即VCD影碟机或DVD影碟机)，增加了显示器，同时将车载导航、定位系统及车联网相结合。特别车联网系统的使用，其知识已经远远超出汽车的范畴，将来智能车载系统功能会越来越丰富，中国的汽车将全面进入智能化时代。

学习模块 8　商用车总电路的检修

模块概述

汽车总电路是指由汽车电源和用电设备通过导线、控制开关、电路保护装置按照电气系统的工作特性和相互内在联系连接起来的汽车全车总电路。通过本模块的学习能够达到掌握电气线路基础元件、看懂汽车电路图,用电路图能够对实际商用车进行分析,依据电路图能够对电气故障进行判断、检查及维修。

【建议学时】

24 学时。

学习任务 8.1　商用车电气线路基础元件分析

任务目标

1. 了解汽车电气线路的类型。
2. 掌握电路中各种基础元件的作用、结构、原理。
3. 能够将电路图与实车相结合,达到一一对应关系。

任务导入

小王同学在一商用车维修站实习,跟随师傅学习汽车电气维修,当他见到实际商用车时,发现线路非常复杂,电器元件非常多,一头雾水。师傅交给他一本电路图手册,要从电气线路基础元件学习开始。

任务准备

汽车电路的基础元件主要是导线、熔断器、插接器、各种开关、继电器和中央接线盒等,它们是汽车电路的基本组成部分。

1. 导线

汽车用导线有低压导线、高压导线和汽车电气数据总线。

1)低压导线

(1)导线的截面积:导线的截面积主要根据其工作电流选择,但是对于一些工作电流较小的电器,为保证导线具有一定的机械强度,汽车电器中导线截面积不得小于 0.5mm²。

各种低压导线标称截面积所允许的负载电流见表8-1-1。

低压导线标称截面积允许负载电流值　　　　表8-1-1

导线标称截面积(mm^2)	1.0	1.5	2.5	3.0	4.0	6.0	10	13
允许电流值(A)	11	14	20	22	25	35	50	60

所谓标称截面积是经过换算而统一规定的线芯截面积,不是实际线芯的几何面积,也不是各股线芯几何面积之和。

起动电缆用来连接蓄电池与起动机电磁开关的主接线柱,它不以工作电流大小决定,而是受工作时的电压限制。为了保证起动机正常工作,能输出足够的功率,要求在线路上每100A电流所产生的电压降不超过0.15V,因此该导线截面积特别大,通常有$25mm^2$、$30mm^2$、$50mm^2$、$70mm^2$等几种规格。

搭铁电缆也是一种专用链接电缆,连接蓄电池负极和车身金属或发动机机体之间,故又称为蓄电池搭铁线。蓄电池搭铁线一般采用铜丝编织成的扁形软导线。

(2)导线颜色:各国汽车厂商在电路图上多以字母(主要是英文字母)来表示导线外皮的颜色及其条纹的颜色。多数车系采用的英文缩写见表8-1-2。

导　线　颜　色　　　　表8-1-2

缩写	英文	中文	缩写	英文	中文
B	Black	黑色	O	Orange	橙色
Bl	Blue	蓝色	R	Red	红色
Br	Brown	棕色	V	Violet	紫色
G	Green	绿色	W	White	白色
Gr	Gray	灰色	Y	Yellow	黄色

汽车电路图中导线上一般都标有表示面积和颜色的符号。如1.5RW,其中数字1.5表示导线的截面积为$1.5mm^2$,第一位字母R表示导线的主色为红色,第二位字母W表示导线的辅助色(呈轴向条状或螺旋状)为白色。

2)高压导线

高压线用来传送高电压,其工作电压一般在15kV以上,但通过电流强度较小,因此高压导线的绝缘包层很厚,耐压性能好,但线芯截面积很小。高压线有铜芯线和阻尼线两种,为了衰减火花塞产生的电磁波干扰,目前已广泛使用了高压阻尼点火线。

高压阻尼点火线的制造方法和结构有多种,常用的有金属阻丝式和塑料芯导线式。金属阻丝式又有金属阻丝线芯式和金属阻丝线绕电阻式两种。金属阻丝线芯式是由金属电阻丝束绕在绝缘线束上,外包绝缘体制成阻尼线;金属丝线绕电阻式是由电阻丝绕在耐高温的绝缘体上制成电阻,再与不同形式的绝缘套构成。塑料芯导线式是用塑料和橡胶等材料制成直径为2mm的电阻线芯,在其外面紧紧地编织着玻璃纤维,最外面再包上高压PVC塑料或橡胶等绝缘体。

这种结构形式制造过程易于自动化、成本低且可制成高阻值线芯,应用越来越广泛。不同车型采用的阻尼高压线的阻值不相同,在检测与维修或更换高压线时要注意测量。

3)汽车电气数据总线

所谓数据总线,就是指在一条数据线上传递的信号可以被多个系统共享,从而最大限度地提高系统整体效率,充分利用有限的资源。汽车电脑与电脑之间的通信和数据共享,常采用 CAN 数据总线。

CAN 数据总线作用是传输数据,它是双向数据线,分为 CAN 高位和 CAN 低位数据线。数据没有指定接收器,通过数据总线发送给控制模块,各控制模块接收到数据后进行计算。

2. 插接器

插接器就是通常说的插头和插座,用于线束与线束或导线与导线或控制单元与线束间的相互连接。为了防止插接器在汽车行驶中脱开,所有的插接器均采用了闭锁装置。

1)插接器的识别方法

插接器的符号和实物对照如图 8-1-1 所示。符号涂黑的表示插头,白色的表示插座,带有倒角的表示的是针式插头。常见的插接器如图 8-1-1c)所示,将插接器分开可看见插座及插头,插座如图 8-1-1d)所示,插头如图 8-1-1e)所示。

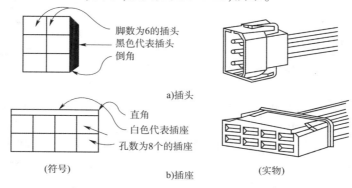

c)已连接的插接器

d)插座

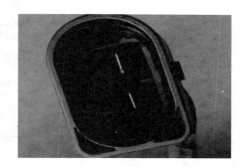

e)插头

图 8-1-1 插接器的符号和实物

2）插接器的连接方法

插接器接合时，应把插接器的导向槽重叠在一起，使插头和插孔对准，然后平行插入即可十分牢固地连接在一起。插接器连接后，其导线的连接如图 8-1-2 所示。

例如 A 线的插孔①与 a 线的插头①′是相配合的，其余以此类推。

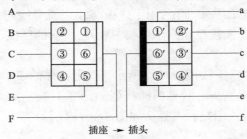

图 8-1-2 插接器的连接方法

3．电路控制装置

电路控制装置一般指开关和继电器。

1）开关

开关的作用是在汽车电路中控制电源与各用电设备之间的电路接通或切断，从而控制用电设备的工作或停止。

开关的结构形式繁多，应根据不同的用途、不同的工作性能、承载电流的能力、设计需要等相关要求进行合理的选择。随着汽车设计理念的更新，汽车操控将更加方便实用。下面介绍几种典型开关的工作情况。

（1）点火开关。

点火开关主要用来控制点火电路、发电机磁场电路、仪表电路、起动电路和一些辅助电器的电路等，一般都具有可以自动复位的起动挡并配有钥匙以备停车时锁止转向盘。

点火开关常用的是四挡位式，具有Ⅲ、0、Ⅰ、Ⅱ挡位，"Ⅲ"挡接通收音机电路和其他辅助电器电路，"0"挡位是断开位置，钥匙可以自由插入或拔出；顺时针旋转至"Ⅰ"挡位时，点火电路、发电机励磁电路、仪表电路、部分辅助电器电路接通；继续旋转至"Ⅱ"挡位时，起动电路接通，同时切断与起动无关的辅助电器电路，以提高起动性能，"Ⅱ"挡具有自动复位功能，即钥匙至"Ⅱ"挡，起动后松开手，钥匙将自动弹回"Ⅰ"挡位置。四挡位式点火开关的接线柱连接和工作挡位关系见表 8-1-3。

四挡位式点火开关的挡位及各接线柱之间的通断关系　　　表 8-1-3

挡位	接 线 柱				用途
	1 电源（RAT）	2 点火（IG）	3 辅助电器（Acc）	3 起动（ST）	
Ⅲ	○		○		收音机
0					定位
Ⅰ	○	○			点火
Ⅱ	○	○		○	起动（具有自动回位）

有些商用车采用五挡位式点火开关，如图 8-1-3 所示，具有 0、R、1、2、3 挡位，"0"挡位可插入或拔出钥匙，发动机熄火状态；"R"挡位仅能音响供电，发动机熄火状态；"1"挡位

点火开关接通,用电器工作;"2"挡位行车时的钥匙开关位置;"3"挡位起动发动机的钥匙开关位置。发动机起动后松开钥匙,钥匙自动回弹到位置"2"。

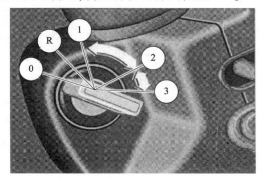

图 8-1-3　五挡位式点火开关

(2)组合开关。

组合开关是将各种不同功能的电气开关组装在一个组合体内的多功能开关。组合开关一般安装在汽车的转向柱上,能够对前照灯、远近变光、转向灯、示廓灯、尾灯、刮水器、洗涤喷水器等电器进行单独控制,如图 8-1-4 所示,由于操作灵活、使用方便,目前汽车上已得到广泛应用。

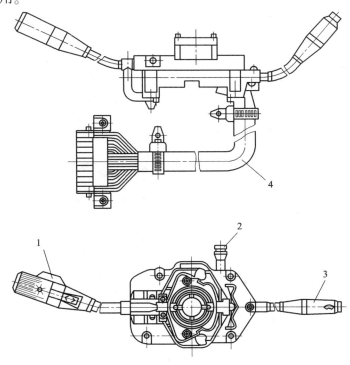

图 8-1-4　组合开关的结构
1-转向、变光、灯光开关;2-危险警示灯开关;3-刮水器、洗涤开关;4-组合开关线束

2)继电器

汽车上的继电器分为专用继电器和普通继电器。专用继电器可以实现特定的功能,

如闪光继电器、刮水间歇继电器等,工作时能自动控制电路通断转换。普通继电器是作为一般开关使用的,有常开触点、常闭触点和具有常开常闭两对触点的组合式三种形式。如起动继电器、喇叭继电器、灯光继电器、充电指示灯继电器等,继电器工作时,触点即转换至相反的位置,并保持不动。常开触点式继电器又常用来保护控制开关,即工作时由控制开关控制通过磁化线圈的小电流,铁芯被磁化后吸动触点闭合,由触点控制负载的大电流。

按照插接端子多少,继电器分为3端子、4端子、5端子、6端子四种。继电器的每个插脚都有标号,与中央接线盒正反面板的继电器插座的插孔标号相对应。图8-1-5所示是汽车上常用的继电器。

继电器更换时标称电压和电流应与原车的相同。

4. 电路保护装置

电路保护装置的作用是防止电路中导线或电器元件因过载而损坏。

图8-1-5 继电器

电路保护装置(即保险装置)串接于被保护电路的电源与用电设备之间,当电路中由于搭铁短路等故障或电器元件过载引起过电流时,会将电路自动断开,以保护该电路系统不被损坏。电路保护装置主要有以下几种。

1) 易熔线

易熔线是一种截面一定、可长时间通过额定电流的铜或合金导线,外表包裹耐热性好绝缘层,如图8-1-6所示。主要对电源电路提供保护,一辆汽车可设有一根或几根易熔线,常接在被保护电路的起始端。当所保护的电路较长时间过载时易熔线熔断,以保护电路系统。

 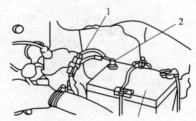

图8-1-6 易熔线

1-易熔线;2-蓄电池正极

易熔线有4中不同的颜色以表示不同的规格,见表8-1-4。

易熔线颜色对照表 表8-1-4

标称容量(A)	截面积(mm^2)	额定电流(A)	5s熔断电流(A)	颜色
20	0.3	13	150	综
40	0.5	20	200	绿
60	0.85	25	250	红
80	1.25	33	300	黑

2) 熔断器

熔断器又称保险丝,是最普通的电路保护装置,熔断器的保护元件是熔断丝,采用锌、锡、铅、铜等金属的合金材料制成,串联在其所保护的电路中,主要用于局部电路的保护。当通过熔断丝的电流超过其规定值时,熔断丝发热熔断,从而保护线路和用电设备不被烧坏。

熔断器的熔断丝固定在可插式塑料片上或封装在玻璃管中,目前,汽车普遍使用便于插拔的塑料插片式熔断器,如图 8-1-7 所示,常见的有 3A、10A、15A、20A、30A 五种熔断器,其塑料片颜色分别为紫色、红色、蓝色、黄色和绿色。通常,将熔断器集中安装在一个盒中,并称为熔断器盒。各熔断器都编号排列,有的还在熔断器上涂以不同的颜色,以便于检修时识别。

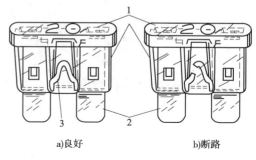

图 8-1-7 塑料擦片式熔断器的结构
1-塑料片;2-导电片;3-熔断丝

熔断器为一次性器件,更换熔断器时,一定要与原规格相同,特别不能使用比规定容量大的熔断器,否则将失去保护作用。

5. 配电盒(中央电器装置板)

随着电气设备逐渐增多,各种继电器和熔断器也越来越多,为方便装配和使用中排除故障,许多汽车将各种继电器和熔断器等集中安装在一块或几块配电板上,配电板正面装有继电器和熔断器的插头,背面是接线插座,这种配电板又称中央电器装置板,与其盖子称为配电盒。

多数重型货车有 2 个主要配电盒:中央配电盒和底盘配电盒,如图 8-1-8 所示。中央配电盒 1 安装在车头中部,格栅内。底盘配电盒 2 安装在汽车的左中部。

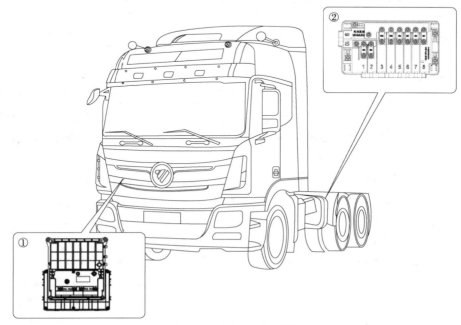

图 8-1-8 配电盒在车上位置

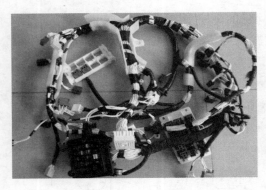

图 8-1-9　汽车线束

6. 线束

汽车上的全车线路(除起动电缆、蓄电池搭铁线、高压线以外),为了不凌乱、安装方便和保护导线的绝缘,一般都将同路的不同规格的导线用薄聚氯乙烯带缠绕包扎成束,称为线束,如图 8-1-9 所示。为了检修导线方便,用塑料制成开口的软管,将导线束裹在其中,检修时将开口撬开即可。

汽车线束总成由导线、端子、插接器、护套等组成。导线端子普遍采用导电性能良好的黄铜、纯铜等材料制成。线路间的连接采用插接器,现代汽车线束总成中有很多个插接器。

 知识拓展

无钥匙进入与一键起动系统

随着汽车的普及与发展,人们对汽车的智能化和舒适性要求越来越高,为满足人们的需求,汽车电子化、多媒体化和智能化水平不断提高,无钥匙进入与起动系统应运而生,无钥匙进入系统 PKE(PASSIVE KEYLESS ENTER)采用世界最先进的 RFID 无线射频技术和最先进的车辆身份编码识别系统,率先应用小型化、小功率射频天线的开发方案,成功融合了遥控系统和无钥匙系统,沿用了传统的整车电路保护,真正地实现双重射频系统,双重防盗保护,为车主最大限度地提供便利和安全。奔驰、通用、大众、丰田等高中端品牌的部分车型均已采用了"无钥匙"系统,无钥匙进入及起动系统替代遥控进入系统已经成为必然趋势。

本文以大众汽车为例,说明无钥匙进入及一键起动的功能、部件构成、原理及应用。

1. 无钥匙进入与起动系统的功能

大众汽车将一键起动和无钥匙进入整合在一起,称为 Kessy 系统或智能钥匙系统,是由发射器、接收器、遥控中央锁控制单元、无钥匙系统控制单元及相关线束组成的控制系统。当有效遥控钥匙在接近范围内,则 Kessy 系统会将访问权限授予该钥匙,在不操作遥控钥匙的情况下执行以下功能。

(1)无钥匙解锁:拉动前门拉手或按动行李舱盖上的按钮将实现自动解锁。

(2)无钥匙起动:驾驶人进入车内后,无须拿出钥匙,只要踩住制动踏板或离合器底部开关后,直接按下 ZAT 按钮(一键起动按钮),发动机即可起动。

(3)无钥匙闭锁:关闭车门后通过按动前门拉手实现车门上锁。

(4)应急起动:如果无法识别到有效遥控钥匙(遥控钥匙内的电池电量较少或已耗尽),则将遥控钥匙头靠近图示位置同时按下一键起动按钮,可以应急起动发动机。

(5)应急关闭:如果发动机无法通过短促按下一键起动按钮关闭,则必须执行应急关闭:在 1s 内连按两下起动按钮,或按住起动按钮超过 1s。

配备 Kessy 系统的车辆,在整车外部遥控闭锁(某车门未关)后把钥匙放回车内,关上

· 252 ·

车门后,整车会解锁,所有转向信号灯闪烁四次。如果不打开车门,30s 后整车会自动闭锁,钥匙将被锁在车内。此功能可以降低车辆被盗的风险。

2. 无钥匙进入系统的组成

大众新车型的无钥匙系统由 Kessy 控制器、转向柱的电子锁 ELV、BCM 车身控制单元、起动按钮 ZAT、天线及车门外把手接触传感器等组成,如图 8-1-10 所示。

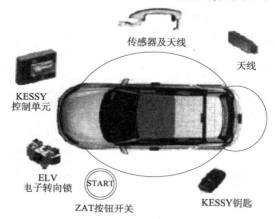

图 8-1-10　无钥匙进入与起动系统部件构成

1) KESSY 钥匙

KESSY 钥匙除了遥控按键之外,还包括用于无线远程操作的电子装置以及附加的 KESSY 芯片(ID 传感器)。无线远程操作系统可以通过低频(LF,频率 125kHz)向 KESSY 钥匙发送信号,然后通过高频(HF,频率 433MHz)发出响应信号。

2) KESSY 控制器

KESSY 控制器即进入和起动授权系统控制器是无钥匙系统的核心元件,控制整个无钥匙系统的工作,该控制器与舒适 CAN 数据总线相连,并带有连接至车载电源控制器的唤醒导线。它的功能是:①分析 KESSY 车门把手和低频天线的信号,当钥匙被识别为已授权,并且位于车辆附近时,Kessy 系统将发出解除车辆连锁的指令;②与汽车防盗锁进行通信;③通过低频天线将 KESSY 通信信号发送到钥匙中。

3) 电子转向柱锁 ELV

电子转向柱锁 ELV 是电路控制转向柱锁止与解除装置。

转向柱锁锁芯采用电动控制,转向柱防盗锁由机械锁止部分与电子密码保护部分组成,转向柱锁和其控制单元集成在一起,安装在转向柱上。转向柱控制单元搜索到合法的钥匙信息,便会松开电子锁 ELV,转向柱便可自由转动。

4) 天线

无钥匙系统共有 6 根天线,分别是左前门把手天线、右前门把手天线、后保险杠支架处天线、衣帽架天线、排挡前天线、后排坐垫下天线,各天线的作用是搜索合法信号。车外天线的探测范围在各个操作位置(车门和尾门)周围约 1.5m 内,探测高度在 0.1~1.8m。

5) 车外门把手触摸传感器

车外门把手触摸传感器分别位于驾驶人侧门把手和前排乘客侧门把手(均设置在门

把手里面内侧解锁传感区,外侧小圆点按钮样子的是加锁传感区)。此传感器是电容式的,集成在车外门把手内,进入和起动授权控制单元会对传感器电流进行分析,每个把手和支座上都装上了一个电容片,手摸凹坑起介质作用。如果电容片之间插入新的介质,那么就会有一个电流短时流过,进入和起动授权控制单元会识别并分析这个电流。通过触摸门把手上的接近传感器,钥匙读取系统识别用户的打开或关闭指令,在60s时间内没有识别到有效的钥匙,接近传感器将关闭。

天线、传感器和上锁按钮都位于车门外把手内。Kessy系统发出的脉冲无线电波(功率很低,搜索范围很近,约1.5m内)搜索附近是否有合法钥匙,并感应合法钥匙里的防盗码、转发器中的防盗码(就是钥匙里面的防盗芯片,现在一体式遥控器将这个防盗芯片安装在遥控电路板上),当感应到合法钥匙后,无须主动操纵已授权的无线遥控器点火钥匙就可以打开、关闭车门或起动发动机。

6) 点火起动按钮

点火起动按钮ZAT有一挡、四极,并使用冗余电源,直接与ELV控制器相连。为了使ELV控制器接受此功能要求,点火起动按钮的两个输出引脚必须传输同一信号。只有一个输入引脚被连接时,发动机将无法起动,ELV控制器将报告有一个故障。点火起动按钮的照明由进入与起动许可控制器进行控制。

3. 无钥匙进入系统的工作原理

无钥匙进入系统的工作原理如图8-1-11所示,详细工作过程如下。

图8-1-11 无钥匙进入系统的工作原理框图

(1) Kessy控制器读取门把手发出的唤醒信号。当驾驶人手部靠近前车门外把手时,其内部传感器的电容将发生改变,此信号通过硬线连接传送给无匙控制器,无匙控制器认为有上车的意愿。

(2) Kessy控制器通过其所控制的低频天线发送低频信号给钥匙,同时唤醒车身控制单元BCM。

(3) 钥匙被低频信号激活后,发送高频信号通过带有高频接收天线的BCM给Kessy控制器。

(4) kessy控制器确认该钥匙是此车辆的,发给BCM此钥匙的授权,Kessy控制单元通过低频发送给钥匙开门指令,钥匙通过高频发送开门指令给 BCM。

(5) BCM 把对钥匙的确认结果反馈给 Kessy 控制器,并通过 CAN 线通知门锁控制器 TSG 解锁开门,同时所有转向信号灯两次闪烁指示汽车解锁,而所有转向信号灯的一次闪烁指示汽车锁止。通过转向灯提示可以获知门锁的状态:①闪 1 下,锁止;②闪 2 下,解锁;③闪 4 下,钥匙忘在车里,30s 内不锁止,若 30s 后不开门,再自动上锁。此功能用于驾驶人将钥匙遗留在车内时,降低车辆被盗的风险。

4. 无钥匙起动系统的工作原理

Kessy 无钥匙系统的工作原理如图 8-1-12 所示,起动时,已授权的点火钥匙不必插入进入和起动授权系统开关,但其必须位于车内,这样,当按下进入和起动授权按钮时,就可以通过车内天线开始感应式查询了。点火钥匙发出一个加密的反馈信息给进入和起动授权系统控制单元,如果点火钥匙被识别为已授权,按下进入和起动授权按钮时,电动机械式转向柱连锁装置将被打开,点火开关将被接通。

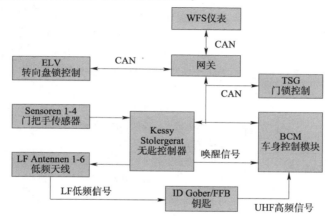

图 8-1-12 无钥匙起动系统的工作原理框图

详细步骤如下:

(1) 驾驶人踩住制动踏板,按下起动按钮 ZAT,转向盘锁控制 ELV 将需要起动的请求发送给仪表(内含防盗控制单元)。

(2) 仪表控制单元 WFS 发出验证请求给 Kessy 控制器。

(3) Kessy 控制器通过其所控制的低频天线发送低频信号给钥匙,同时唤醒 BCM。

(4) 钥匙被低频信号激活后,发送高频信号给 BCM。

(5) BCM 将钥匙的防盗信息发送给仪表控制单元。

(6) 仪表控制单元 WFS 和转向盘锁控制 ELV 验证防盗信息,通过后 ELV 解锁。仪表 WFS 和发动机单元验证防盗信息,通过后允许发动机起动。着车后,为了安全,Kessy 停止工作,即如果着车后拿着钥匙离开,车不会熄火,门锁不会自动上锁。

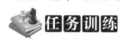

陕汽德龙 F3000 商用车电路元件识别

根据陕汽德龙 F3000 商用车和维修手册,结合实际车辆,对实车的导线、插接器、熔断器、继电器、中央电器装置板、线束等进行识别,说明其作用、结构、工作原理,简易的方式进行性能判别。

任务评价

商用车电气线路元件认识和检查评价见表8-1-5。

商用车电气线路元件认识和检查评价表　　　　　　　表8-1-5

序号	内容及要求	评分	评分标准	自评	组评	师评	得分
1	准备	10	(1)汽车进入工位前,准备好相关的器材(4分); (2)拉紧驻车制动器操纵杆,把变速杆置于空挡(3分); (3)套上三件套(3分)				
2	清洁	10	按要求清理工位				
3	打开中央配电盒,结合电路图和盒盖上的标识	20	认识熔断器、继电器,对熔断器、继电器进行测量,判断其性能,结论正确,能说明理由				
4	打开底盘配电盒,结合电路图和盒盖上的标识	20	认识熔断器、继电器,对熔断器、继电器进行测量,判断其性能,结论正确,能说明理由				
5	观察起动机上的线束	10	认识插接器上的导线,导线名称、工作情况测试,结论正确,能说明理由				
6	观察发电机上的线束	10	认识插接器上的导线,导线名称、工作情况测试,结论正确,能说明理由				
7	观察灯光上的线束	10	认识插接器上的导线,导线名称、工作情况测试,结论正确,能说明理由				
8	安全文明生产	10	(1)结束后清洁(5分); (2)工量具归位(5分)				
指导教师总体评价:							

指导教师_____
____年___月___日

练一练

一、单项选择题

1. 为了保证起动机正常工作,能输出足够的功率,要求在线路上每100A电流所产生的电压降不超过( )V。
　　A. 0.1~0.15　　　B. 0.2~0.25　　　C. 0.3~0.35　　　D. 0.5~0.55

2. 汽车电路图中导线上标注1.5RW,其中数字1.5表示( )主色为红色,辅助色为白色。
　　A. 长度为1.5mm　　B. 直径为1.5mm　　C. 截面积为1.5mm^2　D. 宽度为1.5mm

3. 汽车普遍使用便于插拔的塑料插片式熔断器,塑料片颜色分别为红色的,表示电流为( ) A。
   A. 3   B. 10   C. 15   D. 20
4. 熔断器又称保险丝,( )在其所保护的电路中,主要用于局部电路的保护。
   A. 并联   B. 串联   C. 串并联   D. 都可以
5. 导线标称截面积为13 mm^2 时,允许通过的最大电流为( ) A。
   A. 13   B. 30   C. 60   D. 100

二、多项选择题

1. 汽车用导线有( )形式。
   A. 低压导线   B. 中压导线
   C. 高压导线   D. 汽车电气数据总线
2. 普通继电器是作为一般开关使用的,有( )形式。
   A. 常开触点   B. 常闭触点   C. 组合式   D. 三触点式
3. 汽车电路的基础元件主要是( )、继电器和中央接线盒等。
   A. 导线   B. 熔断器   C. 插接器   D. 各种开关
4. 汽车线束总成由( )等组成。
   A. 导线   B. 端子   C. 插接器   D. 护套
5. 点火开关主要用来控制( )和一些辅助电器的电路等。
   A. 点火电路   B. 发电机磁场电路   C. 仪表电路   D. 起动电路

三、判断题

1. 汽车用插接器只要用力就可分开。( )
2. 熔断器为一次性器件,更换熔断器时,一定要与原规格相同,特别不能使用比规定容量大的熔断器,否则将失去保护作用。( )
3. 汽车电气电路系统可以不安装熔断器。( )
4. 汽车上采用的易熔线与熔断器是一样的。( )
5. 汽车用低压导线标称截面积不同允许负载电流值也不同。( )

四、分析题

1. 汽车电气电路用导线有哪些形式?
2. 说出插片式熔断器的各种塑料片颜色表示的电流为多少?
3. 汽车用继电器的作用是什么?常用有哪些继电器?
4. 说明5挡位点火开关各挡位控制电路。
5. 商用车配电盒一般有几个?各安装在何位置?

学习任务8.2 典型商用车电路分析

任务目标

1. 掌握电器元件符号的含义。
2. 掌握商用车的电路的表达方法。

3. 能够看懂电路图。
4. 能够结合实车正确运用电路图。

任务导入

小张以前是轿车维修工,现在转到重型商用车电气维修,查阅资料时,发现电路图与轿车不同,一时也无从下手,本任务就是以典型商用车为例,进行电路分析。

任务准备

目前许多商用车中重型车辆的电器原理图采用欧洲标准的画法。它不仅是按照各分系统原理画出的,而且在各线路上均标明了线束的标识,以及按实际线路的连接标明了线路的走向,所连接的电器元件,也是按实际接线来画出的(包括所有的插接件),因此确切地讲,该电器原理图即是电器原理图,又是实际连接的接线图。

1. 整车电气系统简介
1) 电器元件符号的含义

在原理图中,各个电器元件均用不同的符号来代表不同类别的元件。

A——一般代表几个特定的电气设备和特定的插接器,例如A100是中央电器装置板,A101是火焰预热控制器等。A185是信号灯专用插接器,A186是组合仪表专用插接器。

F——代表熔断器。绝大部分熔断器都集成在中央电器装置板上,部分熔断器在电器装置板外。

G——代表蓄电池和发电机。例如G100是蓄电池,G102是发电机。

H——代表指示灯、报警灯和喇叭,如H101是火焰预热指示灯,H108是储气筒低气压警告灯,H102是电喇叭等。

K——代表继电器。例如K107是间歇刮水器继电器。

M——代表电动机。例如M100是起动电动机,M116是暖风电动机。

Q——代表钥匙开关。

S——代表各类开关。例如S14是转变速器空挡开关,S183是暖风开关。

V——代表二极管。例如V100是抗干扰二极管。

B——代表传感器或是传感开关。例如B3是机油压力传感器,B101是前制动低气压警告开关。

R——特定的电器元件。例如R3、R4是预热塞,R12是空气干燥器的加热器,R108是点烟器等。

Y——代表电磁阀。例如Y145是轮间差速锁电磁阀,Y150是桥间差速锁电磁阀。

P——代表仪表。例如P105是机油压力表,P106是冷却液温度表。

E——代表信号灯。例如E102是右倒车灯,E103是左倒车灯。

X——代表插接器。例如"X642/3"是代表标识为"X642"的7孔插接器的第3个针脚,"X642/4"是代表标识为"X642"的7孔插接器(位置在驾驶室外左侧)的第4个针脚。又如"X238/A"是代表"X238"插接器标识为"A"的针脚,"X238/J"是代表"X238"35孔插接器标识为"J"的针脚。

注意：电路图中各插接器各针脚号或各针脚的标识与插接器实物上的针脚号或针脚标识一一对应。

24S——代表挂车与主车的插接器。

2) 整车电器原理图的分段

整车电器原理图基本上都是按照各分系统来画出的。将这部分电器原理按照"电源系统""起动系统"和"钥匙开关部分"画出。每个分系统的电器元件都是为这一系统服务的。这种画法对于理解系统的工作原理是十分便利的。在电路图的下方位置，给出了各电器元件或线路的横坐标，目的是为跨系统线路的走向标明方位。例如图8-2-1，在横坐标"1"的位置下方有一根出线，箭头方向标明"1/23"的标志，说明该线是与第一页的横坐标"23"线位的一根线连接，在第一页（图8-2-1）横坐标"23"号线位找到一根标有"1/1"的出线，显然这根线路与标有"1/23"的线是一根导线。

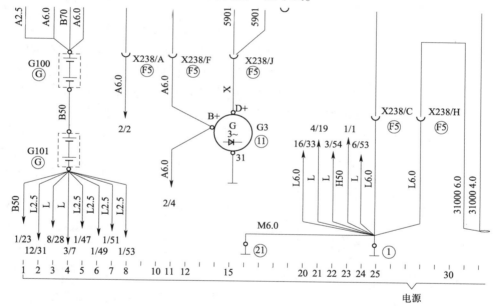

图 8-2-1 局部电路原理图（一）

又例如，在图8-2-1的"4号"线位上有一根标有"3/7"的出线，意思是说：这根线与电器原理图第三页，即图8-2-2上面的第"7"号线位的一根线连接。在图8-2-2中，在第"7"号线位的垂直上方找到了一根标有"1/4"的出线，显然原理图第一页图上面标有"3/7"的出线与第三页图上面标有"1/4"的出线是一根线路。

3) 电器元件在整车上的实际位置

为了方便在整车上找到各电器元件的实际位置，以便快速分析排查和消除故障，在电器原理图的每个电器元件上均标有实际位置的标识。对照图8-2-3，即可得知该元件在整车上的实际位置。例如图8-2-1，在蓄电池G100和电源总开关S4旁边，均标有"G"的标识，查图8-2-3，可知电源开关和蓄电池均在"蓄电池箱"位置。又如在钥匙开关Q101上面标有"F2"标识，查图8-2-3得知，钥匙开关在"转向盘"位置。电器原理上几乎每一个电器元件均有位置的标识,包括插接器也有明确的位置标识,例如图 8-2-1,在"电源系统"内有一个插接器"X238/A""X238/F",…,在上面均标有"F5"的标识,查图 8-2-3 得知该插接器在整车的"内前围内板"内。图 8-2-3 给出了所有标识的电器元件的实际位置,给维修查线带来了极大的方便。

4) 插接器的阅读

在整车上,有许多插接器(又称插接件),它们实际上是多孔的插座和插销。整车线束实际上就是通过它们将各种线束(例如仪表线束、开关线束、驾驶室线束、底盘线束、ABSECU 线束、国Ⅲ发动机 ECU 线束等)连接成为一个整体。为了确切地标明插接器上各针脚的连线,在各种插接器的针脚上都编有针脚号或字母标识。电器原理图上各插接器的各接头上也同样标注着插接器的针脚号或字母标识。原理图的针脚号与实际插接器上的针脚号一一对应。例如图 8-2-1 的电源系统连接中央电器装置 A100 和发电机 G102 的插接器 X238 的每个连接针脚都标有针脚标识。"X238/A"即是说该插接接头是 X238 插接器的"A"号针脚。

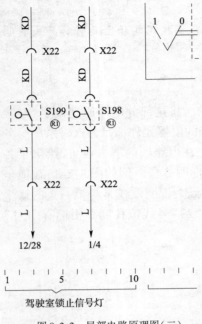

图 8-2-2 局部电路原理图(二)

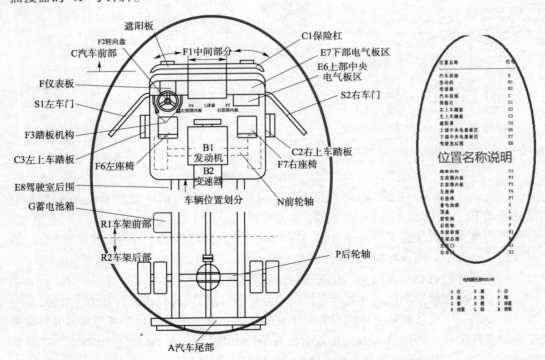

图 8-2-3 德龙 F2000 系列重卡电器位置标识

5）中央电器装置板的连接线说明

A100 中央电器装置板是将全车的熔断器和主要继电器,控制器集成在一块集成板上的装置。装置板内各元件的连接是制成集成电路形式。这样不仅大大简化了各元件之间的连线,更重要的是提高了电路的可靠性,简化了维修。在阅读中央电器装置板时,应注意以下4个问题：

（1）在电器原理图 A100 的上排位置,均标明着各继电器、控制器和熔断器以及插接连接片的插脚位置标识,例如图 8-2-4 中所示负载继电器 K171,该继电器与 A100 有四个插脚,"85"和"86"是继电器线圈的插脚,"30"和"87"是继电器常开触点的插脚。"30"号线桩经 A100 下排的"91"号线桩、"X238/F"插接器接至起动机"M"的"30"号线桩,而起动机 M 的"30"号线桩是直接连接在蓄电池正极上的,因此"30"号线桩是常用电源线,见附录1中的第一张图,即只要电源总开关 S4 闭合,"30"号线桩及其连线均有电。显然,当"85"线桩经 A100 下排的"92"号插接针脚经插接器 X238 的"C"号针脚直接搭铁,而"86"线桩经 A100 下面的"89/7"针脚接到钥匙开关 Q101,当钥匙开关打开时,"86"号线桩通电,K171 继电器线圈通电,常开触点闭合,"87"号线桩随即通电,此时空气干燥器、制动灯、倒车灯、后视镜加热装置、暖风系统、转向闪光系统、刮水洗涤系统、ABS 系统、缓速器、驾驶室内照明系统、中央润滑系统等均得电可投入工作。

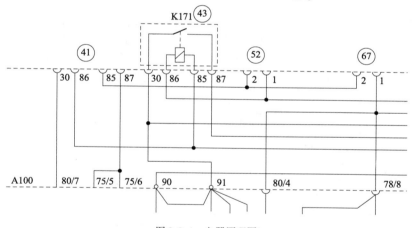

图 8-2-4　电器原理图

A100 上排所标各继电器、熔断器插脚的标识与中央电器装置板上的插脚标识同样是一一对应的。

顺便说一下,一般通用继电器均有四个插脚,"85"与"86"号插脚是继电器线圈的连接插脚,"85"插脚一般直接搭铁,"86"插脚是受控于某个开关或传感器。而"30"和"87"插脚是继电器触点的插脚,一般"30"号插脚是直接连接电源正极的,"87"号插脚通至被控制的元件,为被控制的元件提供电源的。

（2）在 A100 电器装置板的下排位置,分别给出了与各线束连接的插接器对应的针脚标识。

图 8-2-5 给出了中央电器装置板背面对应的插接件号和各针脚号,以及各针脚所连接的线路标识(用线号表示)。由图 8-2-5 可以看出,与中央电器装置板背面连接的共有

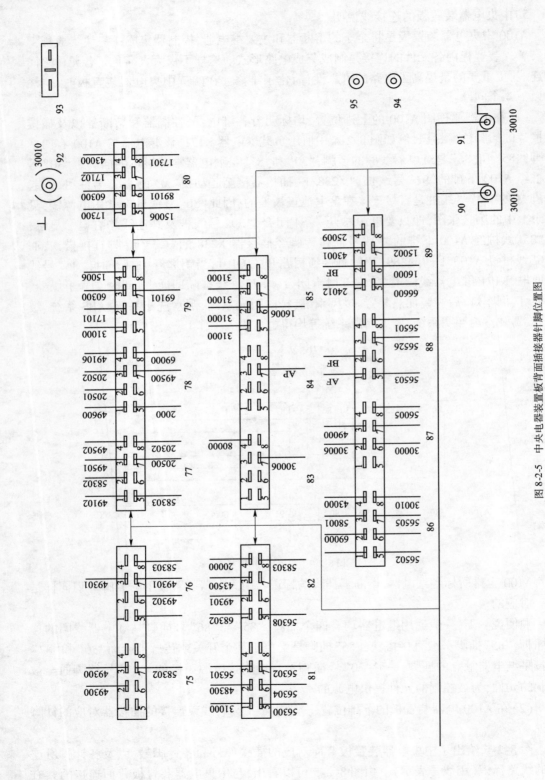

图 8-2-5 中央电器装置板背面插接器针脚位置图

8孔插接件"75"号至"89"号15只以及"93"号两孔插接件1只和"90"号至"95"号接线柱5只。在装置板背面的插座实物上也标明了插接件号和各插接件内的针脚号,在电器原理图8-2-1的A100下排位置,对应于每个线路的连接点也同样标明了插接件号与针脚号。

2. 车辆线束导线的标识

车辆线束导线的标识主要有两种方法,一种为编码表示法,所有的导线均为白色,主要靠其上不同的喷码表示不同的电器功能,以下分别对这两种表示方法进行介绍。

1) 用编码区别功能的导线

德龙F2000、F3000车型的导线主要靠编码区别,编码一般由5位数字组成:前2位代表该导线的电器性质,称为区域码;后3位代表导线序号,称为顺序码;有些情况在顺序码后加1位区别码,用来表示相同线号的不同连线。

例如,30010-2:30010为区域码(表示电源直接供电)为顺序码;-2表明为30010线的第2根。

表8-2-1所示为德龙车型常见导线区域码,其中加粗显示字体内容表示较重要或较常见。

德龙车型常见的导线区域码　　　　　　　　　　表8-2-1

区域码	含　义
15	经钥匙开关的电源输出
16	仪表线路
17	火焰预热
20	刮水及喷淋线路
23	空调线路
24	后视镜加热及摇窗机(电源)线路
25	暖风电路及高顶天窗电路
30	直接与蓄电池"+"极相连或经电源总开关与蓄电池"+"极相连
31	搭铁线
40	轮/轴差控制电路
43	制动及熄火电路
50	起动信号
56	前照灯及辅助前照灯电路
58	驾驶室内辅助照明灯电路
59	发电机运转信号
75	收放机电路
91	电动摇窗机电路

在电器原理图的某些重要的线路上,不仅有色符标识或数码标识,而且在标识后面还标注着导线的规格,例如图8-2-1的蓄电池电源线标识"B70",意思是说蓄电池电源线为黑色线;导线截面积为70mm²。又如起动系统,起动机"50"号接线柱连接到起动继电器K的连接线标识为"BAD 2.5",即表示该导线为三色线,基色为黑色,条色为红色,点色为黄色,导线截面积为2.5mm²。又如钥匙开关Q101的电源线,其标识为"300104",即表示

该线是从电源总开关引来的电源线,其导线截面积为 $4mm^2$,依此类推。凡是在电路图中没有给出规格标识的导线,其导线截面积不能小于 $1mm^2$。

2)用颜色区别功能的导线

商用车的导线主要用颜色来表示导线功能,共有 13 种颜色。

(1)导线的标注形式。

附加在导线绝缘层上的条状、点状的颜色,构成了导线的三位色符标识。

第 1 位色符为基色,也就是绝缘层的底色。

第 2 位色符为细条色。

第 3 位色符为点色。

在此基础上形成单色线、双色线、三色线。

(2)单色线。

单色线有以下几种颜色的线,各色线所代表的功能及特征如下所示:

①红色:整车电路的电源线,线径较粗,只受电源总开关控制且未经熔断丝,用红色表示应特别注意。

②黑色:从钥匙开关出来的电源线为黑色线(注意:黑色线仍是电源线)。

③白色:前照灯远光灯的总电源线。

④黄色:前照灯近光灯的总电源线。

⑤灰色:位置灯(示高灯、示宽灯、开关仪表照明)的总电源线。

⑥棕色:搭铁线(注意:是棕色而不是黑色)。

上述的红色、黑色、白色、黄色、灰色线是熔断丝的进线,本身不受保护,所以具体操作时要注意,防止其搭铁短路。

小心:短路可导致线束烧毁及人员灼伤。

(3)双色线。

双色线由基色加细条色组成,有时细色条的宽度较宽,不易区分基色与细条色,应转动导线,当发现有 1 色条的两端被另 1 色包围,则此颜色即为细条色。例如:双色线是与其基色相同的单色线经熔断丝后出来的线,例如:

①红黑、红白线均源自红色线。

②黑红、黑绿线均源自黑线。

③白红、白黄线均源自白线。

④黄绿、黄红线均源自黄线。

⑤灰红、灰绿、灰黑线均源自灰线。

前照灯、转向灯等左右对称的电器,其中的双色线的细条色中,绿色代表左侧的,红色代表右侧的。例如:

①灰绿为左示高灯灯线,灰红为右示高灯线。

②紫绿为左转向灯线,紫红为右转向灯线。

③白绿为左远光灯线,白红为右远光灯线。

④黄绿为左近光灯线,黄红为右近光灯线。

下面列出比较重要的几种双色线的电路功能:

①红黑:点烟器电源线。
②红白:驾驶室内照明灯及收放机电源线。
③黑绿:仪表、翘板开关及电磁阀电源线。
④黑红:制动灯、充电指示及火焰预热电源线。
⑤黑棕:暖风机电源线。
⑥黑白:倒车灯电源。
⑦黑蓝:刮水器控制器电源线。
⑧紫白:闪光继电器输出。

(4)三色线。

为双色线经多个功能开关的出线,其颜色的基色、细条色表示方法与双色线相同,第3色为色点(环),比较重要的三色线有以下几个:

①黑绿红:接轮差电磁阀。
②黑绿白:接轴差电磁阀。
③黑绿黄:接举升电磁阀。
④黑绿灰:接全轮驱动电磁阀。
⑤黑绿紫:接取力器电磁阀。
⑥棕蓝红:接轮差信号开关。
⑦棕蓝白:接轴差信号开关。
⑧棕蓝黄:接举升信号开关。
⑨棕蓝灰:接全轮驱动信号开关。
⑩棕蓝紫:接取力器信号开关。

(5)色符在电路中的变化规律。

在实际电路中凡经过配电盒、插接器、分线器连接的导线,其电气功能没有改变,色符也完全相同。

电线经过控制开关或熔断丝后,其标识色符就会出现变化,一般是增加1位色符。导线的标识色符增加后,仍具有原来基型线的性质,如红白、红紫白与红色线一样都不受钥匙开关控制。以下为两个特例:

①制动灯的黑红线、倒车灯的黑白线,按规律本应增加色符标识的,但因其线路简单,不易与其他导线混淆,所以用的是双色线。
②灯泡是易损件,所以与灯泡连接的线一般都不增加色符标识,以达到醒目,容易辨识的目的。

3. 整车电气电路图

整车电气电路图参见附录。

知识拓展

汽车电路图的识读要领

1. 一般汽车电路的接线规律

汽车线路一般采用单线制、用电设备并联、负极搭铁、线路有颜色和编号加以区分,并以点火开关为中心将全车电路分成几条主干线,即常电源线(30号线)、附件电源线(ACC线)、点火开关控制电源线(15号线)。

(1) 常电源线(B线或30号线):从蓄电池正极引出直通熔断器盒,再从那里引出较细的电源线。

(2) 点火开关控制电源线(1C线或15号线):点火开关在"ON"(工作)和"ST"(起动)挡才有电的导线,必须有汽车钥匙才能接通点火系统、发电机他励、仪表系统、指示灯、信号系统、电子控制系重要电路。

(3) 专用线(ACC线):用于发动机不工作时需要接入的电器,如收放机、点烟器等。

(4) 起动控制线(ST线或50号线):电动机主电路的控制开关(触盘)常用磁力开关来通/断。磁力开关的吸拉线圈、保持线圈可以由点火开关的起动挡控制。

(5) 搭铁线(接地线或31号线):汽车电路中,以元件和机体(车架)金属部分作为一根公共导线的接线方法称为单线制,将机体与电器相接的部位称为搭铁。

搭铁点分布在汽车全身,由于不同金属相接(如铁、铜与铝、铅与铁),形成电极电位差,有些搭铁部位容易沾染泥水、油污或生锈,有些搭铁部位是很薄的钣金件,都可能引起搭铁不良,如灯不亮、仪表不起作用、喇叭不响等。要将搭铁部位与电源线接点同等重视,所以现代汽车局部采用双线制,设有专门公共搭铁接点。为了保证起动时减少线路接触压降,蓄电池极桩夹头、车架与发动机机体都接上大截面积搭铁线,将接触部位彻底除锈、去漆、拧紧。

2. 汽车电路读图的基本方法

由于各国汽车电路图的绘制方法、符号标识以及文字、技术标准等不同,各国汽车电路图有很大差异,甚至同一国家不同公司的汽车电路图也存在着较大差异。要想完全读懂一种车型的整车电路图,特别是较复杂的进口轿车的电路图并非是一件容易的事,因此掌握汽车电路读图的基本方法是十分必要的。

在认识了汽车电路图中的图形符号及有关标志,知道了汽车电路图的种类,清楚了汽车电路图中的导线及接线柱标记的基础上,可以按照以下方法对整车电路图进行阅读。

1) 化整为零

按整车电路系统的各功能及工作原理,可以把整车电气系统划分成若干个独立的电路系统,分别进行分析。

在大概掌握全图的基本原理的基础上,再把一个个单元系统电路分割开来,这样就容易抓住每一部分的主要功能及特性。

在框画各个系统时,一定要遵守回路原则,注意既不能漏掉各个系统中的组件,也不能多框画其他系统的组件,一般规律是:各电气系统只有电源和总开关是公共的,其他任何一个系统都应是一个完整的独立的电器回路,即包括电源、开关(熔断丝)、电器(或电子线路)、导线等。从电源的正极经导线、开关、熔断丝至电器后搭铁,最后回到电源负极。

2) 认真阅读图注

在阅读局部电路图时,首先必须认真地多阅读几遍图注。牢记电气图形符号,熟记电路标记符号。对照图注查看元器件的名称、位置、数量、接线情况。清楚该部分电路所包含哪些常见元器件、哪些重要新颖元器件,有利于在读图中抓住重点。通过读图注可以初步了解该汽车都装配了哪些电气设备。然后通过电气设备的数码代号在电路图中找出该电气设备,再进一步找出相互连线、控制关系。

3)熟悉电器元件及配线

现代汽车的线路复杂程度与日俱增,线路中有大量的配线插接器、接线盒、继电器、搭铁点等,熟悉这些电器元件在电路图中的表示符号、位置、连接方式、内部电路,对阅读汽车电路图会有很大帮助。

4)掌握各种开关在电路中的作用

开关是控制电路通断的关键,特别要注意,继电器不但是控制开关,也是被控制对象。通常,可以按操纵开关的功能及不同工作状态来分析电路的工作原理。例如,点火系统供电,点火开关应处于点火挡或起动挡。在标准画法的电路图中,开关总是处于零位,即开关处于断开状态;电子开关的状态则视具体情形而定。这里所说的电子开关主要包括晶体管及晶闸管等具有开关特性的电子元件。

在一些复杂电路控制中,一个主开关往往汇集许多导线,分析汽车电路时应注意以下几个问题:

(1)蓄电池(或发电机)的电流是通过什么路径到达这个开关的?中间是否经过其他的开关和熔断器?这个开关是手动还是电控的?

(2)这个开关控制哪些用电器?各个被控电器的作用分别是什么?

(3)开关的许多接线柱中,哪些是直通电源的?哪些是接用电器的?接线柱旁是否有接线符号?这些符号是否常见?

(4)开关共有几个挡位?在每一挡中,哪些接线柱有电?哪些无电?

(5)在被控的用电器中,哪些电器应经常接通?哪些应短暂接通?哪些应先接通?哪些应后接通?哪些应当单独工作?哪些应当同时工作?哪些电器不允许同时接通?

5)全面分析开关、继电器的初始状态和工作状态

在电路图中,各种开关、继电器都是按初始状态画出的。即按钮未按下、开关未接通、继电器线圈未通电、其触点未闭合(指常开触点),这种状态称为原始状态。阅读电路图时,可以把含有线圈和触点的继电器,看成线圈工作的控制电路和触点工作的主电路两部分。主电路中的触点只有在线圈电路中有工作电流流过后才能动作。在识图时,不能完全按原始状态分析,否则很难理解电路的工作原理,因为大多数用电设备都是通过开关、按钮、继电器触点的变化而改变回路的,进而实现不同的电路功能。所以,必须进行工作状态的分析。

6)牢记回路原则

任何一个完整的电路都是由电源、熔断器、开关、控制装置、用电设备、导线等组成。电流流向必须从电源正极出发,经过熔断器、开关、控制装置、导线等到达用电设备,再经过导线(或搭铁)回到电源负极,才能构成回路。因此电路读图时,有三种思路:

思路一:沿着电路电流的流向,由电源正极出发,查到用电设备、开关、控制装置等,回到电源负极。

思路二：逆着电路电流的方向，由电源负极（搭铁）开始，经过用电设备、开关、控制装置等回到电源正极。

思路三：从用电设备开始，依次查找其控制开关、连线、控制单元，到达电源正极和搭铁（或电源负极）。

实际应用时，可视具体电路选择不同思路，但有一点值得注意：随着电子控制技术在汽车上的广泛应用，大多数电气设备电路同时具有主回路和控制回路，读图时要兼顾两回路。

7）注意进口汽车电路图的特点

进口汽车一般只配有接线图，其原理图往往是有关人员为研究、使用和检修而收集和绘制的。由于这些图的来源不同、收集时间不同以及符号变更等，在画法上可能出现差异。所以在读电路原理图时应注意这一点。

8）注意收集资料和经验积累

注意深入研究典型汽车电路，做到触类旁通；特别注意实际工作经验的积累，新技术、新工艺的应用和创新。此外，汽车电子控制系统越来越多，其读图方法除以上所述要领适用外，以下方法与步骤对汽车电子控制系统的读图很有帮助。

要以电控系统的ECU为中心，因为这是整个系统的控制中心，所有电器部件都必然与这里发生关系。要对ECU的各个接脚有大致印象，弄清楚分为几个区域，各区接脚排列的规律。

找出该系统给ECU供电的电源线有哪些，注意一般ECU都不只有一根电源线，要弄清楚各电源线的供电状态（如常电源线或开关控制）。

找出该系统的搭铁线有哪些，注意分清哪些是在ECU内部搭铁，哪些是在车架上搭铁，哪些是在各总成机体上搭铁。

找出哪些是系统的信号输入传感器，各传感器是否需要电源，并找出相应的电源线，该传感器哪里搭铁。

找出系统的执行器有哪些，弄清电源供给和搭铁情况，电脑控制执行器的方式（控制搭铁端或电源端）。

总之，掌握这些读图的基本方法，只是为读图打下一定基础，要达到快速准确地读图，还需要不断学习和实践。

陕汽德龙F3000全车电路图的识读

以陕汽德龙F3000全车电路图为例，熟悉汽车电路读图的基本方法。陕汽德龙F3000全车电路图如附录图，将其分为四大系统，即电源、起动电路；仪表及警报信号系统电路；刮水器、暖风、点烟器系统电路；照明和信号系统电路。分析各子系统的工作原理和电路电流的流向。

商用车电气系统查找与分析评价见表8-2-2。

商用车电气系统线路查找与分析评价表

表 8-2-2

序号	内容及要求	评分	评 分 标 准	自评	组评	师评	得分
1	准备	10	(1)汽车进入工位前,准备好相关的器材(4分); (2)拉紧驻车制动器操纵杆,把变速杆置于空挡(3分); (3)套上三件套(3分)				
2	清洁	10	按要求清理工位				
3	结合实际车辆和对照电路图,根据电流的方向,找出电源系统线路	10	结论正确,并能总结出规律性(如导线的颜色等),能说明理由				
4	结合实际车辆和对照电路图,根据电流的方向,找出起动系统线路	10	结论正确,并能总结出规律性(如导线的颜色等),能说明理由				
5	结合实际车辆和对照电路图,根据电流的方向,找出灯光照明系统线路	10	结论正确,并能总结出规律性(如导线的颜色等),能说明理由				
6	结合实际车辆和对照电路图,根据电流的方向,找出转向信号灯线路	10	结论正确,并能总结出规律性(如导线的颜色等),能说明理由				
7	结合实际车辆和对照电路图,根据电流的方向,找出报警灯线路	10	结论正确,并能总结出规律性(如导线的颜色等),能说明理由				
8	结合实际车辆和对照电路图,根据电流的方向,找出电喇叭线路	10	结论正确,并能总结出规律性(如导线的颜色等),能说明理由				
9	结合实际车辆和对照电路图,根据电流的方向,找出倒车信号灯线路	10	结论正确,并能总结出规律性(如导线的颜色等),能说明理由				
10	安全文明生产	10	(1)结束后清洁(5分); (2)工量具归位(5分)				

指导教师总体评价:

指导教师_____

____年___月___日

练 一 练

一、单项选择题

1. 整车电气系统中电器元件符号 K 的含义是（　　）。
   A. 熔断器　　　　　B. 易熔线　　　　　C. 继电器　　　　　D. 开关
2. 整车电气系统中电器元件符号 F 的含义是（　　）。
   A. 熔断器　　　　　B. 易熔线　　　　　C. 继电器　　　　　D. 开关
3. 商用车的导线主要用颜色来表示导线功能，共有（　　）种颜色。
   A. 3　　　　　　　B. 10　　　　　　　C. 13　　　　　　　D. 15
4. 常电源线（B 线或 30 号线）：从蓄电池正极引出直通熔断器盒，再从那里引出较细的电源线，通常称为（　　）。
   A. 30 号线　　　　B. 40 号线　　　　C. 50 号线　　　　D. 60 号线
5. 电路图标注 50 号线是指（　　）。
   A. 起动控制线　　　B. 常电源线　　　C. 点火开关控制线　　D. 音响控制线

二、多项选择题

1. 整车线束实际上就是通过插接器将各种线束，如（　　）、ABS ECU 线束、国Ⅲ发动机 ECU 线束等，连接成为一个整体。
   A. 仪表线束　　　　B. 开关线束　　　　C. 驾驶室线束　　　D. 底盘线束线
2. 汽车线路一般采用（　　）、加以区分。
   A. 单线制　　　　　　　　　　　　　　B. 用电设备并联
   C. 负极搭铁　　　　　　　　　　　　　D. 线路有颜色和编号
3. 汽车电路以点火开关为中心将全车电路分成几条主干线，即（　　）。
   A. 常电源线（30 号线）　　　　　　　B. 附件电源线（ACC 线）
   C. 火开关控制电源线（15 号线）　　　D. 搭铁线
4. 商用车的导线主要用颜色来表示导线功能，共有（　　）形式。
   A. 单色线　　　　　B. 双色线　　　　　C. 三色线　　　　　D. 四色线
5. 汽车电路读图的基本方法包括（　　）。
   A. 化整为零　　　　　　　　　　　　　B. 认真阅读图注
   C. 熟悉电器元件及配线　　　　　　　　D. 掌握各种开关在电路中的作用

三、判断题

1. 连接线标识为"BAD2.5"，即表示该导线为三色线，基色为黑色，条色为红色，点色为黄色，导线截面积为 $2.5 mm^2$。（　　）
2. 常电源线（B 线或 30 号线）：从蓄电池正极引出直通熔断器盒，再从那里引出较细的电源线。（　　）
3. 继电器的作用是用小电流控制大电流。（　　）
4. 整车电气系统中电器元件符号 S 代表各类开关。（　　）
5. 三色线为双色线经多个功能开关的出线，其颜色的基色、细条色表示方法与双色线

相同,第3色为色点(环)。 （　　）

四、分析题

1. 汽车电路读图的基本方法有哪些?
2. 蓄电池电源线标识"B70"的含义是什么?

学习任务8.3　商用车电气系统的故障排除

1. 掌握商用车电气系统故障的排除方法。
2. 结合电路图能够灵活运用故障的排除方法,解决实际问题。

一辆陕汽德龙F3000商用车,转向信号灯不亮,采用快捷的方法查找故障原因。

在汽车电气系统发生故障时,很多维修人员不加分析判断地乱拆乱卸。比如说出现"转向信号不亮"这样一个故障,拆卸转向信号灯,发现没有问题,再拆卸转向闪光器,也没有发现问题,再拆开组合开关内的转向开关,结果也查不出什么问题。这种不加分析判断盲目地乱拆刮卸往往老的故障没有解决,由于盲目拆卸带来新的故障,结果越搞毛病越多,整的焦头烂额。有许多维修人员喜欢仅凭经验来查找故障,经验固然重要,但是现代汽车电气系统十分复杂,特别是十分繁杂的庞大系统,仅凭经验那是远远不够的,必须掌握一定的科学方法,才能有效地排除故障。下面介绍几种方法。

1. 直观法

直观法是凭检修人员的直观感觉来检查和判断故障的一种方法。是通过人体感觉器官,即听、摸、嗅、看的手段对汽车电器元件的完好状况、电路及其连接状况、开关及保护装置是否正常等外观现象进行检查,及时判断故障部位进行排除。有时凭检修人员的经验可以排除一些较复杂的电路故障。

2. 试灯法

试灯法是用汽车上的小功率灯泡作为试灯,一端搭铁,另一端依次触及需要检查的线路各接线柱,来诊断故障的一种方法。依然利用蓄电池作为电源,若触及时试灯亮,说明触及处至蓄电池正极之间无断路,否则说明该段线路之间有断路处。试灯触及搭铁点时应该不亮。此方法适合于检查带有电子元件的电气装置所构成的电路。但要慎重用试灯法检查计算机控制的电路。

若线路中有短路或搭铁故障,烧断了熔断丝,也可利用试灯跨接于烧断的熔断丝之间,然后,依次拆除用电设备的搭铁至熔断丝之间的各连接器,直至灯灭为止,找出故障部位。如果一只熔断器同时保护几支电路,则可一次断开一条支路,直至灯灭,故障即在灯灭时断开的那一支电路中。

3. 短路法

短路法是用一根导线跨接某一怀疑有故障的部位(包括搭铁是否良好)或电器元件,暂时取消该部位或电器元件的作用,来判断故障的一种方法。若该部位或电器元件被短接后,故障现象消除,说明该部位或电器元件有故障。但因短接的部位或电器元件不工作又会引起其他故障时,应加以注意。另外,检查故障时不能直接将跨接线连接蓄电池的正负极。

4. 对比法

所谓对比法就是用好的零部件去更换可疑的故障零部件。比如"转向信号灯不工作",可以用一只新的(或是确认是好的)转向闪光继电器来更换现有的闪光继电器,如果系统工作正常了,说明故障即在继电器本身,如果故障仍没有排除,可以肯定地说明故障不在闪光继电器本身,显然故障是在继电器以外的元件上,这种方法可以快速地查找故障。这种方法经常应用在容易拆卸的零部件上。

5. 截断法

所谓截断法,即是选择故障回路的中间部位,用试验的方法,判断故障在回路的哪半边,这样一下子就甩掉回路一半元器件,然后在仍存有故障的那半边,再选择一个中间部位,同样用试验的办法再判断一下故障在这一半边回路的哪一半边。如此,三下五除二,故障的准确部位即可查到,准确查到故障部位后,再去拆卸故障元件,确认故障的原因。

6. 仪表检查法

仪表检查法是利用仪表对电器和电路进行检查判断故障的一种方法。第一可用万用表直接测量读取被测电器及电路的电阻、电流和电压值,但前提是必须了解该电器元件的正常参数和正常使用条件下有关参数的变化规律,如图8-3-1所示。第二是借助于车载仪表(电流表、燃油表、冷却液温度表、机油压力表)的指示情况综合考虑来判断查找电路故障,这种检查方法除电流表外,其他仪表只能进行单项故障判断。

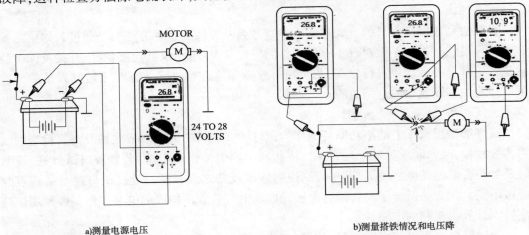

a)测量电源电压　　　　b)测量搭铁情况和电压降

图8-3-1　万用表测量方法

7. 示波器检查法

示波器检查法是利用汽车专用示波器对汽车电器工作波形进行检测和显示,与正常波形相对比,分析故障原因,以此诊断故障。

8. 故障码读取法

汽车上采用ECU控制系统时,一般都设计有自诊断功能,当出现故障时,ECU中故障检测系统会将故障以代码的形式通过仪表板上的故障警告灯显示,或通过专用的故障接口读出。然后根据故障码所提示的线索查找故障。

以上是检查电路故障的常见方法,由于各车电路有自己的特点,所以具体情况还要具体分析,只要把电路图读懂,结合故障现象,借助专用工具,便可顺利地排除故障。特别要指出的是判断一个故障的方法并不是唯一的。

 任务训练

根据陕汽德龙F3000商用车转向信号灯的线路原理图,转向信号系统由熔断器F17、紧急闪光开关S6/2、闪光继电器K7、转向开关(组合开关)S3和左转向信号灯E54、E11和指示灯E10以及右转向信号灯E55、E13和指示灯E12组成。

当转向信号灯系统不工作时,采用截断法,选择系统某一个中间部位,例如将转向继电器K7输出到转向开关S3的插接器X36拨开,用一定功率的试验灯(最好用与一侧信号灯合计功率的灯泡,因为闪光继电器要求灯泡匹配在一定范围,否则可能不起作用),接触一下闪光继电器一端的插接器X36第5号针脚,如果试验灯不亮,则说明故障在闪光开关S3以前部分。如果试验灯亮,则说明故障在闪光开关S3以后部分,再采用截断法,缩小故障的范围,即可排除故障。

 知识拓展

电路检查注意事项

(1)点火开关接通时,不要拆除电子装置的电源线。

(2)拆卸和安装电子装置的接插器或更换配件重新接线时,应先关闭电器开关和拆下蓄电池搭铁线,待线路接好后检查无误再接好蓄电池搭铁线。

(3)拆卸蓄电池时应先拆下负极接线,装蓄电池时应最后连接负极接线。拆装蓄电池时应断开点火开关和其他电器开关,注意蓄电池极性不要接反。

(4)只要接通了蓄电池,就不要随意去碰发电机正极端子,因为该端子始终存在蓄电池的电压。

(5)拆装插接器时,要先解除闭锁,不要硬拉硬拽,插接时,要保证连接牢固。

(6)熔断器烧断后,要及时查明原因,大多数情况下是由于电路中有短路现象造成的,查找故障时,应对共用该熔断器的所有电路都进行检查,查找并排除故障后,确保无故障时,务必更换同样规格的熔断器,并保证接触良好。

(7)应注意电子装置的防水,如果电子装置进水,应立即熄火并拆下蓄电池搭铁线,不能反复起动发动机,以避免烧坏电子元件。

(8)严禁使用搭铁试火法检查由电子元件组成的电器总成。

(9)查找排除故障时,不要随意改动原车线束。

(10)检查电脑和传感器时,应采用内阻较大的数字式仪表检测,以保证被测装置的

安全。

（11）自诊断系统排查故障时，按维修手册中的要求和步骤进行。

任务评价

商用车电气系统故障判断排除评价见表8-3-1。

商用车电气系统故障判断排除评价表　　　　　　　表8-3-1

序号	内容及要求	评分	评 分 标 准	自评	组评	师评	得分
1	准备	10	（1）汽车进入工位前，准备好相关的器材（4分）； （2）拉紧驻车制动器操纵杆，把变速杆置于空挡(3分)； （3）套上三件套(3分)				
2	清洁	10	按要求清理工位				
3	工具、量具及检测设备	10	使用正确				
4	电源系统线路故障	10	检测工艺正确，结论正确，能说明理由				
5	起动系统线路故障	10	检测工艺正确，结论正确，能说明理由				
6	照明系统线路故障	10	检测工艺正确，结论正确，能说明理由				
7	信号系统线路故障	10	检测工艺正确，结论正确，能说明理由				
8	电喇叭线路故障	10	检测工艺正确，结论正确，能说明理由				
9	报警系统线路故障	10	检测工艺正确，结论正确，能说明理由				
10	安全文明生产	10	（1）结束后清洁(5分)； （2）工量具归位(5分)				

指导教师总体评价：

指导教师＿＿＿＿＿＿

＿＿＿年＿＿月＿＿日

模块小结

本模块学习了商用车电气线路的基本元件包括导线(低压导线、高压导线、数据总线)、插接器、电路控制装置(点火开关、组合开关、继电器)、熔断器、配电盒、线束的作用、结构和工作原理；以典型商用车为例分析电路图的识读以及电气系统故障的排除方法，最终达到通过电路图灵活运用故障分析方法去解决实际问题。